KB109949

생명 가격표

생명 가격표

각자 다른 생명의 값과 불공정성에 대하여

ULTIMATE PRICE
The Value We Place on Life

하워드 스티븐 프리드먼

연아람 옮김

민음사

후배들에게.

이제, 여러분이 나서서 더 나은 세상을 만들 차례입니다.

차례

ULTIMATE PRICE
The Value We Place on Life

ULTIMATE PRICE
The Value We Place on Life

1장 돈이냐, 생명이냐?

ULTIMATE PRICE
The Value We Place on Life

여기, 한 달에 3만 달러가 넘는 치료비 때문에 최신식 항암 치료를 받을 수 없게 된 암 환자가 있다. 이 환자가 노벨상 수상자인지, 살인자인지, 돈 많은 CEO인지, 고교 중퇴자인지는 중요한 문제일까?

두 건의 살인 사건, 두 개의 유죄판결이 있다. 한 사건의 피해자는 세 아이를 둔 부유한 가정의 중년 여성이다. 다른 사건의 피해자는 가난한 십대 불법 이민자이다. 두 사건에 대한 처벌은 동일해야 할까?

음용수의 비소 적정 기준은 규제 강화로 보호되는 사람들의 생명에 매겨진 금전적 가치에 따라 달라진다. 이런 가치를 결정하는 것은 정부에서 일하는 전문가들의 일이지만, 전문가들만 사람의 생명에 가격표를 매기는 것은 아니다. 우리는 대부분 생명에 가치를 매겨 본 경험이 있다. 예를 들어 보험 설계사로부터 "당신이 내일 당장 죽는다면 당신

가족에게 필요한 돈은 얼마일까요?"라는 질문을 받을 때처럼 말이다.

양수 검사를 받는 임신부는 알고 있다. 검사 결과에 따라 임신을 지속할 수도 있고, 중단할 수도 있다는 사실을. 한 어린 소년이 갑자기 차도로 뛰어든다고 상상해 보자. 아이를 구하기 위해 무턱대고 찻길에 뛰어들 것인가 말 것인가는 당신이 소년의 생명과 당신의 생명을 어떻게 저울질하느냐에 달려 있다.

위에서 언급된 사례는 모두 "인간 생명의 값은 얼마인가?"라는 언뜻 보기에 매우 간단한 질문을 던지고 있다. 많은 사람들이 타인, 친구, 연인, 자식 또는 심지어 자기 목숨을 구하는 데 얼마를 지불할 의향이 있는지 답하지 못한다는 점에서 이 질문은 그리 간단치 않다.[1] 이 질문에 답하기 어려운 이유는 사람의 생명에 가격을 매기는 방법이 우리가 생각하는 우선순위에 대한 꽤 많은 진실을 드러낸다는 사실에 있다. 이러한 가격표는 우리가 공정성을 어떻게 정의하는지 보여 주는 지표로서 경제, 윤리, 종교, 인권, 법의 영향을 받는다. 한 사회의 가치는 이러한 가격표를 책정하는 방법과 가격 자체를 통해 드러난다.

생명의 가치를 매기는 데 쓰이는 방법은 가격 책정의 목적, 가격이 상징하는 것, 가격 책정에 채택되는 관점이 무엇이냐에 따라 달라진다. 한 개인이 자신이 갑자기 사망할 경우 자신의 수입을 대체하는 데 필요한 돈의 총액을 추산할 때는 환경 위험 요인이 증가하는 것을 예방하기 위해 생명의 가치를 판단하는 정부와 다른 목적과 관점을 지닌다. 마찬가지로 제품 또는 노동자 안정성의 개선을 위해 비용을 얼마나 쓸지 계산해 보려는 기업도 정부와 목적과 관점이 다르다. 이러한 목적과 관점의 차이는 계산법의 차이로 이어지며, 당연히 산출되는 가격표도 달라진다.

이 책은 다양한 분야의 예시를 들어 이와 관련된 몇 가지 중요한 쟁점을 파헤친다. 첫째, 인간 생명에 일상적으로 가격표가 매겨진다는 사실. 둘째, 이러한 가격표가 우리 삶에 큰 영향을 미친다는 사실. 셋째, 이러한 가격표는 투명하지도 않을뿐더러 공정하지도 않다는 사실. 넷째, 이런 불공정함이 심각한 문제인 이유는 가격표가 낮게 책정된 사람들이 사회로부터 제대로 보호받지 못하고 높은 가격표가 붙은 사람들에 비해 더 큰 위험에 노출되기 때문이라는 사실이다.

우리는 대개 우리의 생명에 끊임없이 가격표가 매겨진다는 사실을 모른 채 살아간다. 우리의 생명 가치가 얼마인지 결정 또는 판단하는 계산법이 삶의 중요한 문제를 결정하는 데 크게 작용한다는 사실도 잘 인지하지 못한다. 이러한 가격표는 우리가 마시는 공기부터 먹는 음식, 버는 돈에 이르기까지 삶의 거의 모든 측면에 영향을 미친다. 우리가 돈을 어떻게 쓰고 시간을 어떻게 보내는지와 같은 일상의 결정은 물론 전쟁이냐 평화적 해결이냐 같은 정치적 결정에도 작용한다. 형사처벌이나 민사소송의 배상금 문제와 같은 법리적 결정에도 영향을 미친다. 생명보험부터 의료 서비스, 교육에 대한 투자, 임신 중단에 이르는 개인적인 문제도 결정짓는다. 아기를 갖는 일부터 피할 수 없는 죽음을 미루는 일에 이르기까지 삶의 거의 모든 측면에 영향을 미치는 결정에도 작용한다. 우리의 생명에 붙는 가격표는 우리가 잉태되는 순간부터 삶을 결정짓고, 우리가 죽으면 이 세상에 남겨지는 가족들의 삶에 영향을 미친다.

그렇다면 생명 가격표와 인간 생명에 매기는 가치는 무엇을 의미

하는가? 일반적으로 가격표란 어떤 것의 비용이나 값을 말한다.[2] 우리
는 보통 사람의 생명에 가격표가 있다고 생각하지 않지만, 이 책은 인간
의 생명에 일상적으로 금전적 가치가 매겨지는 현실을 보여 준다. 이제
우리는 경제학자, 금융 애널리스트, 규제 기관, 통계학자들이 인간 생명
의 가격을 감정하는 데 사용하는 방법을 살펴보고, 이러한 방법의 기저
에 깔려 있는 핵심 전제와 한계점을 자세히 검토해 볼 것이다.

생명의 가치는 가격표에 나타나는 액수 이상의 의미를 지니는 광
범위한 주제다. 가치라는 말은 금전적 값어치를 의미하기도 하지만, '어
떤 것의 중요성, 유용성' 또는 '삶에서 중요한 것에 대한 판단'을 의미하
기도 한다.[3] 이러한 광의로서의 가치 개념은 개인이나 사회가 내리는 결
정에 잘 나타나 있다. 이 책은 금전적 의미의 가격표와 비금전적 의미의
가치라는 측면에서 가치가 드러나는 방식에 관한 이런 두 가지 다른 개
념을 오가며 논의를 이어 갈 것이다.

생명의 가치가 어떻게 매겨지는지를 자세히 살펴보기 위해서는 검
토 범위를 분명히 밝힐 필요가 있다. 검토 범위의 양끝에는 인간 생명
의 탄생과 죽음에 매겨지는 가치가 있다. 여기에는 각기 다른 생명에 매
기는 상대적 가치에 대해 사회가 내리는 판단은 물론 개인이 취하는 행
동도 포함된다. 양끝의 사이에는 우리의 건강, 삶의 질을 결정짓는 중요
한 요인에 매겨지는 가치가 있으며, 시간을 어떻게 보낼 것인가에 관한
개인적인 결정도 있다.

인명 손실에 매겨지는 금전적 가치의 예시에는 9.11 희생자들의 가
족에게 지급된 보상금, 사고사에 관한 민사소송의 합의금, 생명을 살리
는 의료 비용의 적절한 한도에 관한 문제, 규제 강화로 보호되는 생명의

경제적 편익 문제 등이 있다. 개별 인간의 범주로 내려가 보면 아이를 갖고 키우는 데 드는 비용이나 생명보험을 얼마짜리로 들 것인가 하는 문제가 바로 생명에 매겨지는 가격표라 할 수 있다. 생명과 죽음의 비금전적 가치는 살인이나 교통사고로 인한 사망 사고의 처벌과 같은 판결에서 드러난다.

우리는 생명의 가치에 대한 사회의 상대적 평가를 종종 목격한다. 부유한 가수나 유명 정치인의 죽음과 사회적 지위가 낮고 친인척 하나 없는 노숙자의 죽음에 다르게 반응하듯이, 인명 소실에 대한 사회의 관심도와 조치는 죽은 이가 누구냐에 따라 달라진다. 낙태의 합법 여부, 누군가를 위해 자신의 목숨을 기꺼이 바칠 것인가에 대한 개인의 결정도 모두 이런 생명의 상대적 가치라는 문제에 속한다.

삶의 질의 가치를 판단하는 것 역시 생명의 가치를 평가하는 것만큼 어려운 일이다. 삶의 질과 관련된 금전적 가치 판단의 사례로는 9.11 테러 부상자들에게 지급된 보상금, 사고 피해자 또는 과실로 인한 질병에 대한 민사 판결, 부당한 옥살이를 한 이들에게 지급되는 보상금, 새로운 규제로 인한 질환 발생 감소의 경제적 편익 등이 있다.

마지막으로 시간을 어떻게 보내느냐를 결정하는 일도 생명의 가치에 관한 문제다. 직업과 관련된 타협과 절충의 문제나 라이프스타일에 관한 선택 등이 생명의 가치를 고려한 의사 결정의 대표적인 예라 할 수 있다.

이런 생명 가격표는 어디에나 있을 뿐만 아니라 불가피한 경우가 대부분이다. 이를테면 의료 행위와 관련된 결정들은 대개 수익성 계산과 부담할 수 있는 수준의 비용인가에 대한 평가에 기초해 이루어진다.

'이 치료가 보험회사에게 비용 대비 효율이 높은가?' '환자의 자기 부담이 가능한가?'와 같은 질문이 전제된다는 의미다. 치료에 드는 비용과 치료가 가져올 건강상의 이익을 고려하지 않고는 어떤 의료 시스템도 제대로 기능할 수 없다는 근본적인 진리를 알아야 한다.

　양육도 마찬가지다. 아이 한 명을 키우는 데 드는 비용을 따져 보지 않는다면 부모는 자신의 가족에게 기본적인 생필품도 제공해 주지 못할 수 있다. 비용편익분석처럼 가격표가 매우 명확하게 드러나는 경우도 있지만, 가격표가 명확하게 드러나지 않는 경우도 있기 때문에 기저에 깔린 전제가 무엇인지 자세히 살펴 찾아야 한다.

　기업의 경우도 고안할 수 있는 안전장치를 모두 만들어 시행하고 시장에서 살아남을 수 있는 방법은 없다. 따라서 기업들은 대개 비용편익분석을 사용하여 의사 결정을 내린다. 필립 모리스 사의 발암 유발 담배 피해자, 제너럴 모터스 사의 불량 브레이크 피해자, 유니온 카바이드의 인도 보팔 가스 누출 사고 희생자들에게 지급된 보상금이 기업이 사망자에게 매긴 생명 가격표의 대표적인 사례다.[4] 공공 부문의 경우도 다르지 않다. 모든 오염 물질에 대해 무관용 원칙을 적용하는 일은 경제적으로나 기술적으로나 불가능하기 때문에 각 물질을 허용하는 적정 수준을 반드시 확립해 두어야 한다. 이러한 적정 수준은 해당 규제를 실제로 이행하는 데 드는 비용, 해당 규제로 예방할 수 있는 사망자의 수, 예방 가능한 사망이 발생할 시점, 희생되는 생명의 금전적 가치 등에 따라 달라진다. 환경 관련 법규를 마련할 때 편익을 고려하지 않으면 공적인 이익 없이 기업들만 타격을 입을 수 있다.

　생명 가격표는 우리 주변에서 끊임없이 매겨지고 있지만 그 가격을 어떻게 매기는지 아는 사람은 거의 없다. 경제 전문가, 각종 규제 기관, 비즈니스 분석가, 의료보험회사들이 이런 가격을 매기는 데 사용하는 방법은 전문용어나 법률 용어로 기술되어 있어 이해하기 어려운 경우가 많다. 생명에 가격을 책정하는 방법과 가격표는 사회의 핵심 가치, 공정함의 기준을 드러내면서 그 사회가 최우선으로 여기는 것이 무엇인지 말해 준다. 이 책은 그러한 가격 산출 방법과 그런 방법들이 무엇을 의미하는지에 대한 이해와 통찰을 제공하고자 한다.

산출 방식을 들여다보면 누구나 이러한 가격표가 때때로 불공정하다는 사실을 금방 눈치 챌 수 있다. 그러나 불행히도 이런 생명 가격표는 경제, 법, 정책, 인간의 행위에 영향을 미치며 젠더, 인종적, 민족적, 문화적 편견으로 가득 차 있다. 생명 가격표는 노인보다는 청년의 생명이, 가난한 이보다는 부자의 생명이, 흑인보다는 백인의 생명이, 외국인보다는 미국인의 생명이, 낯선 이보다는 가족의 생명이 더 가치 있다고 판단하는 경우가 많다. 실제로 9.11 희생자 가족들 중에는 보상금으로 25만 달러를 받은 가족이 있는가 하면, 그에 30배에 달하는 700만 달러를 받은 가족도 있었다.[5] 얼마 전에는 미국 환경보호국이 노인들의 생명 가격표를 젊은 사람들보다 훨씬 낮게 책정하는 일이 있었으며,[6] 사법 시스템도 희생자의 배경과 신원에 따라 처벌이 크게 달라진다는 사실을 여러 차례 증명해 왔다.

이 책은 생명의 가치 산정에 숨겨진 다양한 측면을 탐구한다. 온전히 금전적인 가치만을 따지는 가격표 산정에 관한 이야기로 논의를 시작하여, 생명의 가치에 대한 금전적 평가와 비금전적 평가가 모두 적용되는 영역으로 논의를 옮긴 후, 생명의 상대적 가치를 고찰하는 주제로 마무리할 것이다.

　이 책은 철학서도, 신학이나 법학에 관한 책도, 경제 이론이나 정책을 설명한 책도 아니다. 그보다는 생명의 가치를 매기는 다양한 방법을 함께 알아보고, 이러한 방법들이 전문용어를 걷어 내면 매우 이해하기 쉬운 개념이라는 사실을 보여 준다. 무엇보다 중요한 것은 생명 가격표가 모든 사람의 삶에 매우 중대한 영향을 미치는 점을 고려할 때 이에 대한 논의가 전문가의 세계에서만 이루어져서는 안 된다는 점이다. 우리는 인간 생명의 가치가 어떻게 매겨지는지 반드시 알고 있어야 한다. 그렇지 않으면 우리의 생명이 가치 절하되고 그로 인해 마땅히 받아야 할 보호도 받지 못하게 된다.

　생명의 가치가 어떻게 매겨지는지 이해하지 못하면 우리의 건강과 안전, 법적 권리, 가족이 쉽게 위험해지는 것은 물론 궁극적으로는 우리의 삶마저도 위험에 처할 수 있다. 모든 생명이 공정하게 대우 받고 충분한 보호를 받을 수 있도록 하기 위해서는 제대로 알고 면밀한 주의를 기울이는 수밖에 없다.

2장 쌍둥이 타워가 무너지던 날

ULTIMATE PRICE
The Value We Place on Life

　　2001년 9월 11일. 이 날을 회상하는 모든 미국인들에게는 자동적으로 떠오르는 이미지들이 있다. 화염에 휩싸인 쌍둥이 타워, 펜타곤을 향해 돌진하다 추락하는 비행기, 용맹하게 최후의 항전을 벌였던 유나이티드항공 93기의 승객들, 재와 잔해가 뒤섞인 거대한 연기 기둥 사이로 붕괴하는 건물들······.

　　미국 본토에서 발생한 역사상 가장 끔찍한 테러 공격으로 기록된 이 날, 3000명에 달하는 사람들이 목숨을 잃었다. 세계적으로 수백 만 명의 사람들이 깊은 충격에 빠졌다. 전 세계 거의 모든 국가가 미국과의 연대를 표명했다. 민간인 공격과 대량 살상이 야기한 충격은 국경을 넘어 경쟁 관계에 있던 국가들까지 하나로 이어 주었다. 테러리스트들이 이런 수준의 살상을 저지를 수 있는 세계라면 제 아무리 평화로운 국가라 한들 한순간도 안심할 수 없기 때문이었다. 그토록 극악무도한 범죄 행위에 조용히 눈 감고 있을 국가는 단 한 곳도 없었다. 미국 사회는 즉시 계급, 정당, 종교, 인종, 민족을 가리지 않고 단결했다. 미국의 안전이 확보되어야 한다는 데에 모두가 동의했다. 희생자들을 위한 정의, 테러리스트들과 그 교사자들을 응징하는 정의, 희생자들의 가족과 친구들을 위한 정의 그리고 미국을 위한 정의가 승리해야 한다는 데에도 동의했다.

9.11 테러의 희생자들은 참혹하게 죽었다. 수백 명에 이르는 사람들이 충돌이나 추락과 동시에 즉사했고, 펜타곤 건물과 쌍둥이 타워에 갇혀 있던 사람들은 뜨거운 연기를 흡입해 죽거나 무너지는 건물에 깔려 압사했다. 소방관이나 경찰관과 같이 건물에 갇힌 사람들을 구하려다 목숨을 잃은 용감한 영웅들도 있었다. 유가족들에게 희생자들의 사망 원인은 별로 중요하지 않았다.

9.11 희생자들의 갑작스러운 죽음은 그들의 부모, 자녀, 친척, 친구들의 일상에 지울 수 없는 상실감을 남겼다. 저녁 식탁의 텅 빈 자리, 가족 모임에서 들리지 않는 웃음소리, 더 이상 축하할 수 없는 생일과 각종 기념일은 온전히 치유될 수 없는 마음의 상처로 영원히 남을 것이다. 그러나 그들이 입은 피해는 정서적인 것만은 아니었다. 희생자들은 자신과 가족들을 위해 미래를 준비해 온 사람들이었다. 그들의 죽음은 즉각적이고 실질적인 손해를 야기했다. 9.11 희생자들의 피부양자들은 사랑하는 가족을 잃었을 뿐만 아니라 매달 내야 하는 공과금과 학비, 자녀 양육 및 부모 봉양, 퇴직 후의 삶에 대비한 저축 등에 돈을 대 주는 사람을 잃은 것이기도 했다. 돈을 무시할 수 없는 현실 세계에서 피

부양자들에게 닥친 이러한 손해는 정서적 문제임과 동시에 재정적 문제였다. 사고가 어떤 결과를 가져왔는지 좀 더 정확히 이해하기 위해 네명의 가상 인물 릭, 짐, 애니타, 서배스천*을 설정하여 그들의 삶을 들여다보도록 하자.

릭은 3세대 이탈리아계 미국인으로 스태튼 아일랜드에서 자랐다. 운동신경을 타고난 릭과 그의 형은 고등학생 시절 학교 야구팀에서 주목 받는 선수이자 유도 유단자였다. 경험 많고 노련한 소방관이었던 릭은 9.11 현장에 긴급 출동 명령이 떨어진 날, 비번이었음에도 소방서로 출근했고 소방차에 올라타 로어 맨해튼으로 향했다. 그의 약혼녀 수지가 그해 12월에 멕시코 칸쿤에서 올리기로 예정된 결혼식을 알리는 초청장을 발송한 지 얼마 되지 않았을 때였다. 형제들과는 부모님의 마흔 번째 결혼기념일 선물로 부모님 집의 욕실을 리모델링하고 있는 중이었다.

성실하고 유능한 데다 어느 정도 운도 좋았던 짐은 아버지의 높은 기대에 부응하는 커리어를 쌓을 수 있었다. 그가 다트머스 대학교 MBA에 입학했을 때, 골드만삭스 인턴 프로그램에 합격했을 때, 그의 투자 회사에 두 명뿐인 흑인 대표 파트너 중 한 명이 되었을 때, 어떤 사람들은 그가 '소수자 우대 정책'의 혜택을 봤다고 수군댔다. 짐은 그렇게 수군대는 사람들이 틀렸다는 사실을 증명하기 위해 열심히 살았다. 두 딸을 미국에서 가장 좋은 사립 고등학교에 보내고, 피아노 레슨을

---

* 이 책에 등장하는 인물은 모두 가상의 인물로 자세한 설명을 돕기 위해 만든 것이며, 실존 인물과 유사성이 있다 하더라도 우연의 일치임을 밝혀 둔다.

시키고, 마르티니크[카리브해에 위치한 프랑스령 섬]에 있는 여름 별장에 갔을 때 꽃꽂이를 배울 수 있게 하려고 더욱 열심히 일했다. 매년 몇 백만 달러에 달하는 보너스를 받던 짐은 48세에 이미 딸들의 사립학교, 가정교사, 대학 등록금을 지불하고도 남을 만큼의 돈을 저금해 두었다. 또 일찌감치 유언장을 통해 마이애미주에 있는 그의 콘도는 작은 딸이, 마르티니크에 있는 별장은 큰 딸이, 네 가족이 사는 브루클린 하이츠의 붉은 벽돌집은 부인이 상속받도록 정해 둔 상태였다.

　인도네시아 출신인 애니타는 6년 전 학생 비자로 미국에 왔다. 그녀의 부모는 애니타가 컬럼비아 대학교를 졸업한 후 의사와 결혼해 뉴저지에서 큰 집을 마련하기를 바랐다. 그리고 애니타가 아이 셋을 낳으면 미국으로 건너와 손자들을 키워 주는 미래를 기대했다. 그러나 애니타는 디저트 만드는 일에 깊은 흥미를 갖게 됐고 웨스트빌리지에서 노는 것을 좋아했으며 미국인 룸메이트인 애슐리와 사랑에 빠졌다. 2학년을 마치고 컬럼비아를 자퇴한 그녀는 [쌍둥이 타워 중 하나인] 노스 타워에 있는 한 식당에서 파트타임으로 일을 하기 시작했다. 경영자가 되려던 계획을 버리고 진로를 바꾼 그녀는 주말마다 유명 요리 학교에 다니며 교육을 받았다. 애니타와 애슐리는 요리 학교를 졸업한 후 피츠버그에 있는 애슐리의 고향에서 'A&A 케이크 전문점'이라는 이름의 작은 가게를 차릴 꿈에 부풀어 있었다.

　엄마 어밀리아의 기쁨이었던 서배스천은 사랑스러운 여섯 살 아이였다. 9월 11일 아침에 보스턴에서 비행기에 오른 두 사람은 로스앤젤레스의 벨에어 컨트리클럽에서 일하는 서배스천의 아빠를 만나러 가던 길이었다. 서배스천은 축구와 야구를 무척 좋아했다. 어떤 때는 결승골을 넣는 축구 선수 호날두를 흉내 냈고, 어떤 때는 쪼그리고 앉아 강속구를 잡아내는 포수 퍼지 로드리게스를 흉내 냈다. 소속된 어린이 리그에서 스타 스트라이커였던 서배스천은 같은 팀 친구가 골을 넣을 때마다 누구보다 큰 소리로 "고오오올!"이라고 외치며 즐거워했다.

나이, 성, 인종, 교육 수준, 국적, 재산 규모가 모두 다른 네 사람의 삶은 9.11이라는 사건으로 영원히 떼려야 뗄 수 없는 관계가 되어 버렸다. 살아서는 한 번도 만난 적 없는 사람들이 테러 공격의 희생양이 되어 같은 날에 생을 마감했기 때문이다. 릭은 결혼은 물론 부모님 집의 욕실 수리도 마무리하지 못하게 되었고, 짐은 퇴직 이후의 삶은커녕 두 딸이 성장하는 것도 볼 수 없게 되었다. 애니타는 요리 학교를 졸업할 수도 디저트 가게를 차릴 수도 없게 되었고, 서배스천은 커서 스포츠 아나운서가 되는 것은 고사하고 일곱 번째 생일도 맞을 수 없게 되었다. 네 사람 모두 다 펼치지 못한 꿈을 뒤로한 채 세상을 떠났다. 그들이 미래를 위해 세워 둔 계획은 앞으로 실현될 수 없게 되었고, 친구들과 가족들은 그들의 갑작스런 죽음으로 깊은 슬픔에 잠겼다.

9월 11일 테러 공격 직후 미국은 서둘러 단호한 대응에 나섰다. 온 나라가 테러의 원인을 이야기하고 위로를 구하고 국가의 보호와 복수를 요구하는 중에 국회는 '애국자법'을 통과시켰다. 그리고 얼마 후 미국은 전쟁을 일으켰다.[1]

곧바로 아프가니스탄 파병이 시작되었고 주 방위군이 소집되었다. 군인 가족들은 9.11이 야기한 단기적 영향을 체감했다. 사랑하는 가족이 지구 반대편으로 날아가 자살 폭탄 테러범들을 피해 다니며 아프가니스탄, (나중에는) 이라크에서 발생한 소요를 진정시켜야 했기 때문

이다. 국회는 '테러와의 전쟁'이라고 명명된 모호한 이름의 전쟁에 수조 달러를 쏟아 부었다.[2]

뉴욕, 워싱턴 DC, 펜실베이니아의 사고 현장 근처에 살던 미국인들은 오랫동안 지속되는 변화를 경험했다. 대기가 오염되고 출입금지 지역이 생겼으며 군인들과 수사관, 정부 관리, 기자, 경찰이 상존했기 때문에 그들은 그날의 사건을 계속 상기하며 살아야 했다.

물론 9.11 희생자들과 직접적인 관련이 없고, 현장 근처에 살지도 않았으며, 군인을 지인으로 두지 않은 미국인도 수백 만 명이나 되었다. 그들의 삶은 대부분 곧 9.11 이전의 모습을 되찾았다. 주식 시장도 몇 달 안에 회복되었다.[3] 실업률이 다소 오르긴 했지만, 그러한 수백만 명의 미국인들에게 테러 사건과 자국이 진행 중인 전쟁을 아주 명확하게 상기시키는 것이 있었는데, 바로 일관성이라고는 찾아볼 수 없는 새로운 공항 보안 조치였다.[4]

한편 9.11 희생자들의 가족과 친구들은 지울 수 없는 정서적, 경제적 결핍을 경험했다. 먼저, 사랑하는 사람을 갑작스럽게 잃고 영원히 그리워하게 할 수밖에 없는 정서적 결핍이 있었다. 그리고 그들의 죽음으로 가족이 잃게 된 수입과 더 이상 받지 못하게 된 재정적 지원으로 인한 경제적 손실이 있었다. 희생자 대다수가 돈을 벌어 가계소득에 일조하고 각종 경비를 대고 은퇴 이후의 삶에 대비해 저축을 하던 사람들이었다. 어린 자녀나 노년의 가족 구성원, 다른 부양가족을 돌보는 무보수 노동을 하던 희생자들도 있었다. 희생자들 중에는 아직 학교에 다니는 아이들도 있었는데, 이들 역시 훗날 유급이든 무급이든 노동자가 될 터였다.

역사적으로 전례를 찾아볼 수 없는 살상을 야기한 9.11 테러는 그 파괴력만큼이나 전례 없는 연방 정부의 조치를 가져왔다. 1995년 오클라호마 폭탄 테러나 1998년 주 케냐·탄자니아 미국 대사관 폭탄 테러, 1993년 첫 번째 세계무역센터 테러 사건처럼 9.11 이전에도 테러 공격은 있었지만 국가 차원의 보상 기금 창립이 이루어진 적은 한 번도 없었다. 과거에 있었던 테러 사건에서도 비극적으로 생을 마감한 사망자들이 있었으나, 당시 정부가 나서서 직접적인 피해를 입은 이들에게 돈을 나누어 주지는 않았다. 이 책이 이야기하고자 하는 관점에서 말하자면, 과거의 사건들은 미국 정부가 희생자들의 생명에 가격표를 붙이는 일로 귀결되지 않았던 것이다.

미국 정부가 9.11 사건을 대하는 방식은 매우 달랐다. 침체된 항공업계와 정부 관리들 간의 공조로 '항공운송 안전 및 시스템 안정화법'이 탄생했다.[5] 신속하게 국회를 통과하여 2001년 9월 22일에 서명된 이 법[6]은 도산 직전인 항공업계를 지원하고 9.11 희생자들의 피부양자를 포함한 청구인들의 보상금을 지급하는 데 각각 수십 억 달러를 책정했다. 이 기금의 첫 번째 목적은 기업의 파산을 막는 것이었다. 따라서 보상금을 수령한 가족들은 항공사, 공항, 보안 회사, 세계무역센터 등 테러 공격에 대한 책임을 물을 수 있는 기업에 소송을 제기할 권리를 포기해야 했다. 희생자 가족들이 보상금 제안을 수용하고 소송을 제기하지 않도록 유도하기 위해 국회는 항공사의 손해배상 책임을 60억 달러로 제한했고 지급금은 불법행위법에서 적용하는 기준을 반영하도록 했다.[7]

당시 법무장관이었던 존 애슈크로프트는 9.11 희생자 보상 기금의 특별 단장으로 케네스 파인버그를 임명했다.[8] 파인버그는 전직 연방 검사로 테드 케네디 상원 의원의 법사위원회 특별 자문으로 활동했을 뿐만 아니라, 1980년대 있었던 고엽제 소송을 합의로 마무리 지으면서 미국 최고의 중재자로 자리 매김한 인물이었다. 파인버그에게 주어진 과업은 사망이나 부상이 야기한 경제적 또는 비경제적 비용의 값을 매기는 것, 즉 가격표를 만드는 일이었다.

파인버그가 고안한 산출 방식은 비경제적 가치와 피부양자 가치, 경제적 가치를 합산한 것이었다. 비경제적 가치는 모든 희생자에게 25만 달러라는 동일한 금액이 책정되었다. 피부양자 가치는 모든 피부양자에게 동일하게 적용되었다. 예를 들어 희생자에게 배우자가 있으면 보상금에 10만 달러가 추가되었고, 피부양자가 한 명 늘어날 때마다 10만 달러씩 추가되었다.[9] 경제적 가치는 희생자의 소득에 기반하여 책정되었기에 결과 값은 천차만별이었다. 이 가치는 희생자의 평생 기대 소득, 각종 수당 및 기타 혜택 등을 계산한 뒤 희생자의 실효세율에 맞추어 조정해 얻은 값이었다. 이 계산법에는 희생자의 나이, 정년까지 남은 햇수, 기대 소득 증가분에 대한 정보가 포함되었다. 파인버그는 초고소득자 희생자의 가족들에게 엄청난 액수의 보상금이 지급되지 않도록 예상 연간 소득의 상한선을 23만 1000달러로 제한했다. 그렇게 산출된 금액은 다른 곳에서 지급될 생명보험, 연금 기금, 사망 보험금과 같은 기타 보상금의 총액을 제한 뒤 최종 지급액으로 결정되었다.

비경제적 가치, 피부양자 가치, 경제적 가치를 더한 총액은 의료비와 장례비에 기초하여 상향 조정되었다. 이렇게 복잡한 계산에 의해 최종 결정된 보상금액을 희생자 가족들에게 제시하면 가족들은 보상금을 수령할지 재심을 청구할지 결정할 수 있었다. 파인버그가 그의 저서 『생명의 가치는 얼마인가(What is Life Worth?)』에서 직접 밝힌 바와 같이 2004년 6월에 보상금 지급이 완료될 무렵 희생자 가족의 97퍼센트가 보상금 수령에 동의했으며, 그 총액은 70억 달러(희생자 1인 평균 지급액 약 200만 달러)에 달했다.[10] 그러나 보상금의 최저액과 최고액의 차이는 매우 컸다. 가장 적게 받은 가족들의 보상금이 25만 달러인 데 반해 가장 많이 받은 가족들의 보상금은 700만 달러가 넘었다. 어떤 희생자들에게는 다른 희생자들 생명의 거의 30배에 달하는 가치가 매겨졌던 것이다.

사고 당시 소득이 2만 달러도 되지 않았던 최저 소득 계층에 해당하는 희생자들의 생명에는 25만~220만 달러가 매겨졌고, 그들의 가족들에게 지급된 보상금 평균 금액은 100만 달러를 넘지 않았다. 반면 연간 소득이 22만 달러가 넘는 최고 소득 계층 희생자의 가족들은 평균 약 400만 달러에 이르는 보상금을 지급 받았다.

릭, 짐, 애니타, 서배스천의 생명 가격표도 매우 다른 결과를 보였다. 릭의 생명 가치를 계산하는 일은 복잡했다. 소방관이나 경찰관은 연금은 물론 부업에서 얻는 수입 등 다른 재원에서 나오는 보상금을 받을 것으로 예상되었기에 그들의 생명 가격표는 유가족 연금, 자녀들의 사회보장 보조금을 포함하여 직업 특성상 지급되는 다른 보험금 및 지급금을 삭감하고 매겨졌다. 그렇게 계산하여 얻은 릭의 생명 가격표는 125만 달러였다. 비경제적 가치 25만 달러에 경제적 가치 100만 달러를 더한 결과였다. 릭의 경제적 가치 100만 달러는 그의 잠재적 소득 270만 달러에서 소방관 유가족 연금 170만 달러를 뺀 금액이었다. 그렇다면 누가 이 보상금을 지급 받았을까? 릭의 보상금은 그의 부모와 형제들이 나눠 가졌다. 릭의 약혼녀 수지는 사고 당시 법적으로 가족 구성원이 아니기 때문에 한 푼도 받을 수 없었다.

짐의 연간 소득은 소득 공식의 최대한도로 규정된 23만 1000달러보다 훨씬 높았다. 그러나 짐의 가족에게 지급된 보상금은 400만 달러밖에 되지 않았다. 그의 임원 보수에 포함된 생명보험 때문이었다. 그의 가족들의 입장에서는 보상금이 짐의 잠재 소득에 비하면 턱없이 부족하다고 주장할 만했다. 어떤 식으로든 연간 소득의 상한선을 23만 1000달러로 제한해 두는 공식으로는 짐이 투자 회사에서 받던 연봉을 결코 반영할 수 없었다.

요리학교를 다니던 애니타는 레스토랑에서 일하며 근근이 생계를 유지하고 있었고, 연간 소득은 1만 9000달러 정도였다. 애니타가 대출을 받았지만 여자 친구 애슐리가 두 사람의 월세를 거의 책임졌고 애니타의 학비도 일부 대주고 있었다. 피부양자도 없고 소득도 적은 애니타의 생명에는 75만 달러라는 가격표가 붙었다. 네 사람 중 가장 낮은 금액이었다. 한 아파트에 함께 살고 있었지만 법적으로 애니타와의 관계를 증명할 수 없는 애슐리는 보상금을 하나도 받지 못했다. 보상금은 곧바로 인도네시아에 있는 애니타의 가족들에게 전달되었다.

초등학교 1학년인 서배스천은 18세 이하 희생자로 분류되었다. 소득도 피부양자도 없는 이러한 희생자들은 모두 80만 3000달러라는 동일한 액수의 가격표를 부여 받았다. 이 가격표는 미국 임금노동자 평균 수입에 기초하여 산출된 금액이자, 약간의 논리적 비약을 더해 2001년 9월 11일 당시 모두 스무 살이었다고 가정한 계산법으로 얻은 결과였다. 미성년자들에게 매겨진 가격표는 평균 보상금액보다 수십만 달러나 낮았다. 아동 희생자들의 생명은 배경, 교육 수준, 계급, 인종, 성 또는 다른 요소와 관계없이 모두 동일한 가치를 갖는다고 평가되었다.[11] 이렇듯 동일하게 지급된 미성년자에 대한 보상금은 액수가 천차만별인 다른 희생자들의 보상금과 놀라울 만큼 선명한 대조를 보였다.

릭, 짐, 애니타, 서배스천은 모두 때 이른 죽음을 맞이했다. 네 사람에게는 모두 계획된 미래가 있었다. 그러나 네 사람의 생명은 모두 다르게 평가되었고, 그들의 생명에 붙은 가격표도 크게 달랐다. 미성년자들의 생명 가격표는 모두 동일했지만 성인들의 가격표는 25만 달러부터 700만 달러가 넘는 가격표까지 매우 다양했다. 이렇게 금액의 차이가 크다는 것은 케네스 파인버그가 결정한 가격표가 대개 희생자의 비경제적 가치가 아니라 경제적 가치, 즉 희생자의 기대 소득에 의해 결정되었다는 사실을 의미했다.

9.11 희생자 보상 기금이 매긴 생명 가격표는 논란을 불러일으켰고 지금도 그 논란은 여전하다. 보수주의자부터 진보주의자까지 정치 진영을 가리지 않고 많은 사람들에게 큰 비판을 받았다. 어떤 이들은 정부가 개입하여 항공사들의 비용을 대신 지불하는 것이라며 반대했다. 어쨌거나 항공사들은 희생자 가족들에게 보상금을 지급할 수 있는 보험에 가입되어 있었기 때문이다. 유가족들이 소송을 제기하는 경우 비행기 납치범들을 알아보지 못하고 탑승시켜 결국 비행기가 납치되도록 한 항공사의 과실을 인정하는 판결이 날 가능성도 있었다. 실제로 사고 당일 658명의 직원을 잃고 소송을 제기한 회사 캔터 피츠제럴드(Cantor Fitzgerald)는 아메리칸 에어라인(American Airlines)과 1억

3500만 달러에 합의를 보았다.[12] 한편 좀 더 전통적인 지원 방식인 구호금은 짧은 기간 안에 27억 달러가 넘게 모여 테러 공격으로 피해를 입은 이들을 지원했다.[13]

정부가 9.11 희생자들에게 보상금을 지급하는 것이 불공평하다고 주장하는 사람들도 있었다. 9.11 사건이 미국 본토에서 처음 일어난 테러 공격도 아니거니와 처음으로 미국인들이 사망한 테러 사건도 아니기 때문이었다. 또 마지막 테러 사건이 될 리도 만무했다. 많은 사람들은 과거에 있었던 폭탄 테러 사건, 총격 난사 사건, 방화 사건 등 다른 테러 행위의 희생자들에게는 정부 차원의 보상금이 없었는데 9.11 희생자들에게만 정부 보상금을 지급하는 것이 부당하다고 생각했다. 9.11 희생자 보상 기금이 앞으로 있을지 모를 테러 공격의 보상금을 위한 표준 관행으로 마련된 것이라고 판단할 여지도 전혀 없었다. 실제로 연방 정부는 2013년 보스턴 마라톤 폭탄 테러 사건, 그리고 여덟 명의 목숨을 앗아 간 2017년 뉴욕 트럭 테러 공격으로 죽거나 다친 피해자들에게는 어떤 보상금도 지급하지 않았다. 미국이 앞으로도 다양한 테러 공격의 표적이 될 것이라는 확신에 가까운 예측에도 불구하고 9.11은 마치 일회성의 특별한 사건으로 취급되었다.

현실적인 측면을 고려하여 9.11 희생자 보상 기금은 보상금을 누가 받고 받을 수 없는지에 대한 기준을 마련해야 했다. 그렇지 않으면 수백 만 명이 보상금을 신청할 수 있기 때문이었다. 그런데도 어떤 사람들은 이른바 '근접 지역'에 있었던 사람들로만 보상금 수혜 자격 기준을 한정한 것에 불만을 표시했다. 이를테면 허드슨강 건너 세계무역센터의 반대편에 사는 뉴저지 주민들은 건물이 붕괴하며 일으킨 어마어마한 양의 유해 먼지와 연기 때문에 피해를 입었는데도 보상금 수혜 대상에서 제외되었다. 그들이 겪어야 했던 호흡기 문제는 보상 대상이 아니었다. 3일 이상이 지나서 병원을 찾은 무반응자들 역시 보상금 수혜자에서 제외되었다. 3일 이상을 기다릴 수 있는 사람의 부상은 9.11 테러 공격과 무관할 것이라는 이유에서였다.[14]

더 높은 금액을 요구하며 재심을 요청한 희생자 가족들이 더 많은 금액을 받은 것도 문제였다. 보상 기금이 제시한 첫 번째 제안액을 그냥 받아들인 가족들은 첫 번째 제안을 거부하고 더 높은 금액을 요구한 가족들보다 평균적으로 보상금이 적었다.[15]

생명 가격표를 산출하는 공식이 공정하지 않다고 주장하는 이들도 있었다. 초고소득자들의 유가족들은 연간 소득 상한선 때문에 자신들이 부당한 취급을 받는다고 생각했다. 어쨌거나 최대 연간 소득을 23만 1000달러로 설정한 것은 완전히 자의적인 결정이었기 때문이다. 일각에서는 부유한 유가족들이 국가적 비극의 시기에 탐욕을 부린다고 비난했다. 생명 가격표가 비경제적 가치나 피부양자 가치가 아닌 소득에 의해 좌우되다 보니 소득과 관련한 모든 종류의 인종 및 성 불평등 문제가 9.11 보상금에서 한층 악화되어 나타났다.

앞서 언급한 네 명의 가상 인물 중에는 전업으로 가족을 보살피는 사람이 없었지만, 실제 미국에는 상당수의 성인 인구가 매일 집에서 아이를 키우고 노년의 부모나 가족을 돌보는 일을 한다. 이들은 소득이 없어서 이런 사람들이 희생자이면 보상금을 산정할 때 소득은 '0원'으로 계산되었다. 직장에 다니지 않고 집에서 직접 자녀를 돌보는 경우 어린이집이나 베이비시터 비용을 상쇄하지만 이런 점은 생명 가격표 산정에 고려되지 않았던 것이다.

2016년 통계를 보면 아이가 있는 여성의 약 3분의 1이 전업으로 자녀를 돌보았고, 직장에 다니지 않고 집에서 아이를 키우는 부모의 약 80퍼센트가 여성이었다.[16] 노부모를 돌보는 인구도 3분의 2가량을 여성이 차지하면서 남녀 간의 불균형을 보였다.[17] 이처럼 자녀와 부모를 보살피는 일에 전념하면서 여성은 남성보다 소득 획득의 기회를 단념하는 경우가 많다. 따라서 여성 희생자들은 남성 희생자들보다 경제적 가치가 더 낮은 것으로 계산되었고, 그 결과 그들의 생명에는 낮은 금액의 가격표가 매겨졌다. 9.11 희생자 보상 기금 프로그램이 종료되었을 때, 여성 희생자들에게 지급된 평균 보상금은 남성 희생자들에게 지급된 평균 보상금의 63퍼센트밖에 되지 않았다.[18]

9.11 희생자 보상금 산출 방식이 돈을 버는 것보다 가족을 돌보는 데 더 많은 시간을 쓰기로 선택한 사람들의 생명에 훨씬 더 낮은 가치를 부여한 것은 분명하다. 그뿐만 아니라 보수는 적더라도 더 큰 공익을 창출하는 직업에 종사한 사람들에게도 불리하게 작용했다.

이런 문제들 외에도 소득에 기초해 책정된 생명 가격표가 야기하는 문제는 또 있다. 경력과 교육 수준이 같다 하더라도 임금이 다른 경우는 많다. 예를 들어 고졸이든 대졸이든 대학원 졸업이든 흑인들의 임금이 대개 백인보다 25~30퍼센트 적다.[19] 여성의 임금도 보통 남성보다 낮은데, 이러한 성별 임금격차는 경력, 학력, 노동시간, 업계, 직군, 인종, 혼인 여부의 차이를 감안해도 존재한다.[20] 성, 인종, 국적에 따른 임금격차는 노동시장에 존재하는 불공정의 증거다. 현재 소득을 사용하여 생명의 경제적 가치를 측정하면, 이러한 소득 격차는 그 사람이 근로했을 것으로 예상되는 기간 동안 크게 증가한다.

소득에 기초한 산출 방식은 은퇴를 했거나 노동을 하지 않는 사람들의 공로를 과소평가한다. 이러한 사실은 9.11 희생자 보상 기금의 공식 홈페이지 '자주 묻는 질문'란에 적시된, 은퇴를 했거나 임금노동을 하지 않는 사람들의 보상금은 "관련 연구에서 얻은 표준 가치 또는 유사한 방법을 사용하여 책정한 대체 노동의 경제적 가치"에 기초하여 산출된다는 모호한 진술에서 분명하게 드러난다.[21] 대체 노동이란 직업 가정부나 직업 요리사에 의해 대체될 수 있는 일을 하는 전업주부와 같은 사람을 가리킨다. 나중에 밝혀진 일이지만, 60세가 넘는 희생자의 평균 보상금은 60세 이하 희생자들이 받은 보상금의 절반도 되지 않았다.[22]

일부 부상자가 800만 달러가 넘는 보상금을 받았다는 사실을 지적한 사람들도 있었다. 이는 목숨을 잃은 희생자들의 유가족들이 받은 보상금보다 더 많은 금액이었다.[23] 사망자보다 부상자에게 더 많은 금액을 주는 보상 프로그램은 비난의 소지가 다분할 수밖에 없다.

이처럼 9.11 희생자들의 생명 가치를 매기는 산출 방식에는 여러 비판이 제기되어 왔다. 그렇다면 시도할 수 있는 다른 대안은 있었을까? 당시 파인버그가 고안한 복잡한 알고리즘에 대한 확실한 대안은 하나였다. 그리고 앞으로 있을 사고의 경우도 마찬가지다. 바로 모든 생명에 동일한 가치를 매기는 것.

보상금을 정하기 위해 사망자들에게 가격표를 책정해야 한다면, 모든 사람에게 그냥 똑같은 가격표를 매겨도 안 될 것 없지 않은가? 이 주장에 담긴 논리는 간단하다. 살인 사건은 피해자가 젊은이든 노인이든, 돈 많은 사람이든 가난한 사람이든, 남자든 여자든, 미국인이든 외국인이든 결국 모두 같은 범죄이기 때문이다. 원칙적으로 누가 죽었느냐는 상관없이 살인은 살인이다. 실제로 미국에서는 살인죄에 대한 형이 종종 희생자의 인종이나 사회경제적 지위에 따라 달라지지만, 사법제도에서 나타나는 이러한 불평등이 테러 사건의 희생자들을 보상하는 과정에서도 재현되어서는 안 된다.

인권은 모든 인간에게 동일하게 보장되어야 한다. 인간은 모두 '평등하게 태어났으므로' 생명권, 자유권, 행복추구권에 대한 보장은 모든 이에게 적용되어야 한다. 이 원칙은 미국의 독립선언서에만 국한된 것이 아니라 세계인권선언문에도 분명하게 명시되어 있다. "모든 인간은 태어날 때부터 자유로우며 그 존엄과 권리에 있어 동등하다." 희생자 보상금이 일종의 인권이라면, 대체 왜 그것을 경제적 손실을 기준으로 따져야 하는가?

2004년에 파인버그 역시 이와 같은 결론에 도달하면서 자신의 저서에 "만약 다음번이라는 것이 있다면, 국회가 테러 희생자들에 대한 보상금을 결정할 일이 또 생긴다면, 보상금 수혜 자격이 있는 모든 청구인들에게 동일한 액수의 비과세 보상금을 지급하는 것이 타당하다."라고 썼다. 그러면서 "이런 정액 지급 방법이 집행하기도 더 쉽고 수혜자들 간의 분열도 최소화할 수 있는데, 이는 사랑하는 가족의 죽음(예를 들어 소방관)이 다른 희생자(주식 중개인이나 금융인)의 생명 가치보다 낮게 평가되었다고 주장할 일이 없기 때문"이라고 설명했다.[24] 1년 뒤 파인버그는 한층 더 확고한 태도를 취하면서 보상금 산출 방식에 '허점'이 있었으며 "개인의 재산과 유가족들의 사정은 보상금 산출에 어떤 영향도 끼쳐서는 안 된다."고 주장했다.[25] 사실 미국은 군대에서 발생한 사망의 보상금을 결정하는 방식에 이미 이런 선례가 있다.

미국 정부는 9.11을 전쟁 행위로 여겼으므로 군 사망자에 대한 보상금 지급 방식을 고려했어야 했다. 현역으로 복무 중인 군인들의 죽음은 (위법행위를 제외하고) 전투 중이었든 훈련 중이었든 질병으로 인한 것이든 상관없이 모두 순직으로 취급된다.[26] 순직자들의 보상금에는 긴급 소득 보조금, 전환 지원금, 소득 대체 보상이 포함된다. 긴급 소득 보조금은 계급과 상관없이 10만 달러짜리 수표로 지급되므로 사병이든 장성이든 유가족이 수령하는 금액은 동일하다. 전환 지원금에는 의료 및 치과 비용, 상담 서비스, 주택이 포함되는데 이 역시 모든 계급에 동일하게 제공된다. 소득 대체 보상에는 다양한 프로그램이 있지만 그중에서 군인 단체 생명보험과 유족 보상금이 가장 액수가 크다. 군인 단체 생명보험은 모든 현역 군인이 가입할 수 있고 정부 보조 보험 범위에서 최대 40만 달러까지 지급되는 한편, 유가족 보상금은 매월 지급된다. 두 프로그램 모두 순직자의 계급과 상관없이 정해진 금액을 지급한다.

다른 선례도 있다. 9.11이 발생하기 10여 년 전, 미국은 1988년 '시민자유법'으로 제2차 세계대전 당시 강제수용 되었던 모든 일본계 미국인들에게 일괄적으로 2만 달러씩을 지급한 적이 있었다. 이때 지급된 보상금은 희생자들이 강제수용소로 끌려갔던 당시 그들의 소득에 따라 차등을 두지 않았다. 이 보상금은 죽음에 대한 보상이 아니라 기회와 자유를 박탈당한 데에 대한 보상이었다.

9.11 테러에 희생된 사람들의 생명 가치를 동등하다고 평가했다면 일은 더 간단했을 것이고 큰 논쟁이 일지도 않았을 것이며 연방 정부나

국제기구들이 항시 수행하는 비용·편익분석과도 일치했을 것이다. 환경
보호국이나 교통안전청 같은 미국 연방 정부 기관들은 일반적으로 모
든 사람에게 하나의 정해진 가격표를 적용하여 비용·편익분석을 수행
한다. 정부 기관에서 사용하는 이런 가격표는 그 사람이 가난한지 부유
한지, 흑인인지 백인인지, 청년인지 노인인지에 따라 달라지지 않는다.

　　정부 기관들은 어떤 프로그램이나 규제(예를 들어 산업 행위로 발생되
는 발암 물질의 양을 축소하기 위한)의 기대 비용을 산출한 뒤 그 비용을 기
대 편익과 비교한다. 편익은 살릴 수 있는 기대 인원을 바탕으로 계산되
는데, 이는 '통계적 생명 가치(Value of a Statistical Life)'라는 개념을 기초
로 한다.[27] 통계적 생명 가치는 위험 부담 축소를 근거로 산출되는 것으
로, 사람들이 증가하는 사망 위험을 수용하는 데 받아야 하는 돈 또는
사망 위험을 줄이는 데 기꺼이 지불하겠다는 돈의 액수를 나타낸다. 이
통계적 생명 가치를 사용하는 데 찬성하는 사람들은 증분 위험에 초점
을 맞추는 측정 방식이 비용 편익 계산에 유용할 때가 있다고 믿는다.
그들은 이 개념이 누군가 사망을 피하기 위해 기꺼이 지불할 돈의 액수
(사실 계산이 불가능한 금액)나 한 집단이 어떤 사람을 살리기 위해 기꺼
이 지불할 돈의 액수(수많은 편견으로 점철될 것이 확실한 금액)를 정하려는
의도는 아니라고 주장한다.

　　사실 이 통계적 생명 가치는 리스크 계산 외에도 일상적으로 자주
사용된다. 전문가들이 이 값의 추정치를 사용하여 생명 그 자체가 갖
는 가치를 제시하기도 하고, 규제 강화, 안전성 개선 등 다른 비용을 통
해 생명을 구하는 일(리스크를 줄이는 일이 아니라)의 경제적 편익을 계산
할 때 핵심적인 수치로 사용하기도 한다.

1995년에 기후변화에 대한 국제사회의 대책을 마련하기 위해 유엔 산하에 설립된 '기후변화에 관한 정부간 협의체(Intergovernmental Panel on Climate Change, 이하 IPCC)'가 저소득, 중소득, 고소득 국가 국민에 대해 세 가지의 다른 생명 값을 적용한 일이 있었다. 최소값과 최대값이 엄청난 차이를 보였는데 고소득 국가 국민들의 생명 가치가 저소득 국가 국민의 무려 15배에 달했다. 인간의 존엄성을 훼손했다는 부정적 반응이 즉각적으로 터져 나왔고, 과학자들은 재빨리 이를 철회했다. 2001년 무렵 IPCC는 온실가스 축소에 관한 비용편익분석을 하면서 전 세계 모든 인구에 1인당 100만 달러라는 가치를 적용했다.[28] 이 가치는 거주 국가의 부와는 상관없이 모든 생명에 동일하게 적용되었다. 그러나 이 100만 달러라는 가치는 미국 환경보호국이 사용한 것에 비하면 훨씬 낮은 수치였다. 미국 평균 소득이 세계 평균보다 훨씬 높았던 까닭이다.[29] 오늘날 사용되는 방법은 한 가지가 아니다. 국가의 부에 따라 가치를 다르게 적용하는 전문가가 있는가 하면 모든 생명의 가치를 동일하게 책정하는 전문가도 있다. 이를테면 의학 전문지 《랜싯》은 저소득, 중소득 국가 75개국에서 보건과 교육에 대한 투자가 큰 수익을 보인다는 사실을 보여 주는 연구 논문들을 게재했는데, 이 논문들은 해당 국가의 1인당 GDP와 상관없이 75개국에 사는 사람들의 비경제적 가치를 나타내는 데에 동일한 생명 가격표를 사용하였다.[30]

조지 W. 부시 대통령 정권 당시 미국 환경보호국은 '청정대기사업계획(Clear Skies Initiative)' 추진을 위한 분석 과정에서 70세 이상의 사람들과 70세 이하의 사람들에게 각각 370만 달러, 230만 달러라는 각기 다른 가격표를 책정하였다. 즉각적으로 거센 비난이 일었다. 노인의 권리를 옹호하는 사람들은 이를 '노인 생명 경시'라고 비판했고 대중도 크게 분노했다.[31] 노인의 생명에 상대적으로 낮은 가치를 부여한 것은 매우 불공정한 처사일 뿐만 아니라 통계적 생명 가치에 따르면 과학적으로도 타당하지 않은 일이었다. 통계적 생명 가치가 나이에 따라 반드시 낮아지는 것은 아니기 때문이다.[32] 환경보호국은 곧바로 이를 철회하고, 어떤 사람들이 다른 사람보다 더 높은 가치를 지닌다고 가정하는 대신 모든 생명에 동일한 가격표를 적용하는 방식으로 선회했다.

2010년에 환경보호국이 새로운 규제 마련을 위해 비용 편익을 계산하면서 사용한 1인의 생명 가치는 910만 달러였다. 식약청은 2010년에는 790만 달러, 2011년에는 830만 달러라는 생명 값을 사용했고 최근 교통안전청이 사용한 값은 940만 달러였다.[33] 이러한 가격은 모두 미래 기대 소득 평균을 훨씬 초과하는 것으로 과거 정부 기관들이 생명의 가치를 측정할 때 사용했던 산출 방식에 따른 것이다.[34]

정부 기관들이 모두 다른 가격표를 사용한다는 점이 얼핏 불합리한 것처럼 보일 수 있으나, 각 기관이 새로운 규제의 내용과 대상과 상관없이 그 규제를 통해 살릴 수 있는 모든 생명에 동일한 가격표를 붙인다는 사실에는 변함이 없다. 정부 기관들은 어떤 사람에게 자녀가 있는지, 소득은 얼마나 되는지, 나이는 몇 살인지에 따라 생명의 가치를 다르게 매기지 않는다. 기관마다 모두 다른 가격표가 사용되고 통계적 생명 가치의 이면에 숨겨진 과학에 의문이 남긴 하지만, 생명의 가치를 매기는 데 나타나는 이러한 일관성은 규제 행위의 긍정적인 측면이다.

그렇다면 이런 생명 가격표는 어디서 오는 걸까? 여기가 바로 경제 전문가들이 신의 역할을 하며 돈으로 살 수 없는 것의 값을 '점치려' 하

는 영역이다. 사람들이 자신의 생명을 얼마에 내다파는지, 경제적으로
여유로운 사람들이 생명 연장을 위해 기꺼이 얼마만큼의 돈을 쓰는지
경제학자들이 확인할 수 있는 생명을 사고파는 자유 시장은 존재하지
않는다.

어떤 정신 나간 사람이 누군가를 살해하기로 결심했다고 상상해
보자. 그는 살인할 권리를 돈으로 살 수 없다. 마찬가지로 노예제는 불
법이므로 법적으로 누군가를 사유재산으로 구매할 수는 없다. 누군가
를 소유하거나 누군가의 목숨을 앗아 가는 권리를 합법적으로 사고팔
수 있는 시장은 미국에 존재하지 않는다.

생명을 사고팔 수 있는 시장이 없다면 경제 전문가들은 통계적 생
명 가치를 어떻게 얻는 것일까? 한 가지 방법은 가정에 입각한 질문으
로 구성된 설문 조사를 진행하는 것이고, 다른 두 가지 방법은 실질적
의사 결정에 대한 경제적 함의와 리스크를 분석하는 것이다. 첫 번째
방법에서 사용되는 설문 조사 유형은 보통 조건부 가치 측정법 또는
'진술 선호 평가법'이라고 부른다. 이런 설문 조사는 사람들에게 어떤
일에 대해 돈을 지불할 의사 또는 어떤 일에 대해 돈을 받을 의사가 어
느 정도 되는지 묻는다. 후자의 두 가지 방법은 실제 의사 결정을 연구
하는데, 하나는 리스크가 더 높은 업무(임금 기반)를 맡을 때마다 사람
들이 받는 보수의 증가량을 분석하고, 다른 하나는 사람들이 리스크를
줄이기 위해 돈을 얼마나 지불하는지를 분석한다.(현시 선호) 곧 확인하
게 되겠지만, 이 방법들은 잘못된 가정에 의존하며 모순된 결론에 이르
는 경우가 많다.

설문 조사에 기반한 통계적 생명 가치 측정 방법

설문 조사에 기반한 측정법을 이야기할 때면 생각나는 오래된 농담 하나가 있다. 옛날에 한 강도가 어느 노인의 머리에 총을 겨누고 이렇게 소리쳤다. "돈을 내놓을 테냐, 목숨을 내놓을 테냐?" 노인은 아무 말 없이 강도를 빤히 바라보았다. 강도가 다시 소리쳤다. "돈과 목숨 중에 무엇을 내놓겠냐고 물었다!" 노인이 대답했다. "지금 고민 중일세."

경제 전문가들이 사람들에게 "죽음을 피하기 위해 얼마를 지불할 의향이 있는가?"라는 질문을 던지고 유의미한 정보를 얻으리라고 기대할 수는 없다. 대부분 "내가 가진 모든 것 또는 그 이상"이라고 답할 가능성이 높기 때문이다. 시적인 응답이기는 하지만 딱히 수량화할 수 있는 정보는 아니다. 부모에게 "자녀가 살해당하지 않도록 하기 위해 얼마를 지불할 의향이 있는가?"라고 물어도 그 대답은 크게 다르지 않다. 현실 세계에서 사람들은 생명을 귀중하고 값을 매길 수 없는 것이라고 생각한다. 따라서 많은 사람들이 생명에 가격을 매기는 일을 혐오스럽고 부도덕하며 상상조차 할 수 없는 일이라고 생각한다. 대다수의 종교와 철학 역시 인간의 생명에 가격을 매긴다는 관념에 전적으로 반대한다. 그러나 생명에 가격표를 책정하는 일은 비용편익분석의 핵심이며, 9.11 희생자 보상 기금의 가장 중요한 과업이었다.

그렇다면 경제 전문가들은 한 생명이 얼마의 가치를 지니는지 어떤 방식으로 결정할까? 사람들이 생명을 위해 기꺼이 지불할 돈의 액수를 단도직입적으로 묻는 질문으로는 어떤 정보도 얻을 수 없기에 경제학자들은 주제를 교묘히 피해 가는 방법을 택한다. 돈의 액수를 직접적으로 묻는 대신 그들은 주제에 관한 다양한 측면을 철저하게 조사할 수 있는 질문들을 던진다. 이를테면 쇼핑몰에 있는 사람들을 불러세우거나 전화를 걸거나 온라인을 통해 "XYZ 때문에 죽을 수 있는 만분의 1 확률의 가능성을 피하기 위해 얼마를 지불할 의향이 있는가?"와 같은 질문을 한다. 만약 평균 금액이 900달러로 나왔다면, 연구자들은 만 명의 사람이 900달러를 지불한다고 가정했을 때 얻게 되는 총합 900만 달러가 평균적으로 한 생명을 구하는 데 쓰일 수 있는 돈이라고 추정한다. 이 900만 달러는 해당 국가의 사람들이 리스크를 충분히 감소시켜 한 생명을 살리는 데 지불할 의사가 있는 돈의 액수를 나타낸다. 이것이 바로 통계적 생명 가치라는 수치다. 이 방법론이 지닌 결함은 안타까울 정도로 너무나 명백하다.

　설문 조사에 기반한 측정법에는 선택 편향의 문제도 있다. 쇼핑몰에서 시간을 보내거나 전화나 온라인으로 이런 설문에 응할 수 있는 사람들은 일반 대중을 대표한다고 볼 수 없다. 당연한 말이지만 이런 사람들은 어떤 사례나 가시적인 혜택이 없다 하더라도 기꺼이 시간을 투자해 설문에 응답할 의향이 있는 사람들이다.

　또 다른 결함은 설문 문항이 매우 추상적이라는 점이다. 설문 조사가 진정으로 살펴보고자 하는 내용을 완벽하게 주관화하고 이해할 수 있는 사람은 거의 없다. 따라서 추상적인 질문에 근거 없는 추측이나 희망 사항, 별 의미 없는 말들이 답으로 나올 때가 많다.

　게다가 연구자들은 종종 자신들이 생각하기에 분석하기 쉽지 않은 데이터 포인트들을 간단히 폐기해 버림으로써 매우 비과학적인 방법으로 이 문제를 바로잡으려 한다. 가장 자주 무시되는 응답 중 하나가 바로 "생명에는 가격을 매길 수 없다."이다. 연구자들에게 적절한 응답이 무엇인지에 대한 매우 분명한 기준이 있다는 사실은 통계적 생명 가치의 옹호자인 W. 킵 비스쿠시가 한 다음의 말에서 분명하게 드러난다. "정책에 의해 이루어지는 리스크 축소의 정도가 증가하면 응답자들은 안전 조치 정책에 기꺼이 더 많은 돈을 지불할 것이다. (……) 특정 사안에 대한 리스크 축소에서 상대적으로 부유한 응답자들이 재정 능력이 부족한 응답자들보다 기꺼이 더 많은 돈을 지불할 것이다."[35] 자신이 세운 가정을 뒷받침하지 않는 데이터를 폐기하는 것은 기본적인 연구 방법에 어긋난다. 더구나 연구자의 관념과 일치하지 않는 응답을 걸러내는 행위는 산출된 통계적 생명 가치에 편향성을 야기해 사전에 형성된 연구자의 관념에 부합하는 특성을 띄게 만든다.

　같은 사람에게 던지는 질문을 약간만 바꿔도 매우 다른 응답이 나올 수 있다는 문제도 있다.[36] 결과적으로 말하면 한 사람이 추정하는 통계적 생명 가치는 피하고자 하는 리스크가 정확히 무엇인지(화재 사고로 인한 죽음인지, 암에 의한 죽음인지), 해당 리스크의 발생 가능성이 얼마나 되는지, 심지어 질문에 사용된 용어나 표현법처럼 훨씬 단순한 문제에 따라 다양하게 나타날 수 있으며, 그날 아침 신문에서 스모그 현상, 부리토에서 검출된 대장균, 자동차 리콜에 관한 뉴스를 보았는지에 따라서도 달라질 수 있다.

　설문 조사에 기반한 측정법의 또 다른 결함은 지불 의사에 관한 의견 조사가 별개의 건으로 이루어지는 경우가 많다는 점이다. 별개의 질문으로 이루어진다는 것은 응답자들이 한 문제를 해결하는 데 지불하는 돈이 다른 문제들을 해결하는 데 필요한 금액을 줄일 수 있다는 점을 깨닫지 못할 수도 있다는 뜻이다.

돈을 지불하는 것과 돈을 받는 것을 매우 다르게 인식한다는 문제도 있다.[37] 어떤 사람이 XYZ로 죽을 만분의 1의 가능성을 피하기 위해 900달러를 지불하겠다고 하는 것이 XYZ로 죽을 가능성이 만분의 1 증가하는 데 900달러를 받겠다는 것을 의미하지는 않기 때문이다. 이는 조건부 가치 측정법에만 있는 문제는 아니다. 여러 분야에서 사람들이 돈을 지불할 의사와 돈을 받을 의사가 꽤 다른 경우가 많다는 점은 입증된 사실이기 때문이다.[38] 이것을 다른 방식으로 생각해보면 어떤 이가 10만 달러의 돈을 받고 특정 정도의 위험에 자신을 노출할 의향이 있다고 할 가능성은 같은 양의 리스크를 줄이는 데 10만 달러를 지불할 의향이 있다고 할 가능성과 같지 않다는 것이 된다. 사람들이 완벽하게 리스크 측정을 하지 못하는 경우에 대해서는 이 책의 뒷부분에서 더 자세하게 다룰 것이다.

임금에 근거한 통계적 생명 가치 측정 방법

임금에 근거한 방법은 사람들이 더 위험한 직업에 종사할수록 보수를 얼마나 더 받는지를 분석하는 기법이다. 경제 이론에서 직업의 선택은 구직자가 해당 직업으로 감수해야 할 위험과 그 위험을 감수함으로써 받는 보수가 얼마인지 정확히 아는 상태에서 내리는 결정이 수반된다. 또 구직자가 직업을 결정할 때 여러 선택지를 갖고 있고, 각 직업과 관련된 사망 위험과 직업에 따라 증가되는 리스크를 잘 알고 있으며 리스크가 크면 더 높은 임금을 요구할 수 있다고 가정한다. 임금에 근거한 방법은 바로 이러한 위험한 직업에 따른 추가 보수 증가분 대 리스크 증가분의 비율을 통계적 생명 가치를 측정하는 데 사용한다.

이러한 개념을 바탕으로 산출된 추정치는 수없이 많다. 이런 추정치는 시기, 국가, 직업에 따라 다르고, 적게는 수만 달러에서 많게는 수천만 달러에 이르는 등 그 값이 천차만별이다.[39] 이 분석에 사용되는 다양한 요소, 이를테면 어느 국가인지, 노동자가 조합에 가입되어 있는지, 화이트칼라인지 블루칼라인지, 어떤 업계인지와 같은 요인들이 모두 추정치에 영향을 미친다. 각기 다른 연구에서 매우 상이한 추정치가 도출된 가운데 2000년에 미국의 비용편익분석 전문가들이 국내 연구를 바탕으로 합의한 생명 가치는 1인당 610만 달러였다.[40]

임금에 근거한 방법의 기저를 이루는 가정에는 잘못된 것이 많다. 현실에서 구직자들은 직업을 여러 선택지에서 선택하는 것이 아니라 자신이 채용될 수 있는 직업을 그냥 받아들여야 하는 경우가 많다. 또 직업마다 어떤 추가적 위험이 따르는지 잘 모르는 경우가 대부분이다. 설사 심각한 부상이나 사망의 위험에 대해 정확히 안내를 받았다 하더라도 그 위험이 정확히 무엇인지 대개는 잘 알지 못한다. 게다가 이러한 추가적 위험을 세밀하게 추산하는 데 필요한 정보를 취해서 심각하지 않은 리스크로부터 결측된 데이터를 추론한 뒤 그 데이터를 분석하여 반드시 받아야 하는 추가적 보상이 얼마인지 계산하는 경우는 별로 없다. 간단히 말하면 임금에 기반한 방법의 바탕이 되는 가정과 달리 구직자들은 정확한 정보에 입각한 결정을 내리는 데 필요한 정보가 부족하고, 직업을 결정하는 데 있어 선택지가 많지 않은 경우가 대부분이며, 임금 협상의 기회도 거의 없다. 심지어 해당 직업으로 받을 수 있는 보수가 얼마인지도 잘 모르거나 효과적인 임금 협상 레버리지가 없는 경우도 많다. 이는 노동조합이 있는 노동자가 그렇지 않은 노동자보다 임금이 높고 그에 따라 통계적 생명 가치의 추정치도 높다는 사실에서 확인된다.[41]

인간은 본래 위험을 감수하는 성향이 있다. 리스크를 의식적으로 피하는 사람이 있는 반면, 알면서도 더 큰 리스크를 감수하는 사람도 있다. 흡연을 하고 음주를 즐기는 사람들이 더 큰 리스크를 자연스럽게 받아들이는 경향이 있다. 평균적으로 여성이 남성보다 위험을 감수하는 것을 더 싫어해서 통계적 생명 가치의 추산치는 남자보다 여자가 높다. 직업 선택지가 크지 않은 사람들은 대안이 별로 없기에 추가 보수가 많지 않더라도 리스크가 큰 직업을 선택하게 된다. 이런 사람들의 통계적 생명 가치 추정치는 상대적으로 낮다. 직업 선택지와 임금 협상에 필요한 레버리지가 부족하고 업무에 따르는 리스크를 잘 모르기 때문이다.

통계적 생명 가치의 구조, 데이터 획득 방법, 산출 방법에 내재하는 모든 논리적, 방법론적 결함에도 불구하고 생명 가격표는 이 방법을 통해 얻어지고 사용된다. 이러한 통계적 생명 가치는 그 값이 굉장히 다양하고 얼마나 정확하게 산출되었느냐에 따라 큰 분산을 보인다. 연구자들이 어떤 응답이 분석에 적합한 것인가에 대해 제약을 두었는데도 이런 큰 분산은 나타난다.

동일한 산업재해사망 데이터 세트를 적용하여 산출한 621개 직군의 통계적 생명 가치를 검토했더니 상위 5퍼센트 값(3570만 달러)과 하위 5퍼센트 값(180만 달러)의 차이가 약 3400만 달러에 이르렀다. 이것을 달리 말하면 621개의 생명 값을 가장 낮은 값부터 가장 높은 값의 순서로 나열했을 때 590번째 생명 값(상위 5퍼센트, 3570만 달러)이 31번째 값(하위 5퍼센트, 180만 달러)의 20배에 달한다는 것이다.[42] 미국 내 통계적 생명 가치의 범위가 크다는 사실과 잘 알려진 다른 문제점들을 떠올리면 임금 기반 방법의 과학적 타당성에 대한 의문을 지울 수가 없다. 산출되는 값마다 큰 차이를 보이고 언뜻 이해하기 어려운 특징을 지닌 이러한 경향(이를테면 파키스탄의 통계적 생명 가치 추정치가 대만보다 15배 이상 크다든지)은 다른 나라의 추정치를 비교할 때도 나타난다.[43]

현시 선호법에 기반한 통계적 생명 가치 측정 방법

현시 선호법은 임금에 기반한 방법의 정반대라고 생각하면 된다. 추가적인 리스크를 감수하는 데 사람들이 얼마나 더 많은 돈을 필요로 하는가(수용 의사)를 분석하는 대신, 현시 선호법은 사람들이 리스크를 줄이는 데 얼마만큼 돈을 지불할 용의(지불 의사)가 있는지를 조사한다.

자전거 헬멧과 관련된 사람들의 비용 지출 패턴을 분석한 연구가 있다고 가정해 보자. 연구자들은 사람들이 싸고 성능이 나쁜 헬멧이 아니라 머리 부상이나 사망의 위험을 줄이는 데 더 효과적인 헬멧을 구입하는 데 얼마나 더 많은 돈을 쓸 의향이 있는지 조사한다. 이 경우, 더 비싼 헬멧을 구입할수록 추가되는 증분 금액에 대한 리스크 축소 증분율이 통계적 생명 가치의 추정치가 된다.

이 연구 방법에서도 전문가들은 사람들이 헬멧을 구매할 때 투자하는 만큼 리스크가 얼마나 줄어드는지 정확히 이해한 상태에서 결정을 내린다고 가정한다. 게다가 이 분석 방법은 구매자마다 가용할 수 있는 돈의 액수가 달라서 어떤 사람들은 다른 사람들보다 보호 장비에 더 많은 돈을 쉽게 투자할 수 있다는 사실을 고려하지 않는다. 그러나 현실에서는 구매자가 두 가지 다른 헬멧이 예방할 수 있는 리스크의 정확한 차이를 잘 알 수도 없을뿐더러, 어떤 헬멧을 살지는 대개 구매자의 자금 사정이나 디자인, 색깔처럼 안전과는 전혀 상관없는 요인에 따라 결정된다.

사람들이 가정용 소화기에 투자하는 돈이나 안전벨트를 착용하는 데(또는 착용하지 않는 데) 투자하는 시간도 분석 대상이 될 수 있다. 두 가지 경우 모두 해당 행위를 금전으로 환산하여 사망 위험 축소 비율과 비교한다. 이 연구 방법도 사람들이 사망 위험 축소 비율에 대해 잘 알고 결정을 내린다는 가정을 전제로 하고 있는데, 이 가정 역시 잘못되었다고 할 수 있다.

설문 조사 기반 방법, 임금 기반 방법, 현시 선호법 중 어떤 방법을 사용하여 통계적 생명 가치를 계산하든 산출된 값은 매우 큰 차이를 보일 뿐만 아니라 산출 방법 자체에도 논리적 허점이 많다.

'테러와의 전쟁'이라는 관점에서 취한 9.11에 대한 조치를 보면, 이런 허점투성이인 논리를 사용해 어마어마하게 높은 생명 가격표를 고안할 수도 있다는 사실을 알 수 있다. 이른바 9.11 사건에 대한 조치로 미국은 추가적인 국내외 방위와 안보 대책에 수조 달러를 쏟아 부었는데, 이 비용에는 국토안보부(직원 수 약 25만 명)와 같은 정부 기관 신설과 아프가니스탄과 이라크에서 벌인 전쟁 비용이 포함되어 있다.[44] 이런 수조 달러를 2001년 9월 11일에 목숨을 잃은 대략의 희생자 수 3000으로 나누면 희생자 1인당 수억 달러에 이르는 생명 가치 값이 나온다. 이런 유형의 산출법이 지닌 결함에는 미국 국민들이 이런 비용 문제에 거의 영향력을 행사하지 못한다는 점, 이러한 조치들이 향후 테러 사건을 예방할 수 있는가에 대해 논쟁의 여지가 크다는 점 등이 있다.

유사한 방법을 사용하여 여행객들이 미국 공항에서 평생 신발을 벗고 다시 신는 데(리처드 리드의 신발 폭탄 테러 시도 이후 시작된 항공 보안 조치) 쓰게 될 엄청난 시간도 산출해 볼 수 있다. 신발을 벗는 보안 절차에 사용되는 시간의 양을 계산한 뒤 이를 공항 이용자들의 연간 수입을 기준으로 돈으로 환산하여 기회비용을 추산한다. 이렇게 나온 기회비용을 신발을 벗었다 다시 신는 보안 조치가 야기하는 다른 증분 비용에 더해 최종 값을 얻는다. 이 최종 값을 이 조치로 살릴 것이라 기대되는 생명의 수와 비교하면 또 하나의 생명 가치 값이 나온다. 그러나 신발을 벗거나 벗지 않는 것은 공항 이용 승객들이 선택할 수 있는 문제가 아니며 그런 보안 절차로 인해 사망 위험이 실제로 감소하는가에 대해서는 의문이 남는다는 사실을 고려하면 이 최종 값 역시 방법론적으로 결함이 있다.

요약하면 생명 가격표를 산출하는 방법은 모두 논리적 결함을 지니고 있다. 학계에서 흔히 쓰이는 "쓰레기를 넣으면 쓰레기가 나온다."[45]라는 표현은 통계적 생명 가치에 잘 들어맞는 말이지만, 안타깝게도 이런 방법들이 생명 가격표 산출에 사용되고 있다. 비논리적이고 결점이 많다는 사실에도 불구하고 생명 가격표는 자주 활용되고 있으며 현실 세계에도 상당한 영향을 미친다.

한계점을 빼면 통계적 생명 가치를 사용하는 데에는 매우 긍정적인 측면도 있다. 생명 가치의 값이 웬만한 미국인의 기대 소득보다 훨씬 크므로 이 값을 사용하면 사망으로 손실된 소득에 기반하여 산출하는 방법보다 훨씬 더 큰 보상을 제공할 수 있다. 또 정부 기관들은 모든 생명에 동일한 가격을 적용하므로 소득에 기반한 가치를 사용하여 발생할 수 있는 불공정을 예방할 수 있다.

9.11 보상금은 소송 제기를 최소화하기 위해 설계되었기에 희생자들의 재정적 손실을 고려해야 했다. 따라서 해당인의 평생 기대 소득이 산출 공식에 입력되었다. 앞서 논의한 바와 같이 소득은 개인의 가치를 측정하는 데 공정하고 적절한 기준이 되지 못한다. 소득을 이용해 헤지펀드 매니저, 사회복지사, 교사, 경찰관, 소방관, 군인의 생명 가치를 비교하면 얼마나 말도 안 되는 결과 값이 나올지 상상해 보라. 연간 1억 달러 이상을 버는 최상위급의 헤지펀드 매니저가 근면성실하게 사는 그 외 사람들보다 사회나 가족, 주변 사람들에게 천 배 이상의 가치를 지닌다고 말하는 것은 어불성설이다. 한 사람의 생명 가치를 판단하는 데 소득에 의존하면 이렇듯 상식에 맞지 않는 결론에 이르게 되고 비도덕적인 결과를 낳는다.

그렇다면 소득 기반 방법을 사용하여 모든 사람에게 평균 소득 기반 가치를 똑같이 적용할 수는 없을까? 물론 가능하다. 이것이 바로 파인버그가 미성년의 9.11 희생자들에게 적용했던 방법이다. 그러나 논리적 결함을 지닌 가치의 평균도 여전히 잘못된 값이다.

9.11 희생자 보상 기금은 법적으로 경제적 가치와 비경제적 가치를 모두 고려할 의무가 있었다. 그러나 국회가 산출 공식에 경제적 손실을 포함할 것을 강제할 필요는 없었다. 어쨌거나 다른 국가 기관들은 모든 생명 가치를 동일하게 매기고 있었기 때문이다. 파인버그가 2004년에 제안한 것처럼 모든 희생자에게 동일한 가치를 사용할 수 있었다면, 그래도 그 값을 정해야 하는 것은 그의 몫이었을 테지만, 생명 가격표 산출 방법은 훨씬 단순해졌을 것이다. 만약 그랬더라면 모든 희생자가 동일한 비경제적 가치 값을 받고 피부양자 가치, 경제적 가치, 기타 보상금 조정 값은 '0'으로 설정되었을 테니까 말이다.

물론 이 방법 역시 완벽한 해결책은 아니며, 이에 반대하는 의견도 얼마든지 나올 수 있다. 이 해결책을 반대하는 사람들은 이 방법이 고소득 희생자들의 유가족에게는 어려움을 야기할 수 있는 반면, 저소득 희생자들에게는 과도한 보상이 이루어질 것이라고 주장할 수 있다. 무직자나 저임금노동에 종사하고 있던 희생자들의 유가족들에게 지급되는 수백만 달러의 보상금은 그들에게 복권 당첨과 다름없다고 주장할지 모른다. 그러면서 모두에게 동일한 보상금액을 지급하는 일은 초고소득자들이 교육, 직업 등 경제적 성공을 가져다주는 여러 요소에 투자했던 노력을 인정해 주지 않는 것이라고 지적할 수도 있다. 또 성인과 죄인을, 주기만 하는 사람과 받기만 하는 사람을, 노벨상 수상자와 약물 중독 노숙자를, 생명을 구하는 백신을 개발한 사람과 대량 살상을 저지른 범죄자를 동일시하는 일이라고 비난할 수도 있다.

모든 제도에는 항의가 따르기 마련이지만, 파인버그의 산출법의 결과에서도 볼 수 있듯이, 동일한 가격표를 사용하는 아이디어에 반대

하는 의견은 대부분 초고소득 희생자의 유가족들에게서 나왔을 가능
성이 높다는 사실을 깨달아야 한다. 정부의 제안 금액을 거부했던 전체
약 3퍼센트에 해당하는 유가족의 상당수가 보상 기금이 정해 둔 연간
소득 상한선 23만 1000달러를 훨씬 넘는 (앞서 언급했던 가상 인물) 짐의
가족처럼 부유한 사람들이었다. 소득 상한선이 달갑지 않은 사람들이
라면 보상금을 받고 권리를 포기하는 대신 정부가 제시한 금액을 거부
하고 소송을 제기했을 가능성이 높다.

　그렇다면 유가족들은 각각 얼마만큼의 보상금을 받아야 할까?

　릭, 짐, 애니타, 서배스천을 비롯해 9.11 사건으로 목숨을 잃은 사
람은 3000명에 달한다. 이후 몇 년간 이어진 이라크와 아프가니스탄에
서의 군사 행위로 사망한 사람도 수십만 명에 이른다. 이 중 대다수는
이라크와 아프가니스탄의 민간인이었다. 이 희생자들은 모두 누군가의
사랑하는 가족이었고 계획한 미래가 있는 사람들이었다. 이들은 모두
사람들의 기억 속에 오래 간직될 자격이 있다.

　9.11 사건 당시 사망한 약 3000명의 희생자들에게는 모두 가격표
가 붙었는데, 금액은 25만 달러에서 700만 달러에 이르기까지 차이가
매우 컸다. 하지만 이들에게 그냥 동일한 액수의 가격을 책정할 수도 있
었다. 액수가 얼마였어야 하는지에 대해서는 논쟁의 여지가 있지만, 그
것이 300만 달러가 됐든 610만 달러 혹은 1000만 달러가 됐든 동일한
가격표를 책정하는 편이 가장 간단하고도 공정한 보상 방법이었을 것
이다. 동일한 가격표를 사용했다면 인간이고 살아 있다는 이유만으로
모든 인간은 동일한 가치를 지니고 가족, 친구, 사회에 공헌할 수 있다
는 사실을 분명하게 보여 줄 수 있었을 것이다. 미국의 군대, 연방 정부,

국제기구들은 모두 다른 생명 가격표를 사용하지만, 적어도 모든 생명에 동일한 가격표를 적용하며 가치 책정에 차등을 두지 않는다는 공통점이 있다. 7명 중 6명에 해당하는 미국인들이 9.11 유가족들에게 동일한 금액의 보상금을 지급했어야 한다는 데 동의했다는 사실을 보면, 같은 가격표를 사용하는 것이 일반적인 미국인이 생각하는 정의의 관점과도 일치한다고 할 수 있다.[46]

　미국인들은 모든 사람이 양도 불가능한 생명권, 자유권, 행복추구권을 갖는다고 자랑스럽게 이야기한다. 9.11 희생자들이 그랬듯이 그 양도 불가능한 생명권을 박탈당했을 때, 그에 대한 보상이 가난한 자보다 부자에게 유리하게 이루어져서는 안 된다. 미국의 사법제도는 법 앞에서의 평등을 보장하고 있기 때문에 정부는 부유한 유가족들에게 가난한 유가족들의 10배, 20배, 심지어 30배에 가까운 보상금을 지급할 권한이 없다.

　앞서 논의한 내용은 희생자의 가족들에게 지급된 보상금의 액수에 초점을 맞추고 있으나, 과연 납세자의 세금으로 유가족들에게 보상금을 지급하는 것이 공정한 처사인가라는 근본적인 문제도 있다. 앞으로도 테러리스트의 공격은 미국은 물론 세계 곳곳에서 계속될 것이고, 그로 인해 사망하는 미국인들도 생겨날 것이다. 일반적으로 미국에서는 해마다 수천 건의 살인, 사고, 과실로 인한 사망 사건이 발생한다. 2001년에 미국에서 살해당했거나 부주의치사 외 과실치사로 죽은 사람의 수는 9.11 사건으로 사망한 희생자 수보다 5배나 많다.[47] 다른 사건으로 사망한 미국인의 관점에서 보면 9.11 희생자 보상 기금은 그 존재 자체가 불공평하다. 수많은 생명이 사라진 비극적인 일이지만 보상 기금의 창설은 9.11 사건으로 갑작스럽게 사망한 사람들을 교통사고나 살인 사건, 다른 테러 공격이나 과실에 의해 갑작스럽게 죽음을 맞이한 사람들과는 다른 수준으로 격상시키는 셈이기 때문이다. 9.11 희생자의 유가족들을 위해 납세자들의 세금을 재분배한 정부 프로그램은 과연 어떤 사고의 희생자들에게 국고 보상금을 지급할 것인가에 대한 논의를 촉발시켰다. 그리고 이는 '9.11 희생자 유가족들에게는 세금으로 보상금을 지급했는데, 왜 다른 사고의 희생자들에게는 국고 보상금이 지급되지 않는가?'라는 타당한 문제 제기로 이어졌다.

생명 가격표가 사람마다 큰 차이를 보인 9.11 희생자 보상 기금은 향후 테러 관련 희생자 보상 관련 문제에서 이례적인 경우로 남을 것이다. 2013년 보스턴 마라톤 폭탄 사건이 발생했을 때 총 6000만 달러에 달하는 민간 기부금이 걷혔으나 미국 정부는 희생자 보상 기금을 만들지 않았다. 파인버그는 이 보스턴 폭탄 테러 사건 희생자들을 위한 민간 기금도 맡았었는데, 이번에는 희생자의 소득이나 피부양자의 수와 상관없이 모든 유가족들에게 같은 금액의 보상금을 지급하기로 결정했다.[48]

미국 정부는 희생자 보상 기금과 같은 것을 창설하는 일에 개입해서는 안 된다. 그런데도 불가피하게 그런 기금을 만들어야 한다면, '모든 생명은 동일한 가치를 지닌다.'는 아주 단순한 명제를 실천함으로써 9.11 보상 기금에서 범했던 많은 과오를 반복하지 말아야 한다.

3장은 사법제도의 큰 두 축을 이루는 민사재판과 형사재판을 중점적으로 다룬다. 사람이 죽으면 민사 법원에서는 사망한 사람에게 생명 가격표를 부여하고, 형사 법원에서는 사회를 대신하여 가해자에게 처벌을 부과한다. 모든 법정은 수정헌법 14조가 보장한 "법의 평등한 보호" 원칙에 따라 판결을 내릴 의무가 있다. 그러나 다음 장에서 확인할 수 있듯이 현실 세계에서 사법제도는 희생자가 누구냐에 따라 다르게 반응하는 경우가 많다.

3장 '법 앞의 평등'은 없다

ULTIMATE PRICE
The Value We Place on Life

    몇몇 유명 살인 사건을 보면 미국 사법제도가 희생자가 누구냐에 따라 매우 다르게 대응한다는 사실을 알 수 있다. 존 레넌을 살해한 마크 채프먼, O.J. 심슨 재판, 에릭 가너를 목 졸라 죽인 경찰관 대니얼 판탈레오, 트레이번 마틴을 살해한 조지 짐머만 사건이 대표적인 예다. 민사소송이 진행된 사건에서는 희생자들의 생명 가치가 얼마인지 반영하는 생명 가격표가 매겨졌다. 위의 네 가지 사건은 모두 형사재판을 받았는데 판결은 매우 달랐다. 이는 사건 그 자체를 둘러싼 상황에 따른 결과이기도 하지만, 사회가 피해자들의 생명에 어떤 가치를 부여하느냐에 따라 갈린 결과이기도 했다. 이 사건들은 미국 사법제도의 관점에서 어떤 생명이 다른 생명보다 더 중요하게 여겨지는가라는 문제를 들여다볼 수 있는 기회를 제공한다.

마크 채프먼은 존 레넌을 살해한 혐의로 35년을 복역했다. O. J. 심슨은 니콜 브라운 심슨과 로널드 골드먼 사망 사건으로 두 차례의 재판을 받았다. 형사재판에서는 1급 살인 혐의에 대해 무죄판결을 받았으나, 이후 진행된 민사재판에서는 두 사람의 죽음에 책임이 있다는 판결과 함께 피해자 유족들에게 총 3350만 달러를 배상할 것을 명령 받았다. 에릭 가너는 불법 담배를 판매했다는 혐의로 체포되던 중 경찰관 대니얼 판탈레오에게 목이 졸려 죽었다. 판탈레오 경관은 영상 증거와 가너의 사인이 살인이라고 결론 내린 검시관의 진단에도 불구하고 불기소 처분을 받았고, 사건 이후에도 5년 넘게 경찰직을 유지했다.[1] 약 1년 뒤, 뉴욕시는 장기전이 될 민사소송 대신 가너 유가족에게 590만 달러의 합의금을 지급하기로 했다. 트레이번 마틴은 자경단 조지 짐머만에 의해 살해당했다. 짐머만은 국내 언론의 집중 조명을 받고 난 후에야 마틴을 살해한 혐의로 기소되었지만 이듬해에 무죄로 풀려났다. 짐머만이 살던 지역의 입주자협의회는 마틴의 유가족에게 비공개된 금액의 합의금을 지급했다.[2]

미국의 사법제도는 피해자의 사회적 지위, 재산, 인종이 모두 다른 앞선 네 사건에 대해 각기 다른 방식으로 대응했다. 형사재판의 결과는 유죄와 무죄로 나뉘었고, 민사소송에서 나온 금전적 판결과 합의 양상도 매우 달랐다. 이 네 건의 살인에 대한 사법제도의 일관되지 않은 대응은 시사하는 바가 많다. 여기서 눈여겨보아야 할 점은 두 축의 사법제도가 생명의 가치에 대해 견지하는 시각이 다르다는 사실이다.

형사 법원은 살인 또는 과실치사로 사람을 죽인 자들을 처벌하는 것을 목적으로 한다. 법정의 한쪽에는 일반 시민을 대신하여 정의를 구현하려는 국가가 앉고, 다른 한쪽에는 피의자가 앉는다. '중요성'을 의미하는 가치의 광의적 관점에서 보면, 수정헌법 14조가 보장하는 법의 평등한 보호는 모든 생명이 동등한 가치를 지닌다는 사실을 의미하지만, 뒤집어 말하면 낮게 평가된 생명은 사법제도의 보호를 충분히 받지 못한다는 사실을 암시한다. 평등한 보호가 평등한 결과를 보장해 주지는 않는 것이다. 그러나 수사, 무죄판결, 유죄판결, 사형선고에서 지속적으로 나타나는 불평등은 형사 제도가 피해자와 피의자가 누구냐에 따라 생명의 가치를 다르게 판단한다는 사실을 보여 준다.

민사 법원은 징역 또는 사형선고와 같은 처벌을 내리지 않는다. 대신 피고인이 상해 또는 사망에 책임이 있어 배상 명령을 받는 경우 돈이나 재산을 잃을 수 있다. 사망 사건과 관련된 민사소송의 평결은 사람의 생명에 매겨지는 가격표와 그 가격을 감정하는 데 영향을 미치는 주요 요인이 무엇인지 명확히 이해할 수 있는 기회를 제공한다. 민사 제도와 형사 제도 모두 우리가 생명을 어떻게 감정하고 어떻게 보호하는지, 또 그 일을 얼마만큼 공정하게 하는지 설명하는 데 매우 유용하다.

민사재판

민사소송은 순전히 돈에 관한 것이다. 원고가 "돈은 중요하지 않다."거나 "돈이 사랑하는 우리 가족을 도로 살려 낼 수 없다."라고 주장한다 해도 민사소송은 무조건 돈에 관한 것이다.[3] 불법행위로 야기된 사망과 관련된 민사 사건에서 원고는 피고에게 배상을 요구하는데, 판결의 주된 내용은 피고가 원고에게 보상할 의무가 있는지와 의무가 있다면 얼마를 보상해야 하는지이다. 배상금의 액수는 원고가 겪은 인명 손실의 추산가일 뿐만 아니라 사망자의 생명 가치를 나타내는 금전적 척도라고 해석될 수 있다.

사람들은 매일 죽는다. 자연사일 때도 있고, 사고사일 때도 있으며, 고의적 살인에 의한 죽음일 때도 있다. 불법행위로 야기된 사망이란 과실, 위법행위, 상해 의도로 인해 사람이 죽거나 살해당한 경우를 말한다. 여기에는 의료사고, 산업재해, 교통사고, 범법 행위에 의한 사망 사고 등이 포함된다. 불법행위로 야기된 사망과 관련된 모든 민사소송에는 반드시 고소를 당한 당사자, 즉 피고가 있어야 한다. 또 상해나 죽음으로 큰 영향을 받은 명확하게 특정된 사람들이 있다. 이는 규제 기관들이 비용편익분석에서 통계상의 익명의 존재들에게 가해지는 증분의 위험을 측정하는 것과 대조적이다.

사망 사고가 발생했을 때 고려해야 하는 손해에는 여러 가지가 있다. 희생자의 고통, 장례 비용, 희생자가 피부양자들에게 제공하고 있었고 미래에도 제공했을 재정적 지원의 손실, 배우자가 있는 경우 희생자와의 사별, 유가족들이 겪는 충격과 슬픔이 여기에 해당되며, 희생자의 생명 손실 그 자체도 포함된다.[4] 그러나 민사재판에서 희생자와 사별한 유가족들이 겪는 슬픔과 희생자의 생명 손실은 고려되지 않는 경우가 많다. 대부분의 주에서 민법은 생명 그 자체에 금전적 가치를 부여하지 않기 때문이다.[5] 민사재판이 중점적으로 다루는 것은 실제 비용(희생자의 장례 비용 등)과 기회비용(희생자가 가족에게 제공했을 것으로 기대되는 소득과 봉사 등)이다. 따라서 민사재판에서는 희생자의 사망으로 해당

가정에 돈이 절약되면 어떤 손해배상도 이루어져서는 안 된다는 판결
이 나올 가능성도 있다. 2장에서 소개한 가상 인물 릭, 짐, 애니타, 서배
스천을 다시 한번 소환해 보자. 축구를 사랑한 여섯 살 소년 서배스천
의 생명은 금융 전문가였던 짐의 생명과는 완전히 다른 감정가를 받았
고, 짐의 생명은 또 소방관 릭의 생명과 완전히 다른 감정가를 받았다.
9.11 희생자 보상 기금은 25만 달러라는 최소한의 보상금 지급을 의무
화했으므로 보상금을 전혀 받지 못한 희생자는 하나도 없었다. 반면
민사소송에서는 생명 가치가 0원으로 책정될 수도 있다.

　　불법행위로 인한 사망 사고 소송에서 유가족들에게 주어지는 손해
배상은 크게 불법행위법에서 흔히 적용되는 세 가지 유형, 곧 경제적 손
해배상, 비경제적 손해배상, 징벌적 손해배상으로 나뉜다.[6] 경제적 손해
배상은 희생자가 죽지 않았다면 유가족에게 제공했을 모든 형태의 재
정적 기여에 대한 배상을 의미한다. 상실된 재정적 기여에는 희생자의
기대 소득 및 수당(연금, 의료보험 등)의 상실, 사망으로 발생한 의료비 및
장례비, 희생자가 유가족에게 제공했을 것으로 기대되는 다양한 도움
이 포함된다. 경제적 손해배상은 9.11 희생자 보상 기금의 경우와 마찬
가지로 보통 민사소송의 판결에 가장 큰 영향을 미친다. 짐과 같이 부유
한 사람들의 죽음에 지급되는 배상금이 요리사를 꿈꾸던 애니타와 같
은 저임금 노동자에 대한 배상금보다 훨씬 많은 이유도 이 때문이다.

　　비경제적 손해배상은 유가족들의 정신적 충격과 고통, 사랑하는
사람과의 사별, 보호자 또는 양육자의 상실에 대한 배상이다.

　　마지막으로 징벌적 손해배상은 피고인을 재정적으로 처벌하는 것
이다. 이는 피고와 다른 이들에게 메시지를 전달함으로써 미래에 유사

한 위법행위가 발생하지 않도록 억제하는 목적을 지닌다.[7] 이 억제 효과가 성공을 거두기 위해서는 예비 범법자들이 유사한 위법행위를 저지르는 이익과 그에 따르는 엄청난 금전적 비용을 놓고 저울질할 만큼 배상금의 액수가 아주 커야 한다. 인간의 생명에 더 높은 가격표가 붙을수록 개인, 기업, 기관, 정부가 생명을 보호하도록 추동하는 더 강력한 유인이 발생한다. 징벌적 손해배상에는 상한선이 있는데, 이는 대법원이 보상적 손해배상 대비 징벌적 손해배상 비율의 용인 수준을 설정해 두었기 때문이다.[8]

미국의 민사 제도를 알아보려면 불법행위에 의한 사망 관련 판결의 오랜 기원들을 살펴보는 것이 유용하다. 먼저, 성경부터 시작해 보자. 성서의 율법은 과실에 의한 사망 사고에 매우 엄격했다. 출애굽기 21장 29절은 위험한 것으로 알려진 동물을 그냥 돌아다니게 두었다가 사람을 죽인 경우, 동물을 돌아다니게 놔둔 주인과 동물 모두 사형에 처해야 한다고 적고 있다. 주목할 만한 점은 이어서 21장 30절에서는 희생자의 가족이 생명 손실에 대한 보상으로 돈을 받을 수 있다고 설명하고 있다는 사실이다. 짧게 이어지는 문장들이 이야기하는 원칙, 즉 생명의 가치가 다른 생명을 해할 수 있다는 명시적 권리에 드러난다는 원칙은 결국 생명 가격표에 관한 이야기다. 즉 생명의 가치는 협상할 가격표에 드러난다는 의미이다. 성서의 율법에 따르면 희생자의 유가족은 어떤 종류의 처벌을 수용할지, 이를테면 생명을 생명으로 갚게 할 것인지, 생명을 돈으로 갚게 할 것인지를 결정할 권한이 있었다. 이 제도에 대한 종합적인 평가가 어떻든 한 가지 분명한 사실은 생명의 가치가 얼마인지 결정하는 데 유가족이 엄청난 영향력을 가지고 있었다는 점이다. 문자 그대로 받아들인다면 앞서 언급한 출애굽기의 두 구절의 핵심은 '돈이냐, 생명이냐'이다.

불법행위로 인한 사망 사고에 관한 미국의 법은 일정 정도 영국 법에 기원을 두고 있는데 영국 법은 성경과는 미묘하게 다르면서도 결정적인 차이를 보인다. 약 1500년 전, 영국에는 이미 가해자가 희생자의 가족에게 희생자의 사회적 지위에 상응하는 보상금을 지급해야 한다는 법률이 있었다.[9] 기사를 살해하면 소작농을 살해한 경우보다 훨씬 많은 보상금을 내야 했다. 영국에서 민사소송에 대한 확고한 선례가 된 판례는 근대에 있었던 '베이커 대 볼튼(1808)' 사건이었다.[10] 마차 사고로 인한 피해 보상을 다룬 이 사건은 원고는 부상을 입고 아내 역시 심각한 부상을 당한 후 단기간 동안 극심한 고통을 겪다가 사망한 사건이었다. 평결을 내리는 배심원들에게 손해배상을 결정할 때는 원고의 부상과 아내와의 사별, 사고가 난 순간부터 아내가 세상을 떠난 순간까지 원고가 겪은 슬픔만 고려하라는 지침이 내려졌다. 그러나 죽은 아내의 생명은 적절한 생명 가격표를 추산하는 배심원의 심리 과정에서 제외되었다.

베이커 대 볼튼 판결에서 배심원들에게 주어진 지침은 1846년에 영국 의회가 '캠벨 경 법'을 통과시키는 데 큰 영향을 미쳤다. 이 법은 생명 손실 그 자체에 대해서는 금전적 보상을 할 수 없다는 내용을 명문화하고 있었다.[11] 미국 대부분의 주에서도 이와 유사한 법을 통과시켰다.[12] 불법행위로 인한 사망 사고에서 생명 손실 그 자체를 손해배상의 대상으로 인정한 주는 코네티컷, 하와이, 미시시피, 뉴햄프셔, 뉴멕시코 다섯 곳뿐이다.[13] 45개의 주가 생명 손실을 손해배상 대상으로 인정하

지 않는다는 사실은 유가족들이 겪어야 하는 상실감과 피해를 과소평
가하는, 손해배상에 대한 편협한 관점을 보여 준다.

　　살펴본 것처럼 성서 율법의 법 제도에서는 사망자의 생명 가격표
를 희생자의 유가족 손에 맡긴 반면, 영국의 관습법에서는 민사소송의
배상금에 생명 손실에 대한 가치를 포함시키지 않는다. 미국 법에 기본
원칙을 제공한 두 가지 법 제도 모두 우리가 일반적으로 생각하는 '공
정'의 정반대 방향을 가리키고 있다.

　　경제적 손해배상은 불법행위로 인한 사망 사건의 손해배상금을
아주 크게 좌우한다. 이런 사실은 많은 사람들이 비인간적이라고 생각
하거나 최소한 불공정하다고 느낄 만한 비합리적인 결론으로 이어지기
도 한다. 양육, 교육 등 자녀에게 제공되는 금전적 지원이 대개 장차 자
녀들이 가족에게 제공할 노고와 재정적 기여의 경제적 가치를 초과한
다는 이유로 아이의 생명 가치를 마이너스 값으로 책정하기도 한다는
사실이 대표적인 예라 할 수 있다. 아이들이 가족에게 도움이 되고 재
정적으로 기여하는 것은 대부분 먼 미래의 일이므로 아이들은 경제적
가치가 낮은 것으로 평가된다. '할인(discounting)'이라고 불리는 이 개념
은 4장에서 자세히 논의할 것이기 때문에 여기서는 현재 부모가 아이
에게 지출하는 1000달러가 20년 후 아이가 부모에게 제공할 1000달러
보다 가치가 훨씬 높은 것으로 여겨진다는 점만 기억해 두자.

　　불법행위로 인한 아이의 죽음에 금전적 배상이 부과되지 않는다
는 판결이 논리적으로나 윤리적으로나 문제가 있다는 사실을 법정도
잘 알고 있다. 그래서 법의 테두리 안에서 아동 사망 사건에 상당한 액
수의 배상금을 부과하려는 노력이 이루어지기도 한다.[14] 이런 경우는

대개 비경제적 손해배상에 큰 비중을 둔다. 불법행위에 의한 사망 사고
의 배상금 책정 방식을 엄격하게 적용하면 비경제적 손해배상(유가족
의 정신적 충격과 고통)을 아동의 경제적 손해배상에 더한다 하더라도 아
동의 경제적 손해배상이 마이너스 값이기 때문에 그 합계는 충격적일
만큼 적은 액수가 나온다. 아이가 장차 가족에게 제공할 재정적 기여도
를 정확하게 추정할 수 없기 때문에 법정은 통계의 평균치에 의존하기
도 한다.[15] 9.11 희생자 보상 기금이 이러한 통계적 평균을 사용하여 서
배스천과 같은 미성년자들의 생명에 동일한 가치를 부여한 사실은 그
런 방식이 표면적으로나마 공정함을 추구하는 데 꼭 필요했음을 인지
하고 있었다는 것을 시사한다.

　　경제적 손실에 초점을 맞추면 성인의 생명 가치도 마이너스 값으
로 책정되는 경우가 발생한다.[16] 이런 비인간적인 결과는 민법의 이론적
부산물이 아니다. '서스턴 대 뉴욕주(2013)' 판결은 이런 비인간적인 일
이 현실 세계에서 어떤 식으로 벌어지는지 잘 보여 준다.[17] 로리 서스튼
의 동생 셰릴은 주립 정신병원에 입원한 환자였다. 셰릴은 심한 장애를
앓고 있어 목욕을 할 때 일대일 감독이 필요했다. 목욕 중에 감독관의
보호 없이 방치되었다가 발작을 일으킨 셰릴은 의식불명 상태로 발견
되었고, 하루도 지나지 않아 사망했다. 셰릴은 장애가 심했고 정신병원
에 입원해 있어서 상실된 소득이 없었다. 뉴욕주의 법은 피해자가 겪은
고통에 대한 보상금 지급을 인정하고 있지만, 셰릴의 경우 의식을 회복
한 적이 없었다는 이유로 그녀가 고통을 느끼거나 괴로워한 적이 없는
것으로 간주되었다. 이 소송은 손해배상금 지급 없이 기각되었다. 공정
하지 않다는 사실이 너무나 명백해서 판사가 이렇게 언급할 정도였다.

"차라리 셰릴이 인간이 아니라 동산(動產)이었다면 유가족이 그녀의 죽음으로 상실된 가치를 회수할 수 있었을 것이라는 사실은 너무나 수치스럽고도 터무니없는 일이다. 재판정이 인간 생명에 어떤 본질적 가치도 인정하지 않는 이 법을 적용해야 한다는 사실이 혐오스럽다."[18]

여러 사례에서 확인했듯이 금전적 보상을 결정하는 데 경제적 손실에만 지나치게 초점을 맞추어 놓고 투명한 공정성을 기대하는 것은 무리가 있다. 셰릴의 생명 손실에 대한 금전적 가치를 인정하지 않은 뉴욕주의 민법은 그녀를 보호하는 데 실패했으며, 앞으로도 가족에게 경제적 가치를 제공하지 못하는 사람을 보호할 수 없을 것이다.

셰릴의 죽음에 보상금이 지급될 수 없다는 논리라면 더 이상 일을 하지 않고 가족에게서 재정적 지원을 받는 노인이 과실로 의한 사망에 이른 경우에도 보상금이 지급될 수 없다. 나이가 많거나 어린 사람들이 재정적 기여도가 부족하다는 점, 임금 성차별로 남성이 여성보다 급여가 높다는 점, 인종 불평등으로 백인 남성이 경제 피라미드의 최상단을 차지한다는 점을 고려하면, 경제적 손실에 초점을 맞추는 일은 불공정한 결론으로 이어질 수밖에 없다는 사실을 알 수 있다. 셰릴과 같은 이들의 생명 가격표가 '0원'이라는 생각이 사회의 통념이 된다면 현실 세계의 수많은 셰릴은 목욕 중에 그냥 방치되고 말 것이다. 법정이 경제적 손실만을 따지는 것은 한 사람의 생명을 단순히 현금 흐름으로만 분석하여 금전적 기여도가 마이너스인 희생자들은 보상 받을 자격이 없다는 의미로 해석될 수 있다. 이런 결론은 많은 이들이 보기에 공정성과 인간의 존엄성이라는 기본 원칙에도 부합하지 않는다.

어떤 희생자들은 보상 받을 가치가 없다는 결론으로 모욕을 느낀 사람에게 줄 확실한 해결 방법은 단 하나다. 생명의 비경제적 가치(유가족이 경험하는 슬픔, 사별의 아픔, 희생자에게 받았던 양육과 보호의 상실에 매기는 가치)를 인정하고 생명 자체에 본질적 가치를 부여하는 것. 그렇게 되면 불법행위로 인한 사망 관련 소송은 유가족이 받은 순손실 값을 매겨 금전적 손해배상을 지급하는 판결에 이를 수 있을 것이다. 더 높은 비경제적 가치와 생명의 본질적 가치를 적용하는 이 방법에도 한계점은 있다. 비경제적 가치와 생명의 본질적 가치를 추산하는 일정한 방법 없이 단순히 그것들에 큰 비중만 두고 판결을 내리면 재판 결과가 판사의 일시적인 기분에 의해 좌우될 가능성이 있다. 이는 판결 과정에 편견과 불의가 끼어드는 것을 야기할 수 있다. 모든 생명에 동일한 비경제적 가치를 적용하면 일관성 없는 결과가 나올 가능성을 차단할 수는 있지만, 모든 9.11 희생자에게 동일한 가치를 적용하는 대안에 제기되었던 비판, 즉 노벨상 수상자와 유죄 판결을 받은 연쇄살인범의 죽음에 차이를 두지 못한다는 비판에 다시 직면하게 된다.

불법행위에 의한 사망 배상 관련법이 지닌 문제는 또 있다. 배상금을 법적으로 가족으로 인정되는 유가족들에게만 지급한다는 점이다.[19] 희생자가 기대 소득은 있으나 피부양자나 배우자가 없다면 경제적 손실은 고려되지 않는다.[20] 성인인 희생자가 결혼도 하지 않았고 아이도 없다면 배상금 지급이 전혀 이루어지지 않을 수도 있다. 그의 부모나 형제자매가 소송해 승소하지 않는다면 말이다.

앞서 만나 본 가상 인물 중 소방관 릭의 예를 살펴보자. 9.11 사건 발생 당시, 그는 그해 12월에 결혼을 앞두고 있었다. 그러나 결혼식은 결국 치러지지 못했고 릭의 약혼녀는 그의 죽음에 대한 보상금을 한 푼도 받지 못했다. 애슐리와 애니타의 경우도 마찬가지다. 동성 커플이었던 두 사람은 당시 뉴욕주에서 법적 혼인 관계를 맺을 수 없었다. 더구나 애슐리는 애니타의 피부양자도 아니었으며 애니타로부터 어떤 재정적 지원도 받고 있지 않았다. 9.11 테러 공격으로 애니타가 사망한 후 보상금은 인도네시아에 있는 그녀의 가족에게 지급되었고, 애슐리는 한 푼도 받지 못했다.

민사소송에 관한 정보는 일반 대중에게 공개되지 않는 경우가 많다. 그러나 보상금이 사법 관할 구역에 따라 차이가 매우 크고 배심원들이 희생자의 사소한 특징에 엄청난 가치를 부여하기도 한다는 사실은 꽤 분명하다. 아무런 법적 근거도 없이 생전에 야외 활동을 좋아했던 희생자가 집에서 텔레비전 보기를 더 좋아했던 희생자보다 더 높은 생명 가치를 지닌다고 판단되기도 한다는 사실이 그 대표적인 예다.[21]

합의금으로 생명의 가치를 결정하는 일이 불공정의 여지가 있다는 사실은 다른 방식으로도 나타난다. 민사소송 판결의 일정 정도는 법적 대리인의 수준과 관련이 깊다. 부유한 개인이나 기업은 큰 액수의 보상금을 이끌어 낼 수 있는 배심원과 법리 논쟁을 가려낼 법률 전문가 팀을 꾸릴 수 있다. 두 개의 동일한 소송이 있다고 가정해 보자. 한쪽은 원고가 상당한 재력을 갖고 있어 유능한 변호사를 고용했으나, 다른 한쪽은 원고가 몹시 가난해 그다지 노련하지 못한 변호사를 고용했다. 일반적으로 더 유능한 변호사가 더 나은 판결을 얻어 낼 것이라고 생각하는 편이 합당해 보인다. 불법행위에 관한 소송을 맡는 변호사들은 대부분 수임료를 받고 일한다. 소송에서 이길 수 있는 충분한 사유가 있는 원고라면 법적 대리인을 찾아야 하는데, 고용한 법적 대리인이 반드시 유능하리라는 보장은 없다. 돈이 많은 원고와 가난한 원고가 고용할 수 있는 변호사의 수준이 크게 차이가 나는 상황에서 생명의 가치를 결정하는 일이 상당 부분 법적 대리인에 의해 좌우되는 사법제도를 과연 공정하다고 말할 수 있을까?

유명한 소송 사건들은 대중과 언론으로부터 엄청난 관심을 받는다. 이런 소송의 피고는 대개 민사재판뿐만 아니라 여론이라는 재판정에서도 자신의 정당성을 입증해야 한다. 이렇듯 세간의 주목을 받는 소송에서는 합의금을 결정할 때 앞서 언급한 기준만 고려하지 않는다. 높은 금액의 합의금으로 소송을 빨리 끝내는 편이 소송이 장기화되어 또 다른 소송에 휘말리거나 명성을 악화시키는 것보다 결과적으로 피고에게 더 나은 경우가 많기 때문이다.

2006년에 있었던 션 벨의 사망 사건을 떠올려 보자. 벨은 두 아이를 함께 낳고 살던 여성과 결혼식을 올리기로 한 날 아침에 두 명의 친구들과 함께 뉴욕 시경들에게 50발의 총을 맞고 사망했다. 뉴욕시는 소송 대신 벨의 가족들과 325만 달러에 합의를 보았다. 벨이 결혼식을 올리기 전에 살해되어 보상금은 그의 아이들에게만 지급될 수 있었다.[22] 벨의 약혼녀는 합의금에 직접적인 권리가 없었기 때문이다. 실제로 벨의 사례는 오늘날 우리가 생명의 가치를 판단하는 여러 가지 방법 중 하나를 보여 주면서 동시에 공정성에 관한 문제를 제기한다. 벨의 가족에게 지급된 보상금은 스물세 살의 무직자였던 벨의 기대 소득을 훨씬 초과하는 금액이었다. 엄청난 언론의 관심이 없었다면 뉴욕시는 어쩌면 훨씬 낮은 금액에 합의했을지도 모른다. 형사적 측면에서는 31발을 쏜 경찰관을 포함해 사건에 연루된 경찰관들 중 그 어느 누구도 유

죄 선고를 받지 않았다.[23]

세간의 주목을 받았던 다른 사건들도 유사한 패턴을 따른다. 에릭 가너 사건의 합의금 590만 달러도 비과세 담배를 팔다가 붙잡힌 후 보석으로 풀려난 마흔네 살 가너의 기대 소득과는 아무런 관계가 없었다.[24] 프레디 그레이는 경찰서 유치장에서 사망했을 당시 스물다섯 살에 전과 20범이었다.[25] 그의 죽음은 볼티모어에서 시위와 폭동을 촉발했고 수 일간 지속되었다. 640만 달러라는 합의금이 결정되고 이에 대한 우려가 제기되었을 때, 볼티모어 시장은 이렇게 말하는 것으로 응답했다. "민사상 합의의 목적은 그레이의 유가족, 공동체, 시민들을 위해 사건을 마무리 짓고 소송이 수년간 장기화되는 것을 예방하는 데 있다."[26] 요약하면 그레이가 지닌 생명의 가치를 공정하게 평가하려는 노력과는 별 상관없는 결과라는 뜻이었다.

가너와 그레이의 합의금은 O. J. 심슨의 민사재판에서 로널드 골드먼과 니콜 브라운의 유가족에게 지급된 3350만 달러에 비하면 아무것도 아니었다. 이 금액은 골드먼의 가족에게 보상적 손해배상금으로 지급될 850만 달러와 골드먼과 브라운의 가족에게 징벌적 손해배상금으로 지급될 2500만 달러를 합한 금액이었다. 이 사건의 판결은 피고인의 지급 능력이 배상금 책정에 고려될 수 있다고 명시한 캘리포니아주 법의 영향을 받은 것이었다.[27] 이 판결이 명령한 배상금은 사실 심슨의 재산을 초과하는 금액이었기에, 이는 그저 상징적 의미를 전달하기 위해서였던 것으로 간주할 수 있다.

사망 사고 관련 소송은 생명의 가치가 어떻게 매겨지는지 명확하게 보여 준다는 특징이 있다. 그렇다면 누군가 부당하게 유죄판결을 받았다가 훗날 무죄로 밝혀진, 부당하게 옥고를 치른 경우를 생각해 보자. DNA 기술이 도입되어 결백을 입증할 수 있게 되면서 그러한 오심들이 점차 규명되고는 있다. 하지만 부당하게 옥고를 치른 경우를 들여다보면 사회가 한 시민의 자유를 부당하게 박탈하고 가족과 친구들에게서 그 사람을 빼앗았으며 직업적으로 성장할 수 있는 기회를 무참히 짓밟았음을 확인할 수 있다. 이런 사람들은 대개 석방 후에도 돈도, 집도, 보험도 없고 앞날이 막막한 경우가 많다. 오심이 발생한 주 정부는 억울하게 유죄판결을 받은 이에게 보상을 제공해야 한다. 식료품, 교통, 집과 같은 기본적 필수품은 물론 이들의 자립을 지원하는 사회 복지 서비스가 여기에 포함된다. 이 역시 우리가 생명의 가치를 어떻게 매기는지, 특히 이런 경우는 삶의 질의 가치를 어떻게 매기는지 가늠하는 척도가 된다. 하지만 안타깝게도 미국에는 오심에 대한 보상 관련법이 없는 주가 17곳이나 된다.[28]

　정부는 피고인들의 파산을 막기 위해 보상금에 상한선을 두기도 한다. 9.11 직후 당시를 돌이켜 보자. 미국 국회는 항공사의 보상 책임을 60억 달러로 제한하는 법을 통과시켰다. 주 정부 역시 부당한 유죄판결 같은 특정 상황에 대한 자신들의 책임 정도를 제한하는 법을 제정할 수 있다. 오심으로 옥살이를 한 이들에게 주 정부가 제공하는 보상금은 주마다 큰 차이를 보인다. 텍사스는 오심으로 유죄판결을 받은 이에게 연간 8만 달러와 8만 달러의 추가 연금을 지급한다. 2017년에 플로리다주가 오심 피해자에게 지급한 보상금은 연간 최소 5만 달러에서 최대 200만 달러였다. 루이지애나주는 부당한 옥살이 기간이 얼마인지와 상관없이 보상금을 최대 25만 달러까지 지급한다.[29]

　　대중과 언론의 관심이 쏟아지는 유명 사망 사건처럼 유명한 오심 판결에서도 예외적으로 높은 금액의 합의금이 발생한다. 뉴욕시는 부패 경찰에 의해 누명을 쓰고 거의 20년을 복역한 배리 깁스와 990만 달러에 합의를 보았다.[30] 2019년에 캘리포니아주는 부당하게 유죄판결을 받고 39년을 복역한 남성에게 2100만 달러의 보상금을 지급했다.[31] 이와는 대조적으로 노스캐롤라이나주는 부당하게 유죄판결을 받고 30년을 넘게 복역한 헨리 리 매콜럼과 리언 브라운에게 75만 달러를 지급했는데, 이는 노스캐롤라이나주가 정한 보상금의 최대 한도였다.[32]

　　오심으로 부당하게 복역한 사람들과 마찬가지로 불법행위로 인해 부상을 당한 경우도 희생자가 살아 있기 때문에 생명 가격표를 매길 때 적용되는 원칙은 삶의 질과 관련이 있다. 상해 관련 민사소송 판결의 패턴을 검토하는 균일한 데이터베이스는 없지만, 관련 소송들을 들여다보면 생명 가치와 관련된 흥미로운 사실들이 발견된다. 미국 대부분의 주에서 개인의 상해와 관련된 법령은 희생자를 다시 온전하게 만드는 것을 목적으로 한다. 이는 희생자의 피부양자들에 대한 보상이 목적인 사망 사고 관련 법령과 대조적이다. 피해자가 평생 치료를 요하는 심각한 부상을 입어 다시는 일을 할 수 없는 경우, 사망 사고보다 높은 생명 가격표가 매겨지기도 한다. 가장 높은 금액의 보상금이 심각한 부상을 입은 생존자에게 지급된 9.11 희생자 보상 기금의 사례만 봐도 알 수 있다.[33] 상해에 대한 보상금이 사망 보상금보다 더 클 수 있다는 사실은 언뜻 이해하기 어렵고 다소 부당해 보이기도 한다. 그러나 이것은 법이 생명 그 자체에 가치를 매기지 않아서 야기된 결과이다.

　　도덕적으로 반감이 생길 만한 결과가 사망 사고 관련법이 잃어버린 생명에 대한 가치를 온전히 고려하지 않아서 발생하는 유일한 문제는 아니다. 일부 사람들의 생명이 제대로 보호받지 못한다는 점도 또 다른 문제라 할 수 있다. 사람들의 생명을 과소평가하고 제대로 보호하지 않으면 경제학자들이 냉정하게 '최적'이라고 부르는 수준 이상으로 사망 사고가 발생하게 된다. 불법행위로 인한 사망 사고에 최적의 사례 수가 있다는 관념이 비인간적이긴 하지만, 이런 유형의 사망 사고는 항상 발생하는 것이 현실이며 민사재판은 희생자 유가족들에게 보상금을 지급하고 향후 유사한 사고를 억제하는 기능을 한다. 법정이 제시하는 생명 가격표가 충분히 높지 않으면 안전 대책에 대한 기업과 정부의 투자를 제대로 유인하지 못한다.

형사재판

민사재판은 원고와 피고의 싸움이지만, 형사재판은 정부와 피고의 싸움이다. 가장 핵심적인 차이는 정부가 배심원들에게 피고가 '합리적 의심의 여지가 없을 정도로'[34] 유죄라는 것을 확신시켜야 한다. 형사제도가 살인과 차량에 의한 중과실치사에 어떻게 대응하는지 들여다보면 그 사회가 비경제적 관점에서 인간 생명에 어떤 가치를 매기는지 이해할 수 있다. 생명의 가치를 측정하는 관점에서 가장 핵심적인 질문은 사법제도에 진정 편견과 차별이 없는가이다. 다시 말해 살인 사건이 발생했을 때 기소 절차가 희생자와 범죄자가 누구인지 상관없이 이루어지는지가 중요하다. 수많은 학자들과 사회 평론가들은 미국의 형사 제도에 존재하는 불평등을 지속적으로 연구하고 지적해 왔다. 미국이 살인 사건 피의자들을 다루는 방식에서 드러나는 불평등은 미국이 생명의 가치를 어떻게 매기는지, 특히 어떤 생명을 다른 생명보다 더 가치 있게 여기는지 잘 보여 준다.

　　형사 제도가 살인범을 처벌하기 위해서는 몇 가지 일이 수반되어야 한다. 첫째, 사망 사건이 사고사나 자살이 아니라 살인이었다는 점을 확증할 증거가 수집되어야 한다. 일단 사건이 이 단계에 이르렀다면 수사를 통해 용의자를 가려내야 한다. 그런 다음 용의자를 기소하고 재판을 통해 유죄 여부와 형량을 결정해야 한다. 살인이 벌어진 순간부터 궁극적인 처벌이 이루어지기까지는 많은 요소들이 끼어들어 처벌을 방해하거나 양형에 영향을 미치는데, 용의자 식별 가능성, 용의자 기소 결정, 유죄 선고 가능성, 양형의 변동 가능성 등이 이런 요소에 해당한다. 이런 변수들은 모두 범인의 처벌 방식에 영향을 미칠 뿐 아니라 그 사회의 형사 제도가 생명의 가치를 어떻게 판단하는지도 말해 준다.

　　미국의 살인 사건 발생률은 다른 선진국들에 비해 굉장히 높다. OECD 36개국 중 미국보다 살인 사건 발생률이 높은 국가는 멕시코뿐이다.[35] 캐나다, 프랑스, 영국의 살인 사건 발생률 모두 미국의 3분의 1에서 5분의 1 수준밖에 되지 않는다. 세계 어느 나라보다 총기 구입이 쉽고 총기 소지 비율도 다른 나라보다 월등히 높기 때문에 미국에서 일어난 살인 사건의 약 3분의 2가 총기에 의한 사건이라는 사실도 크게 놀랍지 않다.[36] OECD 국가 중에 미국의 절반에 해당하는 총기 소지율을 보이는 나라도 단 한 곳뿐이다. 이런 점들을 통해 추론할 수 있는 한 가지 사실은 미국인들이 매년 총으로 목숨을 잃는 생명의 누적 가치보다 총기를 소유할 수 있는 권리를 더 중요하게 여긴다는 것이다.

미국에서는 당신이 누구고, 어떤 사람을 알고, 어디에 사는지가 살해당할 가능성을 크게 좌우한다. 즉 살인 사건 발생률이 여러 인구통계학적 요소에 따라 다르게 나타난다는 말이다. 미국에서는 18세부터 24세에 해당하는 사람들의 살해율이 다른 연령 집단의 2배가 넘고, 남자가 살해당할 확률은 여자의 3배가 넘는다.[37] 청년층과 남성 집단에서 살인 사건 발생률이 높게 나타나는 양상은 다른 국가에서도 흔히 볼 수 있다.[38] 그러나 2010년부터 2012년까지 미국에서는 흑인의 살인 사건 발생률(10만 명당 19.4명)이 히스패닉 계(10만 명당 5.3명)의 3배가 넘고, 백인(10만 명당 2.5명)의 약 8배를 넘었다.[39] 인종과 성이라는 요소가 결합되면 흑인 남성이 살해당할 확률은 백인 여성의 약 20배에 이른다.[40] 미국에서 일어나는 살인 사건의 약 15퍼센트는 가족에 의한 살인이며, 30퍼센트 정도는 친구나 지인에 의한 살인이다.[41]

전반적으로 미국의 살인 사건 발생률이 높다는 점, 미국 내에서도 특정 집단에서 더 높다는 점은 무수히 많은 문제를 제기한다. 이와 관련하여 수많은 연구와 저서, 탐사 보도가 있었고 형사 제도 개혁을 주장하는 사람들도 생겨났다. 그러나 이 책에서는 다음의 문제에만 초점을 맞추고자 한다. 형사 제도는 살인범과 피해자의 생명 가치를 판단하는 데 어떤 원칙을 어떻게 적용하는가?

미국의 형법과 성경의 율법은 모든 살인 사건이 동일하지 않다는 데 동의한다. 성경의 율법은 출애굽기 21장 20~21절에서 노예가 지닌 생명 가치에 대해 다음과 같이 이야기한다. "어떤 사람이 자기 남종이나 여종을 몽둥이로 때렸는데 그 종이 그 자리에서 죽었을 경우, 그는 벌을 받아야 한다. 그러나 그 종이 하루나 이틀을 더 살면, 그는 벌을 받지 않는다. 종은 주인의 재산이기 때문이다." 결론은 아주 간단하다. 주인이 종을 때렸는데 즉사하면 주인도 죽음으로 벌을 받는다. 그러나 종이 하루나 이틀을 더 살다 죽으면 주인은 벌도 받지 않고 보상금도 내지 않는다. 이처럼 즉사와 즉사가 아닌 경우에 차이를 두었다는 사실로 볼 때, 율법이 고의적인 살해(피해자가 즉사하는 경우)와 의도하지 않은 살해(희생자가 하루나 이틀을 더 사는 경우)를 구분하고자 했었던 것이 아닐까 추측해 볼 수 있다.[42] 이 해석이 맞다면, 이는 계획적 살인을 과실치사보다 더 엄한 벌로 다스리는 현대 법에 그대로 녹아든 것으로 볼 수 있다.

미국 법 또한 모든 살인을 동일하게 취급하지 않는다. 고의적이고 사전에 계획된 불법 타살은 1급 살인으로, 고의적이었으나 계획되지 않은 타살과 위험한 행위로 야기된 타살, 인간 생명에 대한 가해자의 명백한 부주의로 인한 타살은 2급 살인으로 구분한다.[43] 살인보다는 심각성이 덜한 범죄로 여겨지는 고살(manslaughter)도 과실치사(부주의로 인한 살인)와 충동성 살인(극도로 흥분했거나 흥분하기에 충분한 수준의 자극에 대한 대응으로 야기된 살인)으로 구분된다.[44] 각 주의 법도 살인을 정의하는 방법이 서로 다르다. 이러한 차이는 살해된 피해자에게는 크게 상관이 없지만 살해범에게는 매우 중요한 요소다. 고살로 유죄 선고를 받은 사람의 처벌은 1급 살인으로 유죄 선고를 받은 사람의 처벌과 다르다. 범죄와 관련하여 얼마나 많은 수수께끼가 풀리는지가 살인의 유형을 구분하고 그에 따른 혐의와 처벌을 결정하는 데 중요한 역할을 한다.

먼저 고의성 여부를 확인해야 한다. 의도된 살인이었는가? 아니면 사고였는가? 사고였다면, 살해범의 과실이 있었는가? 살해범이 범행 당시 격한 흥분이나 분노에 사로잡혀 있었는가 아니면 사전에 범행을 계획했는가?

그런 다음 범인이 이성적인 판단을 할 능력이 있었는지 따진다. 범인이 정신 질환이나 정신장애를 갖고 있는가? 누군가를 죽이기로 결정할 수 있는 인지 능력을 지니고 있는가? 살인의 개념을 이해할 만한 나이인가?

정당성에 관한 문제도 있다. 범행이 자신이나 다른 사람을 보호하기 위한 정당방위였는가?

피해자의 정치적 신분도 따져 보아야 한다. 피해자가 외교관이나 공무원처럼 국제적 보호를 받는 사람인가? 만약 그렇다면 해당 사건은 주 차원의 범죄에서 연방 차원의 범죄로 격상될 수 있다. 국제적 보호를 받는 사람들은 각국 정부로부터 더 중요한 대우와 엄격한 보호를 받아서 이들이 살해되면 더 엄중한 처벌이 이루어지기 때문이다.[45]

마지막으로 법적 지위와 절차적 문제도 고려 대상이다. 살인이 발생한 곳이 살인범의 6퍼센트가 사형에 처해지는 네바다주인가? 아니면 사형이 허용되지 않는 21개 주 중 한 곳인가?[46] 법리적 관점에서 보면 모든 살인범과 살인 사건이 동일하게 판단되지 않는다는 사실은 명백하다. 혐의와 처벌에 영향을 주는 다른 요소에는 희생자의 수, 살인 발생 장소, 범인의 배경 등이 있다. 이렇듯 살인을 분류하고 죄의 경중을 따지는 것이 타당한 일이긴 하지만 이는 불가피하게 법의 불평등한 적용을 야기한다. 수사부터 마지막 가석방 심리나 처형 때까지 범죄 해결 과정의 모든 단계에는 피의자와 피해자가 누구냐에 따라 차별이 발생할 수 있는 주관적 해석의 여지가 있다. 피해자와 피의자의 인종, 성, 생활양식, 사회경제적 계급, 가족 사항에 대해 공평무사의 태도를 견지하기는 쉽지 않다. 편견과 차별이 계속된다는 사실은 어떤 생명이 다른 생명보다 더 가치 있다고 평가되고 그로 인해 더 보호받는다는 사실을 의미한다.

　헤로인에 중독된 노숙자의 죽음은 유력 정치인이나 부유한 사업가, 유명 예술가, 그 밖의 사회 지도자의 죽음과 동일하게 취급되지 않는다. 취약한 환경에 처한 사람들, 범죄자들과 어울리는 사람들, 범법자들은 살해 사건의 피해자가 될 가능성이 더 높다.[47] 경찰들이 이런 피해자들을 다른 사람들에 비해 경찰의 관심을 받을 자격이 없다고 여기는 것도 사실이다.[48] 가장 큰 연민과 경찰의 보호나 수사를 이끌어 내는 피해자들은 약자들, 범죄 발생 당시 존경 받을 만한 행위를 한 사람들, 범죄 발생 당시 점잖은 또는 안전한 장소에 있던 사람들, 낯선 사람에게 피해를 입은 사람들, 악하다고 간주되는 이에게 피해를 입은 사람들, 사회가 피해자라고 인식해 온 사람들이다.[49] 특정 피해자들이 경찰로부터 더 큰 관심을 받을 자격이 있다고 인식된다는 사실은 재수 없게 그때 그 장소에 있다가 희생된 사람을 '진정한 희생자'라고 여긴다고 밝힌 범죄 수사관들의 인터뷰로 증명된다. '진정한 희생자'는 위험한 장소에서 범죄행위에 연루되었다가 살해당한 사람들과는 극명히 다르다.[50] 이런 종류의 증언을 심각하게 받아들일 필요는 없지만, 희생자가 범죄 조직원이거나 마약상이거나 불법행위에 가담했거나 전과 기록이 있는 경우 사건 해결률이 현저히 떨어진다는 사실을 뒷받침하는 통계가 있다.[51] 이런 사건의 해결 비율이 낮다는 사실은 사회가 그런 사람들의 생명을 덜 중요하게 여긴다는 인식을 어느 정도 반영한다고 볼 수 있다.

더 일반적인 문제는 특정 인물의 사망 사건과 그와 관련된 경찰의 대응(대중에게 가장 가시적으로 드러나는 수사 인력 배치 등)에 대한 대중의 관심을 부채질하는 미디어의 역할을 과소평가하기 힘들다는 점이다. 카리나 베트라노 사건을 예로 들어 보자. 베트라노는 젊고 아름다운 백인 여성으로 집 근처에서 조깅을 하다가 강간을 당하고 살해되었다. 이 사건은 같은 해 뉴욕시에서 발생한 다른 약 334건의 사건보다 매스컴에 훨씬 더 많이 보도되었다. 결국 유죄판결로 끝난 재판에서 나온 증언에 따르면, 당시 뜨거운 대중의 관심 때문에 뉴욕 시경은 사건 해결을 위해 약 100명의 경찰로 구성된 전담팀을 따로 꾸렸다.[52] 베트라노 살인 사건은 경찰력의 집중을 가장 잘 이끌어 내는 사건의 면면을 생생히 보여 주었다. 그해 일어난 다른 수백 건의 살인 사건들에 사용된 경찰력은 대부분 베트라노 사건을 해결하는 데 사용된 경찰력에 비하면 극히 일부에 불과했다.[53]

사건 해결 비율 통계를 정리해 보면, 사건마다 정황이 달라 약간의 차이를 보이긴 하지만 대개 여성이나 어린아이들이 희생자인 경우가 해결률이 가장 높았다. 인종에 따라 사건 해결률에 차이가 있는지에 관해서는 결정적 증거가 없다. 하지만 피해자가 위험한 일, 범죄, 마약과 연루된 과거가 있는 것으로 보이는 경우 수사관들이 사건을 해결할 가능성은 현저히 낮아진다.

경찰이 일단 용의자를 파악하면 정부는 기소 여부를 결정해야 하고, 기소할 때는 어떤 혐의를 적용할 것인가를 결정해야 한다. 살인이 정당하다고 인정되는 경우, 예를 들어 자기 자신이나 타인을 보호하려는 목적이었다면 무혐의가 된다. 정당방위로서의 타살은 자신에게 치명적인 결과를 초래할 수 있는 위협을 가하는 사람의 생명보다 자기 생명을 더 소중하게 여기는 것이 타당하고 법적으로 용인된다는 사실을 공식적으로 승인한 것이라 할 수 있다.

플로리다주에는 '무력 사용이 죽음 또는 심각한 육체적 상해를 막을 수 있다.'라는 합리적 믿음이 있는 경우 치명적인 무력을 쓸 수 있게 허용함으로써 도망칠 필요가 없게 하는 정당방위법이 있다. 이 법은 플로리다주가 조지 짐머만을 트레이번 마틴의 살해 혐의로 기소하지 않기로 결정하면서 처음 발동되었다. 그러나 짐머만이 치안 관리자 지침을 무시했다는 증거가 나오면서 대중은 과연 짐머만의 행위가 '정당방위'였는지, 그가 인종 프로파일링에 근거해 마틴과의 소동을 촉발한 것은 아니었는지에 관해 많은 질문을 쏟아 냈다. 진실이 무엇인지는 영원히 모를 일이지만, 만약 이 사건이 정당방위법이 없는 주에서 발생했다면 사건 결과는 매우 달랐을 가능성이 있다.

정당방위가 아닌 타살은 과실치사부터 1급 살인에 이르는 혐의로 기소될 수 있다. 차량에 의한 살인은 형법상 과실로 인정되는 차량 조작 또는 살의를 품은 차량 운행의 결과로 운전자가 아닌 사람을 사망에 이르게 한 범죄다. 차량에 의한 살인 사건에서 희생자는 피의자와 함께 차에 타고 있던 사람일 수도 있고, 차에 타고 있지 않던 사람(이를테면 보행자, 자전거를 타고 가던 사람, 다른 차량의 운전자 또는 승객)일 수도 있다. 이는 일반적인 살인 사건보다 피해자가 조금 더 무작위일 가능성이 있고, 재수 없게 그때 그 장소에 있다가 피해를 입은 '진정한 희생자'로 간주될 가능성이 더 높다는 것을 의미한다.

차량에 의한 살인의 피해자들이 무작위일 가능성이 높기는 해도 불평등은 여전히 존재한다. 피해자가 흑인이거나 남성인 경우 피의자인 운전자에게 더 적은 형량이 주어지는 경향이 있다.[54] 이는 피해자가 무직일 때도 마찬가지다. 이는 직업이 없는 사람이 사고사한 민사소송의 판결이 피해자가 유급직 노동자일 때보다 보상금이 적게 나오는 경향이 있다는 사실과 일맥상통한다. 민사재판에서는 상실된 소득이 생명 가격표를 결정하는 가장 중요한 고려 사항이기 때문이다. 차량에 의한 살인에서는 흑인이나 무직자의 생명 가치가 상대적으로 낮게 평가되고 보호도 부족하다.

미국에서 사형은 열렬한 지지자와 반대자가 갈리는 논쟁적인 이슈이다. 국제사회에서도 사형은 일반적이라고 볼 수 없다. 대부분의 국가가 금지하고 있거나 자국민에 대해서는 집행을 하지 않기 때문이다.[55] 기록에 따르면 2017년에 사형을 집행한 국가는 23개국으로, 총 집행 건수가 가장 많은 나라는 중국, 이란, 사우디아라비아, 이라크 순이었고 미국은 여덟 번째였다.[56] 미국은 미주기구(Organization of American States, 총 회원국 35개국) 국가 중 사형을 집행하는 유일한 나라이고, 유럽안보협력기구(Organization for Security and Co-operation in Europe, 총 회원국 57개국)에서는 두 국가만이 사형을 집행하는데 미국이 그중 하나다. 사형에 대한 미국의 태도가 다른 선진국과 결을 달리한다는 점은 분명해 보인다.

미국에서 사형이 합법인 주는 31곳이다. 사형을 법적으로 허용하는 주들의 사법제도는 죄수가 계속 삶을 이어 가도록 하는 가치와 그들의 생명을 끝내는 데서 오는 이익을 저울질해 따져 볼 수 있다. 사형선고가 내려지는 경우는 주 정부가 죄수의 삶을 끝내는 편이 사회에 유익하다고 결론지을 때다. 주 정부가 종신형 대신 사형을 집행한다고 해서 비용을 절약하는 것은 아니다. 실제로 유사한 사건에서 사형을 집행한 경우가 사형을 집행하지 않은 경우보다 비용이 훨씬 많이 든다는 사실이 여러 연구를 통해 증명되었다. 사형 집행 사례에 더 많은 비용이 드는 이유는 기소, 변론, 항소와 관련된 추가 비용이 발생하기 때문이다.[57]

사형은 보통 살인 사건에 적용되는데, 일부 주에서는 사형에 해당하는 마약 밀매, 성범죄, 유괴, 항공기 납치, 아동 강간죄를 법으로 규정해 둔 곳도 있다.[58] 해당 주에 사형 제도가 없더라도 연방 범죄인 경우에는 사형이 적용될 수 있다. 보스턴 마라톤 폭탄 테러범 조하르 차르나예프의 재판이 바로 그런 경우다. 범죄가 발생한 곳은 사형 제도가 없는 매사추세츠주였지만, 차르나예프는 보스턴에 있는 연방 법원에서 사형을 선고 받았다.

여러 연구에 따르면 사형은 희생자가 백인이고 가해자가 흑인인 경우에 적용될 가능성이 매우 높다.[59] 전국적으로 사형선고율이 제일 높은 경우는 흑인 피의자가 백인을 살해했을 때였고, 그다음으로 높은 경우는 백인 피의자가 백인을 살해했을 때였다. 가장 낮은 사형선고율을 보인 경우는 흑인 피의자가 흑인을 살해한 사건이었다.[60]

사형선고율이 다르게 나타나는 것은 대배심의 기소 결정, 피의자를 살인 혐의로 기소하는 검찰의 선택, 지방 검사의 사형 구형, 배심원단의 사형 결정 단계가 사건마다 다르기 때문이다.[61] 2011년부터 2014년까지 미국에서 있었던 사형의 약 3분의 1이 집행된 텍사스주는 이러한 네 가지 단계를 분석하기에 가장 알맞은 곳이다.[62] 해리스 카운티(휴스

턴시)는 텍사스주에서 사형 집행이 가장 많이 이루어진 곳으로 1976년 부터 2015년까지 116건의 사형이 집행되었다.[63] 해리스 카운티의 지방 검사는 희생자가 히스패닉이나 흑인일 때보다 백인일 때 사형을 구형 하는 경우가 많았다.[64] 사형 구형 과정에 나타나는 이러한 인종 불평등 은 다수의 살인 사건에서 흑인이 피해자인 경우가 더 많다는 사실에도 불구하고 발생했다. 이는 더 나아가 피해자가 백인일 때보다 흑인일 때 사형 구형 가능성이 더 낮다는 사실도 뒷받침한다.

오하이오주에서는 가해자가 흑인 남성이고 피해자가 백인 여성인 살인 사건의 15퍼센트가 사형이 선고됐다.[65] 반면 가해자가 백인 여성 이고 피해자가 흑인 남성인 살인 20건 중 사형선고가 내려진 경우는 단 한 건도 없었다. 통계에 따르면 일반적으로 피해자가 여성이거나 백 인이거나 아동(12세 이하)인 사건에서 사형선고 비율이 높았다. 가해자 가 낯선 사람인 경우 역시 그렇지 않은 경우보다 사형선고 가능성이 더 높았다.

노스캐롤라이나주 살인 사건을 분석한 결과도 크게 다르지 않아 서[66] 피해자가 백인인 살인 사건이 사형선고로 이어지는 경우가 더 많 았다. 또 피해자가 범죄에 연루되었던 경우, 사형이 선고될 가능성은 극 히 드물었다. 사건 해결률도 두 분석 결과와 일관된 양상을 보인다.

양형에 인종적 불균형이 나타난다는 이러한 해석은 부당하게 유죄판결을 받는 흑인 비율이 압도적으로 높다는 사실로 뒷받침된 다. 미국 내 오판 사례를 연구하는 '미국면죄명부(National Registry of Exonerations)' 보고서에 따르면 살인 사건 판결의 경우 "무고한 흑인들 이 살인으로 유죄판결을 받을 가능성이 무고한 백인보다 7배가량 높다." 또 살인으로 유죄판결을 받고 복역 중인 수감자들 중 흑인 수감자들이 본래 무고일 가능성은 다른 수감자들보다 50퍼센트나 높다.[67]

이런 인종적 불균형을 보면 노예제가 150여 년 전에 막을 내리고, 민권 운동이 일어나고, 역사적인 입법이 이루어지고, 이제는 모든 미국 시민에게 정의가 평등하게 실현되어야 한다고 곳곳에서 부르짖고 있지만 흑인의 생명은 여전히 백인의 생명만큼 형사 제도의 보호를 받지 못하고 있다는 결론에 이르게 된다.

이 같은 통계 분석은 다수의 사례를 기반으로 이루어진 것이지만 세상에는 언제나 세간의 주목을 끄는 예외가 있는 법이다. O. J. 심슨은 백인 여성과 남성을 살해한 혐의로 법정에 선 흑인이었지만 1급 살인에 대해 무죄판결을 받았다. 높은 수임료를 자랑하는 변호사들로 이루어진 그의 변호인단이 국선 변호인에 의지하고 있던 원고들이 대응할 수 없는 치밀한 주장을 폈기 때문이다.

주 정부가 어떤 사람들의 생명이 다른 사람들보다 더 가치 있으므로 더 강력한 보호를 받을 자격이 있다고 노골적으로 암시하는 경우가 많은 것 또한 사실이다. 경찰, 소방관, 선출직 공무원들에게는 특별한 권리가 주어진다는 사실을 떠올려 보자. 캘리포니아주에서는 경찰을 살해한 경우 다른 살인 사건보다 처벌이 더 무겁다. 코네티컷주에는 치안 담당 공무원, 보안관, 교정국 직원, 공무 수행 중인 소방관의 생명을 보호하는 특별 규정이 있다.[68] 이러한 직종의 사람들에게 주어지는 추가적인 법적 보호는 이러한 사람들이 직업적인 이유로 더 큰 위험에 처할 수 있다는 인식을 반영하는 것일 수도 있고, 사회가 그들의 생명을 다른 생명보다 더 가치 있게 여긴다는 것을 의미할 수도 있다. 이런 직종의 사람들을 살해한 사건에 더 무거운 처벌을 내리는 것은 그들의 죽음이 교사, 사회복지사, 의사, 간호사와 같은 다른 고학력 전문직 종사자들의 죽음보다 사회에 더 큰 손실로 여겨진다는 사실을 나타낸다. 이런 공무원들이나 의원들의 생명에 더 높은 수준의 보호를 제공하는 것은 이들이 사회에서 수행하는 필수적 기능 때문일 수도 있고 다른 이유 때문일 수도 있다. 그 이유가 무엇이든, 사회가 사람들의 직업에 따라 다른 수준의 법적 보호를 제공하고 그에 맞게 생명의 가치를 다르게 판단한다는 사실은 변함이 없다. 사회가 보호 받을 자격과 가치가 상대적으로 낮다고 여기는 이들의 생명보다 특정 직종에 종사하는 사람들의 생명을 더 강력하게 보호하도록 법으로 의무화한다는 사실은 법 앞에서는 누구나 평등하다는 관념을 정면으로 반박한다.

공무원이나 의원 들이 다른 생명보다 더 높은 가치를 지닌다고 여기는 것에서 그치는 것만은 아니다. 이들이 행하는 폭력도 처벌될 가능성이 훨씬 적다. 보고된 바에 의하면 2018년에 미국에서 경찰의 총에 맞아 숨진 사람은 998명이었고 2015년, 2016년, 2017년에도 그 수는 크게 다르지 않았다.[69] 경찰관이 저지른 살인이 기소로 이어지는 경우는 거의 없다. 1977년부터 1995년까지 임무 중에 누군가를 사살한 뒤 살인 혐의로 유죄판결을 받은 뉴욕시 경찰은 단 한 명도 없었다.[70] 2015년 한 해에만 경찰이 총기를 지니지 않은 흑인을 살해한 사건이 100건 이상이었는데, 이 중 징역형을 선고받은 경찰관은 한 명뿐이었다.[71] 이는 대개 이런 살인을 정당하다고 인식하기 때문이다. 경찰관은 평범한 시민들보다 훨씬 더 많은 상황에서 합법적으로 그리고 정당하게 살상 무기를 쓸 수 있다.

공무 중 시민을 살해하고 유죄판결을 받는 경찰이 거의 없는 또 다른 이유는 검사들이 경찰관을 기소할 때 발생하는 이해의 충돌 때문이다.[72] 어쨌거나 검사들은 업무상 경찰관들과 긴밀하게 일해야 하므로 경찰관을 기소하는 것은 향후 그들의 효과적인 공조를 방해할 수 있기 때문이다. 미국이라는 사회가 일부 사람들(특히 가난한 사람들과 비백인)의 생명 가치를 제도적으로 평가절하한다는 사실을 고려하면, 타살에 의한 사망이라는 검시관의 보고서가 있었는데도 경찰관 판탈레오가 에릭 가너의 살인 혐의로 입건되지 않았다는 사실은 그리 놀라운 일이 아니다. 션 벨의 사망 사건에 연루된 경찰관들 중 유죄판결을 받은 이가 단 한 명도 없다는 사실도 마찬가지다.[73] 만약 판탈레오가 가난한 흑인이 아니라 사회에서 더 가치 있다고 평가 받는 사람, 이를테면 유명하고 돈 많은 백인 록스타의 목을 졸랐다면 판결은 매우 달랐을 것이다.

사법제도의 두 축, 민사 제도와 형사 제도 모두 모든 생명에 동일한 가치를 부여하지 않고 그에 따라 동등한 보호를 제공하지도 않는다는 사실은 분명해 보인다.

민사소송의 판결은 특정인들의 생명에 다른 사람들의 생명보다 더 큰 가치를 매기고, 심지어 어떤 사람들의 생명에는 마이너스 값을 부여한다. 대중의 관심을 많이 받는 사건일수록 원고들은 더 많은 보상금을 지급 받는다. 그리고 보상금은 주마다 천차만별이다. 고소득자의 유가족들은 저소득자의 유가족들보다 보상금을 더 많이 받는다. 미국에서 백인 가정의 순자산 평균은 흑인 가정의 13배이며, 백인 가정의 중간 소득은 흑인 가정보다 60퍼센트나 높다.[74] 소득과 부에 인종 불평등이 존재한다는 사실을 보면 흑인이 사망한 민사소송의 보상금이 평균적으로 백인 사망 사건의 보상금보다 상당히 낮을 것이라는 것을 예측할 수 있다. 바꿔 말하면 백인이 흑인보다 소득이 더 많다는 사실은, 다른 변수가 모두 동일하다고 가정하더라도, 민사소송 판결에서 흑인보다 백인의 생명에 더 높은 가격이 매겨지는 경향이 있다는 사실을 의미한다.

형사 제도에서도 법은 경찰이나 다른 정부 기관 종사자들의 생명을 노골적으로 더 중요하게 여긴다. 그뿐만 아니라 희생자의 성, 인종, 사회적 지위, 전과 기록 등을 보지 않는다고 명시하고 있으면서도 현실에서는 그런 것들에 따라 차별을 둔다. 미국 법에는 모두가 동등하게 법의 보호를 받는다고 쓰여 있을지 몰라도, 통계를 보면 혐의와 기소에 관한 검찰의 결정과 양형은 피해자가 누구이고 (경우에 따라서는) 가해자가 누구인지에 따라 달라지는 것이 분명해 보인다. 경찰, 검찰, 판사, 배심원을 포함한 사법제도의 모든 행위자는 어떤 생명이 다른 생명보다 더 가치 있게 평가되고 더 많은 보호를 받는 이러한 불평등에 모두 책임이 있다.

민사소송과 형사소송의 판결은 사법제도가 생명의 금전적·비금전적 가치를 어떻게 평가하는지, 그 결과 실제 사법제도의 운영에서 공정성과 평등이 얼마나 보장되는지 잘 보여 준다. 환경보호국이나 연방항공청과 같은 규제 기관들은 비용편익분석을 수행하는데, 마찬가지로 이 분석에 사용되는 주요 투입 변수를 보면 이런 기관들이 인간의 생명 가격표를 어떻게 추산하는지, 시민들의 생명을 얼마나 동등하게 평가하는지 알 수 있다. 다음 장에서 확인하겠지만 사법제도와 규제 제도 모두 특정 정부 기구가 생명 가격표를 어떤 방식으로 업무에 활용하는

지, 어떤 사람들의 생명을 얼마나 평가절하하고 잘 보호하지 않는지 명
확히 보여 준다.

4장 생명 가격표가 수돗물의 수질을 결정한다?

ULTIMATE PRICE
The Value We Place on Life

ACME라는 가상의 화력발전소가 있다. ACME가 위치한 미시건주는 소비하는 전기의 절반을 여전히 화석연료에 의지한다.* ACME는 1970년대 지어진 중형 규모의 발전소로 석탄을 와이오밍주에서 철로로 실어온다. 직원은 45명이며 모두 정규 직원이다. 수익이 점차 감소하고 있긴 하지만 4대에 걸쳐 미시건주에 살고 있는 미시건주 토박이인 소유주는 미시건주 여자 아이스하키 팀을 지속적으로 후원하고 있다. 천연 가스 회사들과의 경쟁으로 인한 가격 압박, 그리고 환경보호국이 곧 새로운 규제 정책을 내놓을 것이라는 예측 때문에 경기 전망이 불확

---

* 이 책에 등장하는 인물이나 기관은 설명을 돕기 위한 가상의 존재로, 실존 인물 또는 단체와 유사성이 있다 하더라도 우연의 일치임을 밝혀 둔다.

실하다. 환경보호국의 새로운 규제책은 ACME 소유주, 직원 및 그 가족들의 생계는 물론 ACME 인근 지역에 사는 사람들의 건강에도 영향을 미칠 것이다. 상당한 비용을 야기할 새로운 규제책은 ACME의 수익성을 감소시켜 발전소 폐쇄나 부지 이전, 직원 해고 등의 결과를 초래할지 모른다. 이 환경보호국의 새 규제는 공익을 위한 것으로서 ACME에서 발생되는 오염 물질의 영향을 받는 사람들의 건강을 보호하고 수명을 개선하기 위해서다.

　환경보호국을 비롯한 규제 기관들은 비용편익분석을 사용하여 더 강력한 규제로 얻는 편익이 규제에 드는 비용보다 큰지 확인한다. 생명이 충분한 가치를 인정받지 못해 충분한 보호도 받지 못할 위험성에 관한 문제가 가장 복잡하고 난해한 영역이 바로 연방 규제다. 화력발전소 배기가스의 양을 정하는 문제든, 음용수에 포함된 비소의 양을 정하는 문제든, 생명에 가격표를 매기는 일은 미국 규제 기관의 일상 업무와 밀접하게 연관되어 있다. 기업의 단기 이익과 대중의 안전 사이에서 균형을 맞추는 일에 관한 논쟁은 규제 기관과 업계 대변인들 사이의 갈등인 경우가 많다. 또 새로 도입될 규제로 긍정적 또는 부정적 영향을 받게 될 서로 다른 산업들 간의 갈등인 경우도 있으며, 업계 선두 주자들과 혁신적인 신생 기업 간의 다툼인 경우도 있다. 이러한 갈등이 일반 대중에게 알려질 때, 해당 규제가 비용 측면에서 이득이 되는지 결정하는 계산법, 즉 비용편익분석은 매우 신뢰할 수 있는 과학으로 묘사되는 경우가 많다. 그러나 사실 비용편익분석은 무의식적인 또는 의도적인 선택을 통해 쉽게 조작될 수 있다. 이러한 선택은 규제의 가치를 과대평가하거나 과소평가하는 결론을 도출할 수 있는데, 이를 편의추정치라고 한다. 편의추정치를 생산해 내려는 의도적인 노력('게이밍')과 무의식적 선택은 모두 분석 결과에 영향을 주며, 현실에서는 생명이 불필요한 위험에 자주 노출되는 결과를 초래한다.

규제 기관이 비용편익분석을 수행하는 데 사용하는 가장 중요한 요소 두 가지는 통계적 생명 가치의 금액과 현재와 미래 생명의 상대적 가치에 관한 가정이다. 사람들의 생명이 적절한 보호를 받고 기업의 이윤을 최대화하는 과정에 희생되지 않게 하기 위해서는 시민 단체, 소비자 감시 단체, 일반 대중이 규제 기관과 업계 대변인들이 제시하는 주장이나 증거들을 반드시 면밀하게 관찰해야 한다. 이번 장은 독자들이 바로 이런 주장이나 증거들을 감시하는 데 필요한 기본적 통찰을 제공할 것이다.

일반적으로 미국 연방 정부의 규제는 산업 분야와 상관없이 유사한 과학적 기준을 따르며, 이미 알려진 식별된 개인의 생명이 아니라 규제에 영향을 받는 인구를 대상으로 비용편익분석을 수행한다. 따라서 규제를 정당화하는 데 사용되는 기업 경영 사례는 (어떤 정부 기관에서 공표한 규제이든 상관없이) 모두 유사한 분석 방법을 따르는 경향이 있다.[1] 규제 초안과 범정부적 정책 이행은 대개 관리예산처 내 법령상의 기관인 정보규제국의 감독을 받는다. 정보규제국의 권한 중 하나는 '일부 편익과 비용을 수량화하기 어렵다는 것을 인지'하면서도 '질적, 양적인 측면의 편익과 비용을 상세히 설명'하는 것이다.[2] 이 권한(행정명령 12291호, 레이건 행정부가 공포)은 이후 클린턴 대통령이 발표한 행정명령 12866호와 오바마 정부의 행정명령 13563호에 의해 수정되었다.[3]

편익과 비용을 설명하는 이런 정보규제국의 공식 권한은 매우 합리적이고 공정한 일처럼 보인다. 하지만 문제는 특별 이익 집단이 과도한 영향력을 행사하는 세부 과정에 숨어 있다. 비용편익분석은 정치인, 관료, 업계 전문가, 특별 이익 집단에 휘둘려 쉽게 조작되고 왜곡된 결과를 가져올 수 있다. 간단히 말하자면 모두가 자신의 우선순위와 이익을 반영한 각기 다른 가정을 사용하기 때문에 비용편익분석에 사용되는 핵심 가정과 투입 변수가 기관, 연구자, 이권이 걸린 이들에 따라 매우 다양하게 나타난다. 예를 들어 ACME의 소유주는 분명 비용이 많이 들 환경 규제 도입을 저지하는 데 관심이 있는 반면, ACME에서 나오는 오염 물질이 바람을 타고 이동하는 인근 지역에 사는 주민들은 건강에 유해하지 않은 공기를 원하기에 새로운 규제 도입 촉구에 관심이 있다.

　비용편익분석에는 공정성, 삶의 질 등 정량화하기 어려운 요소들도 고려 대상이 되지만, 단지 수치화하기 어렵다는 이유로 이러한 요소들은 거의 참작되지 않거나 때로는 완전히 무시된다. 그 대신 예방 가능한 사망의 수나 통계적 생명 가치처럼 수치화할 수 있는 가치들이 규제 기관이 수행하는 비용편익분석에서 편익을 결정하는 가장 중요한 요소로 작용한다.

　특별 이익 집단이 비용편익분석에 어떤 영향을 미치는지 더 정확히 이해하기 위해서는 비용편익분석의 복잡성을 먼저 이해해야 한다. 1930년대 이후부터 미국의 규제 기관이 사용하고 있는 분석 도구 중 하나인 비용편익분석은 의사 결정이나 사업 및 정책에 수반되는 비용과 편익을 계산하여 비교하는 조직적 과정이다.[4] 비용편익분석은 정립된 표준 방법론을 따르며 그 절차는 다음과 같다.[5]

1. 고려 대상인 규제(새로운 규제를 만들지 않는 대안 포함) 식별하기
2. 누구의 비용과 편익을 고려할 것인가 파악하기
3. 측정 지표를 정하고 비용과 편익 목록 만들기
4. 시간의 흐름에 따른 비용과 편익을 정량적으로 예측하기
5. 모든 비용과 편익에 달러 가치를 부과하여 일어날 수 있는 모든 잠재적 영향을 금전으로 환산하기
6. 시간의 흐름을 고려한 비용과 편익 할인을 통해 각 비용과 편익의 현재 가치 환산하기
7. 6번의 항목을 정리하여 도입 가능한 모든 규제의 순 현재 가치 계산하기
8. 민감도 분석 수행하기
9. 제안하기

이제부터는 위의 단계들을 하나씩 검토해 보면서 생명 가격표의 역할, 공정성 문제, 특별 이익 집단이 영향을 미칠 수 있는 측면 등 비용편익분석의 표준 방법론이 지닌 문제점을 자세히 알아보자.

비용편익분석과 관련하여 가장 중요한 사항들은 초기 단계에서 결정된다. 고려할 수 있는 규제들을 식별하는 과정에서는 대안의 폭이 결정된다. 예를 들어 새로운 규제가 음용수에 포함되는 독성 물질의 적정 수준을 결정하는 것이라면, 고려 가능한 대안들은 어느 정도의 독성 물질을 허용할 것인가를 다루게 된다. 고려하고 있는 규제들이 독성 물질의 최대치를 각각 5ppm미만 또는 10ppm미만 또는 20ppm미만으

로 잡고 있다면, 그보다 더 엄격한 수준인 0.1ppm을 요구하는 규제책은 대안의 범위에 포함되지 않는다. 고려할 수 있는 대안들은 현재 시행되는 정책과 비교하는 과정을 거친다.

　당신이 환경보호국 직원이고 화력발전소의 탄소, 이산화황, 산화질소 방출량을 결정할 비용편익분석을 개발하는 업무를 맡았다고 상상해 보자. 당신은 우선 비용편익분석에서 확인해 볼 허용 가능한 수준의 방출량과 각각의 양에 도달하는 데 걸리는 기간을 파악해야 한다. 그런 다음 고려할 수 있는 대안들을 현재의 방출 허용량과 비교한다. 이런 분석은 아무런 외부 영향 없이 이루어지지 않는다. 발전소들은 로비스트와 연구자 들에게 돈을 대 비용편익분석이 자신들의 산업에 유리하게 이루어지도록 영향력을 행사하려 한다. 화력발전소들만 새로운 규제의 영향을 받는 것은 아니다. 인근에 사는 천식 아동들, 발전소에 석탄을 제공하여 가족을 먹여 살리는 광부들, 경쟁 업계의 가스 화력발전소 직원들과 같은 다른 집단들도 새 규제의 영향을 받는다.

　비용이 많이 드는 규제를 최소화하는 것을 목표로 하는 전력 발전 산업의 대변인들은 규제를 강화하면 비용만 터무니없이 증가할 뿐 그로 인한 편익은 미미하다고 주장한다. 이런 업계 대변인들은 다양한 방법을 통해 비용편익분석을 자신들에게 유리한 쪽으로 만들려고 한다. 이를테면 비용과 편익을 고려할 대상(인체에 유해한 배기가스가 감소되면 혜택을 보는 사람)의 수를 줄인다거나, 더 엄격한 규제를 도입할 때 드는 비용을 과도하게 추정하여 환경보호국에 제공한다거나, 대기의 질 개선이 인체에 미치는 이점을 증명하는 과학적 증거를 반박한다거나, 낮은 통계적 생명 가치 값을 제시한다거나, 높은 할인율을 적용하여 비용(단기적으로 발생)을 편익(장기적 미래에 발생)보다 더 크게 만든다거나 한다.

　　고려할 수 있는 대안이 식별되면 규제 기관은 분석에 누구의 비용과 편익을 포함시킬 것인지 결정해야 한다. 분석은 도시, 주, 도, 국내, 국제 수준으로 다양하게 이루어질 수 있다. 누구의 비용과 편익을 고려할지 결정하는 일은 매우 중요한 문제다. 너무 범위를 좁게 잡으면 규제로 인해 피해를 입거나 혜택을 보는 사람들이 분석에서 누락될 수 있다.

　　규제로부터 영향을 받는 집단이 제외됨으로써 발생하는 문제가 가장 분명하게 관찰되는 경우는 정책 실행으로 야기된 부정적 결과(예를 들어 바람을 타고 이동하는 화력발전의 배기가스)가 국경을 넘을 때다. 국가 간 환경문제로 이어지는 국내 규제는 언제나 논란의 불씨로 작용한다. 한 나라의 공장에서 배출하는 오염 물질이 이웃 나라 국민의 건강에 유해한 영향을 미치는 경우, 그런 잠재적 영향은 이웃 나라 국민이 대상 집단에 포함될 때만 고려된다. 이웃 나라 국민의 비용과 편익을 분석에 고려하지 않으면 그들의 건강에 미치는 손해와 사망률 증가 위험은 철저하게 무시되는 것이다.

　　앞서 언급한 가상의 발전소 ACME는 캐나다 국경 인근에 위치해 있다. 비용편익분석에서 캐나다 사람들이 비용편익분석의 대상 집단에 포함되면, 규제 강화로 구할 수 있는 캐나다인과 미국인의 수가 산출 공식의 편익이 된다. 이렇게 되면 편익의 추정치가 커지면서 더 엄격한 규제를 도입할수록 늘어나는 비용을 정당화하기가 더 쉬워진다. 그러나 캐나다인들을 대상 집단에 포함하지 않으면, 규제 강화가 가져오는 편익이 작아지기 때문에 규제가 강화될수록 증가하는 비용을 정당화하기가 어려워진다.

　ACME는 설명을 위해 만들어 낸 가상의 발전소였다. 그렇다면 이제는 실제 사례를 살펴보자. 오늘날 기후변화로 인해 피해를 입고 있는 사람들 대부분은 비용편익분석에서 빠져 있다. 온실가스 배출에 가장 큰 책임이 있는 국가들의 국민이 아니라는 이유로 각 국가에서 수행하는 비용편익분석에서 대상 집단에 포함되지 못했기 때문이다. 누구의 비용과 편익을 고려할 것인가는 해당 사업 또는 규제의 영향을 받는 사람들을 기준으로 결정되어야 한다. 이는 새 규제에 대한 분석이 때로는 다양한 지역 단위(도시, 주, 국가, 세계 등) 수준에서 이루어질 필요가 있다는 것을 의미한다.

　누구의 비용과 편익을 고려할 것인지를 결정했으면 이제 모든 투입 변수와 산출 변수를 식별해야 하는데, 이때 대상 집단으로 인정된 사람들에게 미치는 잠재적 영향만 분석에 포함시킨다. 이 단계가 비용편익분석을 크게 좌우하는 시점이라고 할 수 있는데, 목록화되어 있지 않은 투입 변수와 산출 변수는 분석에 직접적으로 포함되지 않기 때문이다. 투입 변수와 산출 변수에는 규제가 소득이나 재화 및 서비스의 소비와 같은 금전적 항목에 미치는 영향뿐만 아니라 환경, 건강, 범죄, 삶의 질과 같은 다양한 항목에 미치는 영향도 포함시켜야 한다.

　도입 가능한 규제안이 무엇인지, 누구의 비용과 편익을 고려할 것인지 투입과 산출을 모두 식별했으면, 각 규제안의 시간에 따른 영향을 정량화할 차례다. 새 규제안의 오염 물질 제한 수준을 5ppm으로 할지 10ppm으로 할지 20ppm으로 할지 결정하는 경우라면, 현행법은 물론 세 가지 대안에 따른 필요한 투입과 산출되는 결과물을 각각 측정해야 한다.

일반적으로는 새 규제를 이행하는 절차에 드는 비용을 추산하는 일이 해당 규제의 잠재적 영향을 예측하는 일보다 쉽다. 규제 이행과 관련된 절차가 잠재적 영향보다 더 명확할 때가 많기 때문이다. 예를 들어 만약 새 규제가 ACME와 같은 화력발전소의 배기가스 배출 허용 수준을 낮추는 것을 목표로 한다면, 이산화탄소 포집 및 제거 장치를 가동하는 데 드는 비용을 반드시 추산해야 한다. 그러나 규제안이 완전히 새로운 것이거나 가정을 도출할 수 있는 적절한 선례가 없다면, 비용을 추산하는 일이 더 어려워지고 정확하지 않은 경우가 많다. 비용의 추산은 이해 집단들의 편향성이 자주 갈리는 단계다. 규제 도입을 원치 않는 쪽은 규제가 야기할 수 있는 경제적 문제를 부풀려 말하면서 추산 비용을 극대화하고 잠재적 편익을 최소화하는 경향이 있다. 반대로 규제 도입을 찬성하는 쪽은 추산 비용을 최소화하고 규제가 가져올 것으로 예상되는 편익을 극대화하는 경향이 있다.

규제 이행 비용은 대개 과할 정도로 높게 추산된다.[6] 이는 분석 전문가들이 기술의 발전을 정확히 예측하지 못하기 때문일 수도 있지만, 산업 로비스트들의 영향 때문이기도 하다. ACME 사례에서 보았듯이 그들은 대기 오염 물질을 줄이는 데 드는 비용을 높게 추산하면 얻는 것이 많다. 산업 로비스트들이 이 과정에 대한 과도한 영향력을 어떻게 획득하는지는 쉽게 알 수 있다. 미국의 대기업 대다수가 연방 정부에 내는 세금보다 로비스트에 더 많은 돈을 지출하기 때문이다.[7] 기업들은 로비 활동을 정책과 의사 결정에 영향을 주는 투자, 고수익을 창출할 가능성이 높은 투자로 간주한다.[8]

편익의 측면에서 규제의 잠재적 영향은 일반적으로 쉽게 가늠이

안 되고 명확하게 식별하고 정량화하기는 더 어렵다.[9] 예상 편익은 금전적 편익뿐만 아니라 건강 개선, 삶의 질 개선, 사망 위험 축소, 생물 다양성 보호, 광범위한 환경적 영향 등 비금전적 편익까지 포함해야 한다. 규제가 복잡하거나 독특할수록 그 결과를 정확하게 예측하기는 더 힘들다. 일반적으로는 더 먼 미래를 예측할수록 인과관계가 불명확해지고 결과의 규모를 정확히 알 수 없기에 편익과 규제의 인과관계를 정확하게 밝히는 것이 더 어려워진다. 자전거 전용 도로 또는 탄소 배출에 대한 새로운 규제가 20~30년 후의 사람들에게 미치게 될 영향을 타당한 근거를 제시하며 정확하게 예측해야 한다고 상상해 보라. 정말 난감하지 않겠는가?

시간의 흐름에 따른 규제의 영향을 예측하고 정량화했다면, 이제는 각각의 영향을 금전으로 환산해야 한다. 경제성장과 같은 영향은 이미 금전으로 환산된 경우다. 예측에 불확실성이 존재한다면, 예측 결과를 화폐 단위로 변환할 필요는 없다. 석탄과 가스 화력발전소 관련 규제의 경우, 탈황장치와 같은 배기가스 처리 기술 비용은 이미 금전으로 수치화되어 있다.

한편 인간의 건강과 삶에 미치는 영향도 금전으로 환산해야 하는데, 이러한 영향을 수치화할 때는 생명 가격표가 필요하다. 여기서 다시 등장하는 것이 바로 통계적 생명 가치다. 그러나 이번에는 일반적으로 경제 전문가들이 설명하는 방식과는 다르다. 일단 앞서 설명한 통계적 생명 가치를 다시 떠올려 보자. 통계적 생명 가치는 모집단이 사망 위험을 줄이기 위해 기꺼이 지불하겠다는 돈의 액수를 의미했다. 이 생명 가격표는 (그 가격이 얼마이든) 위험이라는 개념을 바탕으로 추산된다.

이 가격표를 추산할 때 경제 전문가들은 사람들에게 직접적으로 생명(또는 죽음) 그 자체에 대한 가치를 판단해 달라고 묻지 않는다. 그러나 비용편익분석을 수행하는 분석가들은 사망 위험과 사망 그 자체의 차이를 종종 무시한다.[10]

관리예산처에서 보는 이 문제의 해결 방법은 명백하다. 관리예산처는 규제 기관들에게 사망 위험이 감소되는 순간이 아니라 기대 사망이 모면된 순간의 편익을 적용하라고 지시한다. 사망이 모면되는 것은 위험이 감소되는 것보다 훨씬 미래의 일이다.[11] 이러한 통계적 생명 가치의 정의와 실제 적용의 차이는 산출 공식의 이면에서 큰 영향을 미치는 기술적인 문제를 보여 주는 좋은 예다. 비용편익분석가들은 기대 사망이 모면되는 순간에만 통계적 생명 가치를 적용함으로써 예기치 못한 엄청난 결과를 야기했다. 위험 축소(통계적 생명 가치 추산의 기준)는 즉각적으로 일어나는 반면, 사망이 방지되는 일은 대개 몇십 년 후에 발생한다. 몇십 년 동안 편익의 기록을 지연시키면 규제가 가져오는 총 편익이 크게 줄어든다. 현재의 1000달러가 미래의 1000달러보다 더 큰 가치를 갖는다고 평가하는 할인이라는 개념이 적용되기 때문이다.

앞에서도 언급했듯이 미국의 정부 기관들은 기관마다 각기 다른 생명 가격표를 사용하는데, 대체적으로 1인당 800만~1000만 달러 정도다.[12] 이렇게 가격표가 서로 다르다는 사실은 이 액수를 추산하는 데에 이론적, 실질적 한계가 많다는 사실뿐 아니라 이런 추산가가 성, 소득, 인종, 직업, 노동조합 가입 여부, 개인의 리스크 수용 능력, 추산 시점에 따라 달라질 수 있다는 것을 의미한다.[13] 통계적 생명 가치 추산가가 다양하게 나타나는 원인을 모두 고려하면, 정부가 모든 기관에게 동일한 가격표를 사용하도록 하는 편이 더욱 이치에 맞고 합당하다고 할 수 있다. 이는 전 정보규제국 직원이었던 캐스 선스타인에 의해 뒷받침된 논점이기도 하다.[14]

　　모든 기관이 동일한 생명 가격표를 사용하도록 하면 규제 기관들이 집단에 따라 생명 가치를 다르게 부과하는 것 또한 예방할 수 있다. 앞서 언급했던 '노인의 생명 가치 할인'이 바로 이러한 행태의 전형적인 예시다. 프랭크 애커먼과 리사 하인절링은 2004년에 함께 출간한 『가치를 매길 수 없는(Priceless)』이라는 책에서 환경보호국이 70세 이상 노인의 생명을 70세 이하의 사람들보다 낮은 가격으로 책정하려 했던 당시를 설명하고 있다. 이런 불공정한 추산치는 지나치게 비인간적이었고 뒷받침할 수 있는 어떤 증거도 없었다. 노인들 역시 자신들의 생명을 젊은 사람들보다 덜 가치 있다고 판단하지 않았다. 대중의 거센 비난이 쏟아지자 환경보호국은 계획을 철회했다. '기후변화에 관한 정부간 협의체' 또한 국가의 부에 따라 생명 가치를 다르게 책정하려다 비난의 압박에 못 이겨 포기한 일이 있었다.[15] 인구 집단에 따라 생명 가격표를 다르게 책정하면, 비싼 가격표를 부여 받은 사람들이 사회로부터 더 강력한 보호를 받는 결과가 발생한다. 그런 사람들의 생명을 구하는 것이 낮은 생명 가격표가 부여된 사람들을 구하는 것보다 더 큰 재정적 편익을 낳기 때문이다. 두 가지의 새 규제안이 있다고 가정해 보자. 하나는 1인당 1000만 달러 가치를 갖는 500명을 살릴 수 있는 대책이고, 하나는 1인당 1000만 달러의 가격표가 책정된 300명과 1인당 500만 달러 가격표가 책정된 300명을 살릴 수 있는 대책이다. 첫 번째 대책으로 살릴 수 있는 생명의 수는 두 번째 대책보다 100명이 적다. 하지만 비용편익분석이 선호할 대책은 첫 번째 대책이다. 첫 번째 규제안으로 살릴 수 있는 생명 가치의 총합이 두 번째 규제안으로 살릴 수 있는 생명 가치의 총합보다 높기 때문이다. 이렇게 생명의 가치를 다르게 매기는 일은 매우 불공정한 결과를 가져온다. 모든 사람에게 동일한 가치를 매기는 것은 가장 간단하고 타당한 선택일 뿐만 아니라, 생명 가치 책정에 차등을 두어 발생하는 부정적인 결과를 예방할 수 있다. 이 주장은 9.11 희생자 보상 기금의 운영을 맡았던 케네스 파인버그가 내린 결론(앞으로 보상금을 지급할 일이 또 발생한다면 그때는 모든 사람의 생명 가치를 동일하게 평가해야 한다.)과 일치한다.

일반적으로 통계적 생명 가치로 사용되는 생명 가격표는 비용·편익분석의 결과에 중대한 영향을 미친다. 규제 도입을 막으려는 쪽은 예상 편익을 최소화하기 위해 최대한 낮은 생명 가치를 적용해야 한다고 주장하는 경향이 있고, 반대로 규제 도입을 찬성하는 쪽은 더 높은 생명 가치를 적용해야 한다고 주장할 가능성이 크다.

통계적 생명 가치는 사망에 적용되지만 질환 발생률 감소, 상해 발생률 감소, 불안 장애 감소, 삶의 질 개선 등과 같이 인간의 삶에 미치는 다른 영향도 비용·편익분석에서 고려해야 한다. 조기 사망 예방, 응급실 방문율 또는 입원율 감소, 병가와 같이 건강이나 생산성과 관련된 편익도 금전으로 환산해야 한다.[16] 환경적 영향처럼 규제가 가져올 수 있는 다른 결과 역시 정량화되고 금전으로 환산되어야 한다.

넓게 보면 비인간 생물종, 이를테면 반점 올빼미, 대머리 독수리, 고래를 비롯하여 인간에게 그리 인기가 많지 않은 동물들도 환경 규제의 영향을 받는다. 이들에게 미치는 영향 역시 모두 돈으로 환산하여 비용편익분석에 포함해야 한다.

캐스 선스타인은 그의 책 『비용 편익 혁명(The Cost-Benefit Revolution)』의 서두에서 비용·편익분석의 장점을 분명히 밝힌다. 그러나 책의 말미에서는 상당한 한계점도 있다고 지적하며 끝을 맺는다. 그가 지적한 비용·편익분석의 한계점에는 너무 많거나 너무 적은 생존자 수를 다루는 문제, 실업 효과, 작은 경제적 손실이 다수의 모집단에 미치는 영향, 강렬한 감정적 반응, 증분의 편의성 및 용이성과 같은 편익, 정보가 완전하지 못한 상황, 존엄성, 평등, 공정성처럼 계량화할 수 없는 개념들, 되돌릴 수 없는 손해를 야기할 수 있는 조치와 같은 문제 등이 있다.[17]

앞서 논의했던 통계적 생명 가치를 떠올려 보자. 일부 경제 전문가들은 사람들이 리스크를 줄이기 위해 기꺼이 지불하는 돈의 액수를 통계적 생명 가치로 추산한다. 이 방법에는 명백한 문제점이 있지만, 동식물 보호에 따르는 가치를 환산할 때도 자주 사용된다. 만약 어떤 생물종을 보호하는 데 돈을 지불할 의사가 전혀 없다는 결론이 나오면, 해당 종을 보호하는 데 따르는 가치는 비용·편익분석에서 '0'이 된다. 지불의사는 현재 설문 조사 대상이 되는 사람들의 우선순위이자 가치를 반영하는 것이지, 미래 세대의 우선순위와 가치를 반영하지는 않는다. 우리가 몇십 년 후의 미래로 가서 후손들에게 의견을 묻고 현재로 돌아올 수는 없는 노릇이기에 일반적으로 경제 전문가들은 비용·편익분석을 수행할 때 오늘날의 가치가 미래의 가치와 동일하다고 가정한다.[18]

그렇다면 현재의 우선순위를 사용하는 인간 중심 관점의 이런 한계점에 대해 잠시 생각해 볼 필요가 있다. 이 책은 인간의 관점에서 쓰이고 있다. 그 말인즉슨 인간이 아닌 다른 존재에 적절한 생명 가격표를 책정하는 것을 논의할 때에도 그 생명의 가치는 순전히 인간이 그 것을 어떻게 평가하느냐에 따라 달라진다는 말이다. 동물은 내재적 가 치를 지니지 않는다고 가정된다. 그러나 관점, 우선순위, 공정성에 대한 판단, 가치는 시간이 흐르면서 변화한다. 수백 년 전, 천 년 전은 말할 것도 없고 수십 년 전까지만 해도 용인되었던 많은 태도나 기준들이 오 늘날에는 편협하거나 용납할 수 없는 것, 심지어 야만적인 것이 되는 경 우가 많다. 동물의 생명을 인간 중심의 관점으로 가치를 매기는 일도 미 래 세대의 눈에는 마찬가지로 미개하게 비칠 수 있다. 후손들은 우리가 수백만 종의 동물들 중에 특히 판다, 북극곰, 개, 호랑이 같은 동물들을 왜 더 중요하게 여겼는지 의아해할지 모른다.

비용편익분석은 중요하게 고려해야 할 영향을 모두 계량화하거나 돈으로 환산할 수 없다는 점에서 내재적 결함을 지닌다. 이는 중요한 항목을 무시하거나 과소평가하는 결과로 이어지므로 매우 중대한 문 제이다. 영향을 계량화할 수 없거나(예. '새 규제로 테러 공격을 얼마나 막을 수 있을 것인가') 계량화한 것을 금전으로 환산하지 못하는 경우(예. '특정 인구의 삶의 질을 향상시키는 일은 어느 정도의 가치를 지니는가?'), 비용편익분 석이 쓸 수 있는 도구는 그리 많지 않다. 이런 경우에 분석가들은 손익 분기점 분석을 수행할 수 있다. 이 방법은 규제가 정당화되려면 편익이 얼마나 되어야 하는가를 계산한다. 손익분기점 분석은 순 현재 가치의 정확한 추산가가 아니라 편익의 역치를 산출하므로 규제 도입을 뒷받 침하기에는 근거가 빈약하다. 직관적으로 봐도 손익분기점 분석은 규제 가 갖는 영향력을 정확하게 정량화하고 정량화한 것을 다시 금전으로 환산하는 분석 방법에 비하면 분명 설득력이 훨씬 떨어진다. 이렇듯 증거로서 근거가 빈약하기에 중요한 영향이 금전으로 환산되지 않아 손익분기점 분석을 사용해야 하는 규제안은 비용편익분석으로 타당성을 입증할 가능성이 낮다.

비용편익분석의 절차에는 정밀한 민감도 분석이 반드시 포함되어야 한다. 민감도 분석은 할인율과 그에 따른 비용편익분석 결과처럼 다양한 핵심 모수와 가정 사이의 관계를 체계적으로 식별하는 일이다. 규제 기관은 투입에 대한 타당성 있는 다양한 가정을 검토한 후 분석을 통해 결과의 범위를 산출해 낸다. 규제 기관은 이러한 체계적인 민감도 분석을 통해 분석이 얼마나 탄탄한지를 보여 주고, 어떤 투입과 가정하에 규제안이 비용편익적 측면에서 정당화되고 정당화되지 않는지 식별할 수 있다.

식별되고 정량화된 잠재적 영향을 금전으로 환산했다면 이제는 시간에 따른 비용과 편익의 금전적 가치를 추산할 차례다. 비용이 발생하고 편익을 획득하는 정확한 시점은 매우 중요하다. 당신에게 두 가지 투자 옵션이 있다고 가정해 보자. 두 옵션 모두 1만 달러를 지불하면 1만 1000달러를 돌려받는다. 그러나 첫 번째 투자 옵션은 1만 1000달러를 10년 뒤에 돌려받고, 두 번째 옵션은 1년 뒤에 돌려받는다. 당연히 두 번째 옵션이 더 나은 선택이다. 10년을 기다리지 않아도 1년 후면 1만 1000달러를 받아 그 돈을 쓰거나 다시 투자할 수 있기 때문이다. 굳이 계산기를 두드리지 않아도, 첫 번째 옵션보다 두 번째 옵션을 선택했을 때 본래 투자한 1만 달러로 더 큰 이득을 얻는다는 사실은 분명해 보인다. 한눈에 직관적으로 알아볼 수 있긴 하지만, 여기서는 할인 개념을 사용하여 투자와 현금 흐름을 시간의 경과에 따른 비용 및 지출과 합당하게 비교하는 것이 중요하다.

할인이라는 개념은 비용편익분석부터 기업 재무 전망, 개인 투자 설계에 이르기까지 다양한 영역에 적용된다.[19] 할인은 금전적 비용과 편익이 오랜 시간에 걸쳐 배분되는 투자 옵션들을 비교하는 데 쓰이는 표준 기법이다. 비용편익분석에 할인을 적용하는 것은 분석 결과에 매우 중요하다.

할인은 우리가 적금으로 익숙한 '복리'의 반대 개념이다. 연이율 3퍼센트인 복리식 적금에 1000달러를 넣으면, 1년 후 원금은 1030달러로 불어난다. 원금 1000달러에 대한 이자로 30달러를 버는 것이다. 2년 후에는 1060.90달러가 된다. 다시 한번 원금 1000달러에 대한 이자 30달러가 발생하고, 첫 해에 벌어들인 이자 30달러에 대한 이자 0.9달러가 합쳐졌기 때문이다.

이러한 복리 적금의 논리로 생각하면 오늘 받은 1000달러가 1년 후에 받는 1000달러보다 더 가치가 크다는 사실은 분명하다. 지금 갖고 있는 1000달러는 당장 어딘가에 투자할 수 있기 때문이다. 이쯤 되면 1년 후에 받는 1000달러의 현재 가치는 정확히 얼마인지 궁금해진다. 복리에 사용했던 공식을 똑같이 사용하여 1년 후에 받는 1000달러를 3퍼센트의 할인율로 계산하면 오늘날 대략 970.87달러의 가치를 갖는다는 계산이 나온다. 현재의 980.87달러가 1년 후에 받는 1000달러라는 미래 현금 흐름의 현재 가치인 것이다.

예상 비용과 편익에 할인을 적용하면 오랜 시간에 걸쳐 일어나는 모든 현금 흐름을 현재 가치라는 단일 측량 단위로 표현할 수 있다. 할인은 화폐의 시간 가치를 표현하기 위해 미래 현금 흐름의 가치를 산술적으로 조정하는 것이다. 더 먼 미래를 이야기할수록 할인은 현재 가치에 더 큰 영향을 미친다. 앞서 들었던 예시처럼 연이율 3퍼센트의 복리로 할인율을 계산하면 1년 뒤에 받는 1000달러는 오늘날 대략 970달러의 가치를 지닌다. 같은 할인율을 적용하면, 10년 후에 받는 1000달러는 오늘날 대략 744달러의 가치를, 20년 후에 받는 1000달러는 약 554달러의 현재 가치를 지닌다.

일반적으로 말하자면 편익을 획득하는 시점이 더 먼 미래일수록 편익의 현재 가치는 낮아진다. 할인율 사용은 정책적으로 중요한 영향을 끼친다. 이를테면 할인율을 사용한다는 것은 "환경 재앙이 충분히 먼 미래에 발생하기만 한다면 경제를 완전히 끝장낼지 모를 그 재앙을 피하기 위해 현 세대가 지불해야 할 돈은 한 푼도 없다."는 사실을 암시하기 때문이다.[20]

할인율을 바꾸면 결과에 큰 차이가 발생한다. 우리는 앞서 1년 후에 수령하는 1000달러에 3퍼센트의 할인율을 적용하면 970.87달러라는 현재 가치를 지닌다는 사실을 확인했다. 그러나 할인율을 5퍼센트로 높이면 현재 가치가 대략 952달러로 하락한다. 할인율이 1퍼센트로 떨어지면 현재 가치는 990달러 정도가 된다. 현재 가치는 할인율에 매우 민감하다. 할인율이 높을수록 현재 가치는 낮아진다. 기간이 길면 길수록 할인율의 영향은 더 커진다. 적금 만기 시 지급되는 액수가 이자율과 돈을 예치해 둔 기간에 따라 달라지는 것과 유사하다. [표 1]은 10년, 50년, 100년 후에 받는 1000달러의 현재 가치를 할인율 1, 4, 7, 10퍼센트를 적용하여 계산한 것이다.

표 1. 현재 가치, 할인율, 향후 기간의 관계

할인율	향후 기간		
	10년	50년	100년
1%	905.29달러	608.04달러	369.71달러
4%	675.56달러	140.71달러	19.80달러
7%	508.35달러	33.95달러	1.15달러
10%	385.54달러	8.52달러	0.07달러

산술적으로 계산한 할인율을 보면 앞서 제시했던 두 가지 투자 옵션 중 직관적으로 낫다고 판단한 쪽이 실제로도 낫다는 사실을 확인할 수 있다. 이는 현재 이용할 수 있는 일정 양의 자산이 미래에 이용 가능한 같은 양의 자산보다 더 가치 있다는 일반적인 관념을 나타낸다.

할인율에 불확실성이 없는 것은 아니다. 가장 기본적인 문제 중 하나는 적절한 할인율을 고르는 일이다. 계산에 쓰일 수 있는 할인율은 여러 가지가 있지만, 모두 나름의 정당한 이유와 한계점을 갖고 있다.[21] 적절한 할인율이 무엇인지는 논란의 여지가 있기 때문에 선택한 할인율이 현재 가치에 어떻게 영향을 미치는지 주의를 기울여야 한다. 우리는 앞서 높은 할인율을 사용할수록 미래에 발생하는 편익의 현재 가치가 낮아진다는 사실을 확인했다. 이는 할인율이 높을수록 단기적 편익이 발생하는 규제안을 선택할 가능성이 높고, 장기적 편익만 발생하는 규제안은 선택 받을 가능성이 낮다는 사실을 의미한다. 더 간단히 말하면 할인율이 높을수록 판단이 단기적 이익에 치우치기 쉽다는 뜻이다.

가상의 화력발전소 ACME의 로비스트들은 더 높은 할인율을 사용할 것을 주장해서 더 깨끗한 대기의 질로 수십 년 동안 살릴 수 있는 생명과 사람들의 개선된 건강에서 얻는 편익이 낮은 할인율을 적용한 것보다 훨씬 더 미미하게 보이도록 만들었을 것이다. 그러나 규제 기관들은 규격화된 할인율을 사용하는 경향이 있어서 로비스트들이 할인율에 엄청난 영향력을 행사할 수 있는 것은 아니다.

기업 투자와 같은 재정과 관련된 결정에서 할인율의 적용은 기본이고 간단하면서도 꼭 필요한 일이다. 여러 개의 투자 선택지를 고민하고 있는 경우 비용편익분석을 수행할 때 할인율을 반영하면 비용과 편익이 발생하는 시기가 서로 다른 선택지들을 현재 가치라는 동일한 기준에서 비교할 수 있다. 할인을 무시하고 비용과 편익이 언제 발생하는지는 상관없이 단순히 비용과 편익만 계산하는 분석가들은 화폐의 시간 가치를 간과하게 된다. 이는 잘못된 답을 산출하는 일종의 산술적 오류라 할 수 있다.

기업 투자를 위한 의사 결정 과정에서 할인을 사용하는 것은 산술적으로 당연한 일이고 윤리적으로도 논란의 여지가 없다. 모든 비용과 수익을 현재 가치라는 하나의 단위로 변환하는 일 그 이상도 이하도 아니기 때문이다. 논쟁을 야기하는 부분은 우리가 현금 흐름이 아니라 인간의 생명을 이야기할 때다. 현재의 1000달러가 10년 후의 1000달러보다 더 큰 가치를 지닌다는 사실은 매우 명백하지만, 과연 오늘날의 1000명이 10년 후의 1000명보다 더 큰 가치를 지닌다고 말할 수 있는가? 규제 기관이 생존자 수라는 관점에서 규제의 편익을 측량하고 통계적 생명 가치를 입력하여 규제의 영향을 금전으로 환산하는 일은 구조되는 생명을 시간의 경과에 따른 편익으로 변환하고 돈으로 환산하는 일이다. 규제 기관이 이렇게 돈으로 환산한 생명 가치에 할인을 적용할 때는 단순히 투자 선택지를 비교하는 것이 아니라 일정 기간 예방할 수 있는 사망자 수의 현재 가치를 더 먼 미래에 예방할 수 있는 더 많은 사망자 수의 현재 가치와 비교한다. 화폐의 현재와 미래 가치를 생명의 현재와 미래 가치로 단순히 전환할 수는 없다. 그러나 생명 가격표로 생명 가치를 나타내고 거기에 또 할인을 적용하는 과정에서 이런 전환은 일상적으로 이루어진다. 인간 생명의 금전적 가치를 할인하는 데에 이런 문제가 있는데도 이런 요술과도 같은 계산법은 규제 기관의 의사 결정 과정에 자주 사용되며, 그 결과 누가 더 건강하게 장수하고 누가 더 때 이른 죽음을 맞이하는지를 좌우한다.

비용이 동일한 두 가지 규제안이 있다고 가정해 보자. 첫 번째 규제안은 도입 첫 해에 800명의 생명을 살리지만 두 번째 해부터는 살리는 생명이 없다고 추정된다. 두 번째 규제안은 도입 후 10년이 지나서 1000명의 생명을 살리지만, 그 이전과 이후에는 살리는 생명이 없는 것으로 추정된다. 당신이라면 어떤 규제안을 택하겠는가? 할인율 3퍼센트를 적용하여 비용편익분석을 수행하면 첫 번째 규제안이 더 나아 보인다. 그러나 1퍼센트의 할인율을 적용하면 두 번째 규제안을 선호하게 될 것이다. 생명을 살릴 수 있는 시점이 올해인지, 내년인지, 10년 후인지와 관계없이 모든 생명에 동일한 가치를 두려면 할인율 0퍼센트를 적용하면 된다. 0퍼센트를 사용하면 두 번째 규제안이 가져오는 편익이 명백하게 더 크다. 이런 0퍼센트 할인율은 모델링에 명확한 가정이 있을 때, 민감도 연구의 일환으로 쓰이거나 생명 가치 추정치가 할인율과

똑같은 비율로 증가할 때 사용된다.[22]

비용편익분석은 생명을 구하는 일과 관련된 편익에 0이 아닌 할인율을 적용함으로써 노골적으로 미래 세대의 생명 가치가 현 세대의 생명 가치보다 낮다고 가정한다. 이것은 위험한 가정으로, 자연스럽게 미래 세대의 이익이나 후생을 무시하는 근시안적인 결정으로 이어진다. 3퍼센트의 할인율에서는 오늘날 5000명의 사망이 100년 후 10만 명의 사망과 동일한 가치를 갖는다. 다시 말해 3퍼센트의 할인율을 적용하면 현 세대의 생명이 100년 후 후대의 생명보다 약 20배나 더 가치 있다는 말이 된다. 할인율을 높이거나 기간을 늘리면, 그 비율은 더 극단적으로 나타난다. 이러한 계산법은 할인율이 양의 값이면 편익이 상당히 먼 미래에 발생하는 규제안은 비용편익분석으로 정당화하기 어렵다는 일반적인 결론을 뒷받침한다. 먼 미래에 얻을 수 있는 편익의 현재 가치가 할인으로 인해 대폭 감소하기 때문이다.[23] 또 할인율은 미래 세대에게 중요한 일은 간과한 채 오로지 현 세대에 중요한 일만 대변한다는 문제도 있다.

통계적 생명 가치가 편익에 입력되고 나면 할인율의 문제를 완벽하게 해결할 수는 없지만, 몇 가지 합리적 해결 방법은 있다.[24] 바로 할인율에 대한 비용편익분석 결과의 민감도를 테스트하는 것이다. 민감도 분석의 표준 방식은 할인율에 다양한 변화를 주어 결과에 어떤 영향을 미치는지 확인하는 방법이다. 다른 하나는 일정한 할인율이 아니라 시간에 따라 감소하는 할인율을 사용하는 방식이다. 이 방식은 미래 세대의 생명이 현 세대의 생명보다 가치가 낮게 평가되는 문제를 완전히 제거하지는 못하지만, 이 문제의 영향력을 약화시킬 수는 있다.

돈으로 환산된 미래의 가치를 할인하여 각각의 비용과 편익을 현재 가치로 측량하고 나면, 이제 이 가치를 모두 더해 순 현재 가치를 얻는다. 큰 양의 값의 순 현재 가치를 지닌 규제안이 재정적으로 실현 가능하다고 평가되는 반면, 큰 음의 값의 현재 가치를 지닌 규제안은 선택될 가능성이 적다. 이러한 순 현재 가치는 산출 과정에 대한 상세한 설명과 함께 매우 정확한 추정치로 제시되는 경우가 많다.

　민감도 분석은 비용편익분석의 바탕이 된 중요한 모수의 값과 핵심 가정에 존재하는 불확실성이 어떻게 순 현재 가치에 영향을 주는지를 체계적으로 설명하는 것이라고 생각하면 된다. 민감도 분석은 결과에 영향을 미칠 수 있는 대단히 중요한 단계다. 투입 변수나 가정 중에는 매우 정확한 것들도 있지만 어떤 것들은 정보에 기반한 추측에 불과하기 때문이다. 민감도 분석에 사용되는 투입 변수와 가정의 범위는 불확실성의 정도에 따라 달라진다. 불확실성이 높을수록 그 적정 범위는 더 넓어진다.

　비용편익분석에서 0퍼센트, 3퍼센트, 5퍼센트 등등의 할인율을 적용할 때마다 순 현재 가치가 어떻게 변하는지 검토하는 것이 일반적인 민감도 분석 방식이다. 민감도를 통해 규제 기관들은 할인율이 비용편익분석 결과에 얼마나 중요한지 이해할 수 있다. 하지만 민감도가 현재 생명을 미래 생명보다 더 가치 있게 여기는 문제를 해결해 주지는 않는다. 이 문제를 해결하기 위해서는 두 가지 할인율을 검토하는 것이 권장되는데, 하나는 언제나 돈으로 환산되는 비용과 편익에 적용하는 할인율이고, 다른 하나는 생존자들의 생명이 이미 금전으로 환산되었을 때만 돈으로 환산된 편익에 적용되는 할인율이다.[25] 생명을 구하는 일과 관련된 편익에 사용되는 할인율은 0으로 고정되어야 한다. 그래야 미래 세대의 생명에 현 세대의 생명과 동일한 가치를 부여할 수 있기 때문이다. 민감도 분석은 항상 돈으로 환산되는 비용과 편익에 적용되는 할인율만 사용하여 수행되어야 한다. 이 방법이 실제 현금 흐름이 재정적 관점에서 적절하게 처리되도록 할 뿐만 아니라 미래 세대의 생명도 평가절하하지 않기 때문이다. 이런 방식의 비용편익분석은 장기 계획을 장려하고 먼 미래에 많은 생명을 살릴 수 있는 규제안을 선호한다.

지금까지는 할인과 관련된 문제를 집중적으로 논의했으나 통계적 생명 가치도 점검해 볼 필요가 있다. 통계적 생명 가치의 산출 방식에 대한 우려와 값의 범위가 너무 크다는 문제를 고려하면, 민감도 분석은 통계적 생명 가치의 추정치와 순 현재 가치 사이의 관계를 검토해야 한다. 규제 기관은 선택된 규제안의 순 현재 가치가 서로 다른 값의 통계적 생명 가치에 따라 변한다는 사실을 공개할 수 있다. 예를 들어 통계적 생명 가치의 기본 값을 25퍼센트, 50퍼센트 등으로 점차 높이면 순 현재 가치 결과 값이 어떻게 변하는지, 또 통계적 생명 가치의 기본 값을 25퍼센트, 50퍼센트 등으로 점차 낮추면 다시 순 현재 가치가 어떻게 변하는지 공개하는 것이다.

배기가스 규제안이 암으로 인한 사망 위험에 미치는 영향을 추정하는 일에는 상당한 불확실성이 있다. 따라서 새 규제로 살릴 수 있는 생명의 수와 생명을 살리는 시점을 정확하게 계산할 수 없다. 영향의 추정치에 내재하는 불확실성의 정도는 학술 문헌들을 통해 확인할 수 있는데, 이런 문헌들이 제공하는 정보는 분석에 사용되는 민감도의 범위를 잡는 데 유용하게 쓰인다.

비용편익분석에서 민감도 분석을 사용하여 검증해 볼 수 있는 투입 변수와 가정은 매우 많다. 따라서 순 현재 가치 산출에 가장 중요한 투입 변수와 가정에만 집중하는 것이 합리적이고 적절하다. 그러나 극단적 사례 분석을 수행하는 것도 유용하다. 극단적 사례 분석은 순 현재 가치 산출을 역전시킬 수 있는 (이를테면 처음에는 순 현재 가치가 음의 값인 것처럼 보였던 규제안을 양의 값의 순 현재 가치를 갖도록 만드는) 합리적 가정과 투입 변수의 조합이 있는지 확인하는 분석이다.[26]

비용편익분석의 목적은 순 현재 가치의 최대치를 지닌 대안을 가려내는 것이다. 선택된 규제안으로 인해 누가 가장 많은 혜택을 보는지, 누가 가장 적은 혜택을 보는지는 별로 관심이 없다. 화력발전소 사례를 예로 들면 발전소 인근이나 매연이 바람을 타고 흘러가는 쪽에는 가난한 사람들이 사는 경우가 많다. 그 결과, 가난한 사람들이 부유한 사람들보다 발전소에서 흘러나오는 오염 물질과 건강을 해칠 수 있는 위험 요소에 더 많이 노출된다.[27]

이러한 산출 방식에 공정성의 문제가 확실히 고려되지 않으면 비용편익분석은 사회경제적 불평등에 관한 문제를 간과하는 것은 물론 심지어 강화할 수도 있다. 공정성 문제는 저소득층이나 다른 취약 집단이 경험하는 비용과 편익을 다른 식으로 비교 검토함으로써 분석에 얼마든지 반영할 수 있다. 그러나 다른 집단을 다른 방식으로 비교 검토하는 일은 본질적으로 논쟁적인 문제다. 규제안에 공정성이 반영되도록 할 수 있는 더욱 투명한 방법은 고위험 및 저소득층과 같은 특정 인구 집단을 위한 비용 편익 추정치를 산출해 내는 것이다. 이렇게 수행된 비용편익분석에는 특정 인구 집단의 관점이 드러나며 그들의 비용과 편익만 산출된다. 인구를 특정한 분석 방법은 새 규제안을 통해 실제 혜택을 보는 것은 누구이며, 실제 돈으로든 목숨으로든 비용을 치르는 것은 누구인지 분명하게 보여 준다.

　규제 기관의 업무는 굉장히 고된 일이다. 고삐 풀린 자본주의가 야기할 수 있는 해악에 맞서 공익을 수호해야 하기 때문이다. 규제 기관들은 공정하고 실현 가능하며 현재 세계와 미래 세계를 동시에 보호할 수 있는 규제안을 만들어 내야 한다. 동시에 규제가 기업에 부당한 손해를 끼치지 않는다는 것을 증명해야 한다. 규제 기관의 업무는 엄격한 규정 하에 이루어지므로 규제 기관들은 비용편익분석이라는 방법을 통해 자신들이 선택한 규제안의 정당성을 입증해야 한다. 그러나 이제껏 확인했듯이 비용편익분석은 과도한 영향력이 뻗칠 수 있는 가능성과 잘못된 가정이 많고 편향성이 가장 낮은 분석에서조차 불확실성이 크다.

　선한 의도를 지닌 규제 기관들의 공익 수호라는 목표는 일부 산업계와 이익 집단들이 손쉽게 쓸 수 있는 실질적인 수단들을 생각하면 더욱더 어려운 일이다. 산업계의 특별 이익 집단들은 자신의 고객이 거두어들이는 이익을 극대화하려 한다. 대개 그들의 상품이 야기할 수 있는 피해와 관련된 비용을 무시하거나 정화 비용을 대중에게 전가하면서 규제를 최소화하려는 암묵적 또는 공개적 목표를 갖고 있다.

　일례로, 2012년에 환경보호국이 화력발전소의 수은, 비소, 산성 가스 배출을 제한하는 명령을 내린 뒤 허용 가능한 배출량을 결정하기 위해 분석을 실시했다. 그러자 발전소를 대표하는 산업계 이익 집단들과 절반에 가까운 미국 주들이 환경보호국을 상대로 소송을 제기했다.[28] 이 소송은 대법원으로 넘어갔고, 그곳에서 의견은 당파에 따라 명확하게 갈렸다.[29] 대법원은 환경보호국이 반드시 비용을 고려하여 분석한 후에 규제를 발표해야 한다는 판결을 내렸다. 환경보호국이 비용편익분석을 실시했더니, 새 규제가 매년 조기 사망을 1만 1000명까지, 천식 환자를 13만 명까지 예방할 수 있다는 편익 추정 결과가 나왔다. 이러한 편익의 금전적 가치는 370~900억 달러였는데, 이는 규제에 드는 비용에 비하면 매우 적은 액수였다. 하지만 환경보호국의 분석과 산업 로비스트들이 수행한 분석 결과는 매우 달랐다. 산업계 대표들은 규제의 혜택을 보는 사람들의 수가 훨씬 적고 그에 따라 편익의 금전적 가치도 연간 몇 백만 달러에 지나지 않는다고 추정했다. 환경보호국과 산업계 로비스트들은 동일한 규제에 대한 분석을 실시하고도 극명하게 다른 편익 추정치를 산출했던 것이다.

특별 이익 집단의 엄청난 영향력은 '규제 포획'으로 이어지기도 한다. 규제 포획이란 규제 기관이 공익을 위해 행동하지 않고 규제 대상인 산업계를 대리하는 이익 집단의 이익을 증대시켜 주는 정치 부패의 한 형태를 말한다.[30]

규제 기관은 행정부 고위직들의 영향을 크게 받기도 한다. 9.11 사태가 발생한 후 백악관은 뉴욕시의 공중 보건 위험에 관한 환경보호국의 성명, 특히 그라운드 제로 인근에 거주하거나 직장이 있는 주민들과 관련된 성명을 검토하고 일부 문구를 수정했다.[31] 사람들을 안심시킬 수 있는 문구가 추가되었으며, 천식 환자, 노인, 기존에 호흡기 질환이 있던 사람들에게 전하는 경고 문구는 삭제되었다.[32] 이처럼 진상을 은폐하려 했던 이유는 월스트리트를 재개장하기 위해서였다. 그라운드 제로 근처에 살거나 일하는 사람들의 건강을 보호하는 일은 그다지 중요하지 않은 듯했다. 생명과 돈을 맞바꾼 또 하나의 사례였다.

4장 생명 가격표가 수돗물의 수질을 결정한다?

이러한 사례들은 비용편익분석의 많은 문제와 결함들을 보여 준다. 비용편익분석은 제도를 자신들에게 유리하게 조작하려는 이해 당사자들의 영향을 받기 쉽다. 비용을 과대평가하고 편익을 과소평가하는 산업계 대표들과, 반대로 비용을 과소평가하고 편익을 과대평가하려는 시민 단체들 때문에 정치화되기도 한다. 이러한 현상을 완곡한 표현으로 '전략적 편의'라고 부른다. 산업 로비스트들이 정부에 휘두르는 힘을 감안하면, 공익 옹호 단체들과 소비자 감시 단체들은 비용편익분석의 상세 내용을 철저하게 감시해야 한다. 일반적으로 산업계는 엄청난 자원을 투입해 비용편익분석에 영향력을 행사하려 한다. 이들의 목표는 비즈니스 모델의 부정적 외부 효과를 무시하면서 단기적 이익을 극대화하고 규제를 최소화하는 것이다.

비용편익분석의 한계점은 매우 많지만 그래도 이 방법을 지지하는 사람들은 최선의 방법을 객관적으로 선택할 수 있는 도구라고 주장한다. 내재적 결함에도 불구하고 비용편익분석은 계속해서 표준 도구로 사용될 것이기에 우리는 분석 방법의 한계점은 물론 분석이 어떤 식으로 사용되는지 또 어떤 식으로 남용되는지 반드시 이해해야 한다. 산업계 대표들과 규제 기관들이 부정한 짓을 저지르지 않도록 하기 위해 적어도 공익 옹호 단체와 소비자 감시 단체들은 이 장 초반에 논의된 비용편익분석의 쟁점과 한계점을 잘 알고 있어야 한다. 비용편익분석의 상세한 절차와 내용을 잘 이해하고 있으면 비용편익분석이 좀 더 공정한 결과를 가져오는 규제를 선택하는 데 사용되도록 유도할 수도 있다.[33] 의견을 개진할 수 있는 기회는 일반 대중에게도 열려 있다. 행정명령 13563호에 따르면 "정부 기관들은 실현 가능하고 적절하다고 판단될 때 정책의 영향을 받을 가능성이 있는 사람들의 의견을 구해야 한 다."라고 명시하고 있기 때문이다.[34]

비용편익분석의 결함 중 하나는 통계적 생명 가치를 가장 중요한 투입 변수로 사용한다는 사실이다. 이제껏 확인한 것처럼 이 생명 가격 표에는 엄청나게 많은 이론적, 실질적 문제가 따른다. 그러나 통계적 생 명 가치의 추정치가 웬만한 사람들의 기대 소득보다 훨씬 높은 액수라 는 장점이 있어 평균적인 재정적 영향을 기준으로 비용편익분석을 수 행한 경우보다 통계적 생명 가치를 사용한 편익이 훨씬 높게 나타난다.

비용편익분석이 지닌 또 다른 결함은 통계적 생명 가치가 실제로 는 위험이 증가하는 순간이 아니라 사망이 발생하는 순간을 의미하는 데 쓰인다는 점이다. 이는 통계적 생명 가치가 본래 사망 자체가 아니 라 사망 위험의 증가를 의미한다는 사실을 간과하는 것이다. 이와 같은 의미 변경은 실제 결과에 큰 영향을 미친다. 통계적 생명 가치가 본래 뜻과 다르게 사용되면서 편익이 먼 미래에 발생한다는 결론이 나오는 데다가 할인이 적용되면 그 크기마저도 급격히 작아지는 문제가 발생 한다.

세 번째 결함은 할인이 적용되는 방식이다. 통계적 생명 가치가 입 력되고 나면 인간의 생명은 돈으로 환산된다. 이렇게 돈으로 환산된 생 명은 마치 복리가 적용되는 금융 투자 상품처럼 취급된다. 인간의 생명 가치에 할인을 적용하면 미래 세대의 생명이 현 세대의 생명보다 가치 가 낮게 평가되는 결과로 이어진다.

네 번째 결함은 비용편익분석에 내재되어 있는 문제로, 정량화할 수 없거나 돈으로 환산할 수 없는 중요한 요소들이 자주 간과되거나 그 영향력이 미미하다는 점이다.

다섯 번째 결함은 비용 요소가 상대적으로 명확하고 과장되는 경우가 많은 반면 편익 요소들은 불명확하고 과소평가되는 경우가 많다는 점이다.

여섯 번째 결함은 공정성을 고려하지 않는다는 점이다. 새로운 규제가 도입되면 가장 많은 혜택을 누리는 이는 누구이고, 가장 큰 손해를 입는 것은 누구인지에 대해 관심을 두지 않는다.

일곱 번째 결함은 악용의 소지가 있다는 점이다. 이는 규제안에 대한 비용 및 편익의 추정치가 분석을 수행하는 주체의 이해관계에 따라 크게 달라진다는 사실로 입증된다.

나는 비용편익분석을 버리자고 주장하는 것이 결코 아니다. 어마어마한 비용을 부담하면서 실효는 거의 없는 규제가 도입되는 것을 막으려면 규제의 비용과 편익을 따져 볼 수 있는 절차가 필요하다. 정부는 일반 시민들이 적절히 보호되고 산업계가 큰 타격을 입지 않을 것임을 분명히 하기 위해 새로 도입되는 규제가 왜 필요한지 설명해야 할 의무가 있다. 이는 단지 환경이나 교통 규제책뿐만 아니라 정부의 모든 사업과 지출에 해당하는 이야기다. 정부는 정부가 진행하는 모든 비용편익분석에서 최대한의 투명성을 보장해야 한다. 이를 위해서는 분석에 사용된 가정과 민감도 분석을 외부에서 쉽게 검토할 수 있도록 공개해야하며, 가능한 한 공정성이 고려되었는지도 확실하게 검토해야 한다. 동시에 규제를 통해 산업계가 재정 부담을 대중에게 떠넘기지 않고 운영비용을 스스로 지불할 것을 보장해야 한다.

군비 지출부터 항공 보안에 이르기까지 정부의 여러 정책 결정과 투자가 환경 규제 수준의 검토 과정을 거쳐야 한다고 상상해 보자. 우리는 그동안 산업계의 수익성에 영향을 미치는 정부 규제에 관해서는 상세하고 열띤 논쟁을 많이 경험해 왔으나, 정작 국가 안보와 관련된 규제는 특별한 분석 없이 쉽사리 도입되는 것을 자주 본다. 군비나 방위비 지출에 대한 근거를 마련하는 데 있어서는 얼마나 많은 생명을 살릴 수 있는지 또는 살려야 하는지에 관한 연구가 거의 이루어지지 않는다. 어떤 사람들은 이것이 이런 비용의 편익을 산술적으로 계산하기 어렵기 때문이라고 주장하지만, 그런 주장은 다른 비용이나 규제에도 해당된다. 또 어떤 사람들은 국가 안보에 대한 투자는 국가 존속을 위해 절대적으로 필요한 일이므로 비용편익분석의 대상이 되어서는 안 된다고 주장한다. 냉소적인 사람들은 국가 안보 비용에 대한 검증 정도가 상대적으로 약한 것이 미국 군산복합체의 영향력, 방위 산업과 정부 관료들의 끈끈한 유대 관계 때문이라고 주장할 것이다.[35]

이유가 무엇이든, 대부분의 정부 기관에는 비용이나 예상 생존자 수, 예상 사망자 수와 상관없이 행동할 수 있는 권한이 있는 것이 현실이다. 동시에 환경보호국이나 연방항공청과 같은 정부 기관들은 새로운 규제를 도입하기 전에 수많은 기술적, 실질적 한계점이 있는 상세한 비용편익분석을 실시할 의무가 있다.

그러나 지금껏 지적한 모든 결함에도 불구하고 비용편익분석은 분석에 사용된 투입 변수와 가정을 명확하게 공개할 수밖에 없다는 장점이 있다. 이로 인해 일정 수준의 투명성과 결정에 대한 책무성이 담보된다. 그뿐만 아니라 독립된 검토 위원회가 분석 결과를 검토할 수 있다. 추산치에 영향을 미치는 주요 투입 변수에 대한 민감도 분석도 반드시 항상 수행되어야 한다. 할인율에 따른 분석 결과의 민감도를 연구하는 표준적 관행은 생존자 수와 관련된 할인율을 '0'으로 설정하고 현금 흐름에 대해 각기 다른 할인율을 적용하는 것의 영향을 연구하는 데까지 확장되어야 한다. 미래 세대의 생명을 현 세대의 생명과 동일한 가치로 평가하고 현금 흐름을 적절하게 처리하면, 분석가들은 비용편익분석의 결과를 공개할 수밖에 없을 것이다.

정량화하기 어렵거나 돈으로 환산되지 않는 편익들을 쉽게 간과하지 않도록 이러한 편익들을 면밀하게 검토하는 표준적 관행도 필요하다. 공정성에 대한 검토도 어쩌다 한 번씩 이루어지는 부가적 절차가 아니라 분석의 핵심 단계가 되어야 한다.

비용편익분석의 객관성, 타당성, 합리성을 과대평가해서는 안 된다. 분석을 수행하는 사람들의 선호와 성향에 따라 순 현재 가치가 크게 달라질 수 있기 때문이다. 이런 형태의 분석을 수행하고 보고하는 사람들은 미디어와 일반 대중에게 비용편익분석이 정밀한 과학적 방법이라는 잘못된 인상을 심어 주지 않도록 정직하고 겸허한 태도로 임해야 한다.

비용편익분석은 기업 내 재정 전문가들 사이에서도 사용되는데, 분석의 관점과 범위가 다르며 이들이 수행하는 비용편익분석은 보통 '재무 분석'이라고 부른다. 다음 장에서는 기업이 인간 생명 가치를 측정하는 방법의 매우 다른 두 가지 측면인 비용편익분석과 노동시장에 대해 논의한다.

5장 기업은 인간의 생명으로 이윤을 극대화한다?

ULTIMATE PRICE
The Value We Place on Life

　　1960년대 후반, 포드 사는 핀토라는 이름의 저가 모델 자동차를 미국 시장에 내놓기로 결정했다. 출시일을 맞추려면 디자인부터 유통까지 시간이 빠듯했기 때문에 생산을 서두르다 문제가 발생하고 말았다. 포드가 진행한 충돌 테스트에서 핀토가 당시 미국의 도로교통안전국이 충돌 사고 시 화재 발생을 줄이기 위해 마련 중이었던 안전기준을 충족하지 못했던 것이다. 이 기준은 1972년에 도입될 예정이었고, 그 말인즉슨 그다음 해부터 안전 수준이 더 강화된다는 의미였다. 당시 충돌 테스트를 통해 밝혀진 또 다른 사실은 핀토 디자인에서 연료 탱크에 고무 부품을 추가하는 것 같은 몇 가지만 간단히 수정해도 앞으로 도입될 도로교통안전국 기준에 충분히 부합하는 안전한 차가 된다는 사실이었다.

　　포드는 도로교통안전국에 제출할 비용편익분석을 준비했다. 포드 핀토 문서(Ford Pinto Memo)라고도 알려진 이 분석은 특히 규제 기관이 새 안전기준을 도입하지 못하도록 하려는 의도를 품고 있었다. 포드는 비용편익분석을 통해 핀토의 디자인을 수정하여 더 안전한 제품을 출시하는 옵션과 그대로 차를 출시하는 옵션(부상과 사망의 증분 비용 포함)을 금전으로 환산했다.[1,2]

　　기업(위의 경우는 포드)이 수행하는 비용편익분석은 생명 가격표를 사용해 사람의 부상이나 사망을 초래할 수 있는 중요한 비즈니스 의사 결정을 평가하는 데 쓰인다. 기업은 사업 비용과 구할 수 있는 생명의 수 사이에서 최적의 절충 값을 찾음으로써 수익을 극대화하려고 한다. 피고용인의 시간과 돈의 명시적 교환이 이루어지는 노동시장은 기업들이 어떻게 생명의 가치를 평가하는지를 들여다볼 수 있는 또 다른 창이다. 노동시장은 매우 다양한 노동 조건을 망라하는데, 양극단에는 각각 노예와 자유의지를 지닌 피고용인이 있다. 이런 다양한 조건과 상황 속에서 모든 노동자의 시간에는 각기 다른 가격표가 매겨지는데, 이 가격표는 매우 불공정한 성질을 띤다.

비용편익분석을 활용한 비즈니스 의사 결정

　　규제 기관과 이윤을 추구하는 기업 모두 비용편익분석을 수행하지만, 이들의 비용편익분석 방법에는 큰 차이가 있다. 규제 기관은 사회적 비용편익분석을 수행하므로 사회 전체가 지불해야 하는 총 비용

(직접 비용과 외부 비용)을 반드시 고려해야 한다. 기업은 자신들의 수익에 초점을 맞춘 사적 비용편익분석을 수행한다. 기업의 비용은 손익계산서에 나타나는 직접 비용으로만 한정되기 때문에 기업의 비용편익분석은 특히 해당 기업의 관점에서 이루어진다. 기업이 아니라 사회가 부담하는 비용을 외부 비용이라고 부르는데, 기업이 수행하는 비용편익분석에서는 이 외부 비용을 무시한다. 비용편익분석은 기업의 의사 결정 과정의 본질적 요소로서 분석을 수행하는 전문가들은 여러 대안에서 최선의 전략을 선별하여 기업의 이윤 극대화를 돕는 임무를 맡는다.

당신이 자동차 제조 회사의 간부라고 상상해 보자. 회사에서 생산하는 차종 하나에 디자인 결함이 있는데, 이 결함 때문에 일반적인 교통사고에서도 화재가 발생할 가능성이 높다는 자료를 보았다. 의사 결정자인 당신은 해당 차종에 대한 리콜을 명령하여 문제점을 수정할지, 사망이나 부상을 야기할 사고 가능성을 알면서도 문제를 외면할지 결정해야 한다. 리콜을 시행하면 잠시나마 언론의 부정적 보도가 있을 것이고 사람들은 당신 회사의 차 구매를 꺼려할 것이어서 단기 이익에 악영향을 줄 것이다. 디자인 결함을 무시하면 향후 소송을 당할 가능성이 있고 회사의 명성은 큰 타격을 입을 것이며 무고한 사람들을 죽음에 빠뜨릴 수 있다.

이윤 추구가 목표인 기업이 공익을 위해 존재한다고 믿는 것은 순진한 생각이다. 기업은 재화와 서비스를 제공함으로써 이윤을 추구한다. 대부분의 경우 고객의 삶을 개선하는 목표를 갖고 있긴 하지만, 어쨌거나 이들의 근본적인 존재 이유는 돈을 버는 것이다. 이는 영리 목적의 기업들을 비난하려는 것이 아니라, 기업의 우선순위가 무엇인지 상기시키고자 함이다. 이렇듯 기업에 가장 중요한 목표를 생각하면, 기업이 생명의 가치를 평가하고 인간 보호와 관련된 의사 결정을 할 때 수익성을 무시하기를 기대하는 것은 비현실적이다. 기업이 모두 맹목적으로 이윤만을 좇는 냉혹한 조직이라는 의미가 아니다. 이들도 때로는 수익 중심적인 결정이 아니라 임원들의 윤리적 기준에 의거한 의사 결정을 내린다. 그러나 매번 수익성을 고려하지 않는 결정을 내린다면 머지않아 시장에서 도태될 것이다.

어떤 사람들은 자동차 회사가 운전자, 승객, 보행자들을 해할 수 있는 모든 잠재적 위험을 제거하는 데 투자해야 한다고 생각할지 모르지만, 그것은 순진하고도 비현실적인 생각이다. 영리 목적의 기업이 가장 중요하게 여기는 것이 무엇인지는 말할 필요 없이 명백하지만, 기업이 수행하는 비용편익분석의 상세 내용이 공개되면 민사소송의 배심원은 물론 일반 대중의 격렬한 비난을 불러일으키는 경우가 많다.

사고, 부상, 사망의 위험을 크게 증가시키는 문제들은 자동차 회사의 명운을 가를 수 있는 중대한 문제다. 그렇다면 그 위험성이 얼마나 증가해야 기업은 리콜과 같은 조치를 취할까? 모든 결함과 문제에 대해 매번 리콜을 실시한다면 그 어떤 자동차 회사도 경영을 지속할 수 없을 것이다. 기업이 충분한 정보를 바탕으로 의사 결정을 내리는 방법 중 하나는 비용편익분석을 실시하여 적어도 두 가지 시나리오의 순 현재 가치를 비교하는 것이다. 위와 같은 사례에서 두 가지 시나리오란 구조적으로 결함이 있는 차종을 리콜하는 것과 문제를 해결하지 않고 넘어간 뒤 훗날 합의금과 과징금을 지불하는 것이다. 물론 자동차 회사는 비용편익분석에 유용하게 사용할 수 있는 안전장치에 대한 고객들의 지불 의사 정보나 다른 시장 조사 결과를 가지고 있다.

이 두 가지 시나리오를 비교하는 일은 배기가스 조정 규제의 순 현재 가치를 검토했던 환경보호국의 분석과 유사한 절차로 진행된다. 그러나 앞서 지적했던 대로 여기에는 중요한 차이점이 있다. 바로 자동차 회사는 자신들의 수익과 비용에 초점을 맞추어 비용편익분석을 수행한다는 사실이다. 이는 자동차 회사의 목표가 소유주를 위한 재무 수익 창출에 집중되어 있다는 사실을 잘 보여 준다. 기업이 진행하는 비용편익분석의 중요한 두 가지 단계는 시간의 흐름에 따라 영향을 계량화하는 일과 그 영향을 금전으로 환산하는 일이다. 영향을 계량화하기 위해서는 문제가 된 차의 구조적 결함 때문에 발생할 것으로 예상되는 사고, 부상자, 사망자의 수를 시간의 흐름에 따라 추산해야 한다. 예를 들어 회사의 추산에 따르면 해당 결함 때문에 매년 10명의 부상자와 5명의 사망자가 발생한다고 하자. 이렇게 정량화된 영향을 금전으로 환산하려면 각각의 부상 사고, 사망 사고가 발생할 때 드는 비용을 계산한다. 이렇게 해서 나온 비용은 훗날 회사가 민사소송에 휘말려 유죄판결을 받았을 때 지불해야 하는 금액에 가장 근접한 추산치가 된다. 여기에 판매 손실액 추정치와 부정적인 여론으로 회사의 명성이 실추되어 발생할 손해 비용 추정치도 더해진다.

자동차 회사는 유사한 사례들을 샅샅이 뒤져 조사할 연구자들을 고용하여 회사에 유죄 선고가 내려지는 경우 불법행위로 인한 사망 사고 피해자에게 매겨질 생명 가격표의 합리적인 액수를 추산한다. 그러나 합의로 끝난 소송은 대부분 기밀에 부쳐지므로 이런 조사로는 유사한 사례의 대략적인 발생 건수만 알 수 있을 뿐이다. 따라서 연구자들이 매우 제한적인 샘플로 추산한 생명 가격표가 편향될 수 있다고 우려하는 것도 일견 타당하다. 자동차 회사가 생명 가격표를 추산하는 데 필요한 정보를 얻을 수 있는 또 다른 방법은 모의재판을 진행해 보는 것이다. 모의재판은 대개 실제 재판정과 똑같이 꾸며진 방에서 진행하는데, 고용된 변호사들이 피고와 원고 양측을 모두 맡고 통계 전문가들이 모의 배심원단의 판결에 영향을 미치는 요소들을 분석한다.[3] 모의재판은 배심원단의 판결에 영향을 미치는 요소들이 무엇인지 식별하는 데는 유용한 편이지만, 모의재판에서 나오는 보상금 판결은 실제 소송에서 결정되는 보상금의 금액과는 다른 경우가 많다.

　사람의 건강 또는 목숨이 위험해지는 문제와 관련된 비용편익분석에서 기업은 인간 생명에 가격표를 책정한다. 사람이 다치거나 죽는 일로 발생되는 비용은 물론 브랜드 정체성 관련 요소, 리콜을 실시하든 안전 문제를 무시하든 향후 자동차 판매에 미칠 수 있는 부정적 영향, 규제 기관에서 부과할 과징금을 놓고도 비교 검토한다. 최종 결정이 이루어지기 전에는 민감도 분석을 실시해야 한다. 기업이 수행하는 민감도 분석도 대중에게 가해지는 위험, 생명 가격표와 같은 주요 가정에 따라 가치가 어떻게 달라지는지를 연구하고 그에 따른 순 현재 가치가 얼마인지 계산하는 규제 기관의 민감도 분석과 유사하다. 생명 가격표 추산치(위의 경우 자동차 회사가 피해자 1인당 지불해야 할 것으로 예상되는 금액)가 높을수록 자동차 회사는 즉각적으로 리콜을 시행하여 생명을 보호하고 향후 소송에 따른 비용 지출을 피하려 할 것이다. 그러나 생명의 가치가 낮게 평가될수록 자동차 회사는 구조적 결함을 무시하고 훗날 합의금과 과징금을 얼마나 지불해야 할지 그냥 두고 보기로 할 것이다. 생명의 가치가 낮게 평가되면 생명이 제대로 보호 받지 못하는 또 다른 사례라 할 수 있다.

지금껏 이야기한 자동차 회사는 단순한 이론적 사례가 아니다. 안 전장치에 더 많은 투자를 할 것인지, 기술적인 문제를 고칠 것인지 하는 문제들은 자동차 회사를 비롯하여 위험을 야기할 수 있는 제품을 만드는 모든 회사들이 항상 마주하는 문제다. 경차 핀토와 관련된 포드 사의 이야기는 기업 윤리를 보여 주는 전형적인 사례로, 기업이 생명 가격표를 의사 결정 과정에서 어떻게 사용하는지 잘 보여 준다.[4]

안전을 강화하기 위해 핀토의 디자인을 수정했다면 디자인과 생 산에 추가 비용이 발생하고 제품 출시가 지연되었을 것이다. 그리고 결 과적으로 외국 경쟁사들에게 국내 시장 점유율을 빼앗아 갈 시간을 벌 어다주었을 것이다. 핀토의 디자인을 수정해서 출시했다면 곧 도입될 안전기준을 충족함에 따라 사람의 생명을 위험에 빠뜨리는 일도 줄었 을 것이다. 반면 차를 고치지 않고 그대로 출시했다면 회사는 단기적으 로 돈을 절약할 수 있었겠지만 향후 비용을 지불하게 될 가능성이 증가 했을 것이다. 구조적 결함이 있는 자동차 때문에 고통 받은 사람들(예방 가능한 부상을 입은 피해자나 불필요한 죽음을 맞이한 피해자의 유가족들)은 포 드를 상대로 손해배상을 청구했을 것이다. 규제 기관은 안전 문제를 적 절하게 공개하고 해결하지 않은 포드에게 과징금을 부과했을 것이다. 포드라는 브랜드는 부정적인 여론으로 큰 타격을 입었을 테고, 이는 포 드가 제조하는 다른 차종의 판매에 영향을 주었을 것이다. 또 도로교 통안전국의 새 규제가 통과되면 새 안전기준을 충족시켜야 했기 때문 에 어쨌거나 문제점을 고쳐야 했을 것이다. 정리하자면 당시 포드는 시정 조치로 인한 즉각적인 비용을 부담하고 문제의 차량들을 수리할지 아니면 리콜을 미루고 향후에 합의금과 다른 비용을 지불할지 결정해야 하는 선택의 기로에 놓여 있었다.

포드의 계산에 사용된 중요한 투입 변수에는 디자인 수정에 드는 비용, 출시 지연이 미칠 영향, 사고, 사망, 부상들이 추가적으로 발생할 위험, 생명 가격표가 포함되어 있었다. 특히 생명 가격표의 경우 포드는 모의재판과 기존 합의금 외의 정보를 참고했다. 당시 대부분의 연방정부 기관들은 1인당 35만 달러라는 생명 가격표를 사용하고 있었으나, 도로교통안전국은 1인당 20만 달러, 화재 사고로 화상을 입은 피해자에는 6만 7000달러를 적용하고 있었다.* 포드는 더 낮은 금액을 사용하여 차체 결함을 수정할 때 발생할 것으로 예상되는 편익을 축소시켰다. 포드가 차 한 대를 수리하는 데 드는 비용으로 추산한 값은 11달러였다. 훗날 타이어 회사인 굿이어를 비롯한 다른 기업들이 추산한 수리 비용은 그 절반밖에 되지 않았다. 더 높은 수리비 단가를 선택함으로써 디자인 결함을 수리하는 데 드는 비용을 더 높게 추산한 것이다. 당연히 포드는 총 수리 비용이 생명을 구함으로써 발생하는 경제적 편익을 훨씬 초과하므로 시정 조치를 시행하지 않는 편이 재무적 측면에서 현명한 선택이라고 결론 내렸다.[5]

1974년에 미국 비영리 소비자단체인 자동차안전센터(the Center for Auto Safety)가 도로교통안전국에 핀토의 리콜을 요구하는 청원을 제출

---

* 포드 사의 핀토 사례에서 보고된 금액은 모두 1972년 당시 달러 가치로, 현재 가치로 변환되지 않은 수치다.

했지만 포드는 아무런 조치도 취하지 않았다. 그러다 1977년에 《마더
존스》〔진보 성향의 격월간지〕가 핀토를 혹독하게 비판하는 기사를 내면
서 전국적인 관심이 쏟아지자, 1978년에 포드는 도로교통안전국의 시
정 명령보다 앞서 리콜을 실시했다.

　많은 미국인에게 이 사건은 인간의 생명이 어떻게 돈으로 환산되
고 일부 기업이 인간의 죽음을 어떻게 사업 비용으로 취급하는지 분명
하게 보여 주는 첫 사례가 되었다. 미국인들은 대개 자신들의 생명에 일
상적으로 가격표가 매겨진다는 사실을 모른 채 살아가기에 핀토 사례
와 같은 기업 행위를 알게 되면 큰 충격을 받는다. 게다가 미국 미디어
의 뉴스 사이클이 매우 짧은 탓에 인간의 죽음이 사업 비용으로 취급
되는 사례들은 대중의 머릿속에서 빠르게 잊힌다. 포드가 인간 생명에
실질적인 금액을 매겼다는 사실은 생명의 경제적 가치에 대한 일반 대
중의 관심을 촉발시켰다. 인간의 생명이 어떻게 돈으로 환산되고 이런
생명 가격표가 어떻게 사용되는지에 대한 대중의 관심과 우려가 생겨
나면서 그러한 행위에 대한 철저한 검토와 연구도 더욱 활발해졌다.

　포드는 인간 생명이 사회에 가져다주는 경제적 가치에 대한 이론
적 추산에는 관심이 없었다. 포드의 관심사는 오로지 희생자가 생길
때마다 지불해야 할 보상금의 액수였고, 그들이 최종적으로 추산한 예
방 가능한 사망에 대한 금액은 1인당 20만 달러였다. 그러나 훗날 민사
소송에서 확정된 손해배상금은 포드의 추산가를 훨씬 뛰어넘었다. 그
림쇼가 포드 사를 상대로 제기한 소송에서 캘리포니아주 항소 법원은
포드 사에 보상적 손해배상금 250만 달러와 징벌적 손해배상금 350만
달러에 대한 지불 명령을 확정지었다.[6]

그렇다면 1972년에 도로교통안전국이 제출할 예정이었던 규제안은 어떻게 되었을까? 포드와 다른 자동차 기업들의 로비로 도로교통안전국의 충돌 기준법은 1978년이 되어서야 도입되었다. 이렇듯 자동차 산업계는 정부에 대한 자신들의 집단적 영향력을 행사하여 개선된 안전기준의 이행 시기를 늦춤으로써 단기적 이윤을 확대했다. 더 엄격한 규제 이행을 지연시키는 일이 포드에게는 재무적으로 합리적인 선택이었을지 모르지만, 그로 인해 더 많은 사람이 부상을 입거나 사망하는 결과를 낳았다.

다른 많은 산업들과 마찬가지로 자동차 산업계의 로비 활동은 포드에게 투자에 대한 높은 수익을 창출해 주었을 것이다. 1977년 《마더 존스》의 기사가 대중의 관심을 자극하지 않았다면, 포드가 비용편익분석에 사용한 의문스러운 가정 때문에 더 많은 생명이 희생되었을 것이다. 결국 포드는 손해배상금을 지불해야 했을 뿐만 아니라 브랜드의 명성에도 큰 타격을 입었고, 핀토는 기업 윤리 수업에서 사용될 만한 교과서적인 사례가 되었다. 《마더 존스》의 기사가 발표되고 1년 후, 회장 헨리 포드 2세는 당시 사장이었던 리 아이어코카를 해고했다.[7]

포드의 핀토가 이례적인 사례는 아니다. 도요타, 폭스바겐, 제너럴 모터스와 같은 유명 자동차 기업들도 최근 불필요한 위험과 사망 사고를 일으킨 불량 부품 차량 리콜을 서둘러 하지 않아 언론의 비판과 법무부의 조사를 받았고 수많은 송사에 휘말렸다. 다른 산업계에서도 기업들은 언제나 안전과 이윤, 인간 생명의 가치 사이에서 균형 잡힌 선택을 하지만, 기업들은 단기 이익 창출을 위해 움직이고 때로는 이를 위해 사람의 생명을 희생시키기도 한다. 비용편익분석에 사용되는 중요한 투입 변수와 가정은 대부분 다양한 수준의 불확실성을 갖기에 분석을 수행하는 전문가들이 자신들의 동기와 목적에 따라 다른 결론을 도출할 여지가 많다.

수십 억 달러짜리 기업들은 결코 순진하지 않으며, (가장 재산이 많은 부자들을 제외하면) 세상 누구보다 많은 가용 자산과 큰 정치적 힘을 갖고 있다. 기업들은 대개 자신들의 선택지를 식별하여 비용과 편익을 계산한 뒤 획득한 모든 정보에 근거하여 의사 결정을 내린다. 포드 사의 핀토 사건이 있은 지 대략 40년이 지난 지금도 자동차 기업의 간부들은 회사의 순이익을 지키기 위해 향후 자신들이 생산하는 제품이 야기할 부상이나 사고로 지불할 보상금이 얼마나 되는지 추측하고 있다.

제너럴 모터스의 경우에는 2005년에 리콜을 제때 하지 않은 엔진 점화장치의 불량 스위치 때문에 100건이 넘는 사망 사고가 났다는 법무부의 조사 결과가 있었다.[8] 더 크게 문제가 되었던 점은 2003년에 제너럴 모터스의 내부 엔지니어들이 이 결함을 이미 발견했다는 사실이었다.

도요타는 자사 자동차의 액셀러레이터에 문제가 있다는 사실을 인지하고 있었을 뿐 아니라 관련 자료까지 은폐했다. 문제를 인지한 순간부터 시정 조치를 시행한 순간까지 모든 사실을 알면서도 부상과 사망 사고가 일어나도록 그냥 방치했던 것이다. 도요타는 범법 행위를 인정하고 손해배상금으로 12억 달러를 지불하는 데 동의했다.[9]

폭스바겐은 환경 파괴, 인간 생명과 수익성을 맞바꾸는 결정을 내렸다. 폭스바겐은 자사의 경유 차종들이 배기가스 테스트를 통과할 수 있도록 특별한 소프트웨어를 설치했다. 폭스바겐이 설치한 소프트웨어는 차가 실험실을 나가는 순간 배기가스 차단 장치를 해제하도록 프로그램되었고, 실제 해당 차종들은 허용 수준의 최대 40배에 이르는 배기가스를 방출한 것으로 밝혀졌다.[10] 약 1100만대에 이르는 경유차가 이런 식으로 설계되어 배기가스 테스트를 통과했다.[11] 폭스바겐의 이런 사기극이 야기한 환경 파괴와 건강에 미치는 영향은 상당할 것으로 예상된다.

각각의 사례에서 포드, 도요타, 제너럴 모터스, 폭스바겐 같은 자동차 기업들은 기업의 이윤 증대라는 특정 목적을 실현하기 위해 알면서도 인간의 건강과 생명을 위험에 빠뜨렸다. 수십 억 달러의 자산을 보유한 이런 기업들은 비용편익분석을 수행하여 기업의 경영 방향을 제안하는 분석가들을 고용하고 있다. 이런 사실은 규제 기관이 지니는 공적 기능의 중요성을 부각시킨다. 규제 기관은 모든 사람의 생명이 충분하게 보호될 수 있도록 노력함으로써 공정성의 균형이 잘 이루어지도록 하는 역할을 한다. 그러나 그러기 위해서는 먼저 충분한 인력과 재원을 확보해야 하며, 효과적으로 운영될 수 있도록 적절한 감독이 필요하다.

앞서 이야기했던 자동차 기업들의 사례는 모두 이미 파악된 리스크가 있는 경우였다. 그들은 문제가 무엇인지 인지하고 있었으면서도 회피할 수 있는 사망을 초래하는 의사 결정을 내린 것이다. 비용편익분석을 수행하는 기업은 자신들에게 가능한 비즈니스 옵션이 무엇인지 식별하고 분석한다. 제품에 결함이 발견되는 경우, 기업이 선택할 수 있는 옵션에는 해당 제품을 시정 조치하여 새것으로 교환해 주는 것과 같은 적극적 노력, 그리고 일정 횟수의 수리 서비스 제공, 결함 무시 또는 도요타의 경우처럼 안전 결함에 관한 자료를 고의로 숨기는 행위 등의 소극적 노력이 있다.

그런 다음 기업은 누가 해당 사업의 영향을 받는 집단인지, 다시 말해 정확히 누구의 비용과 편익을 계산할지 결정해야 한다. 4장에서 살펴본 것처럼 누가 해당 사업의 영향을 받는 집단인지 결정하는 일은 비용편익분석에 굉장히 중요하다. 영향 범위를 너무 좁게 설정하면, 손해를 입는 사람들이 분석에서 간과될 가능성이 있기 때문이다. 결정의 영향을 받는 사람이라면 누구나 귀속되어야 하지만, 영향에는 직접 영향과 간접 영향이라는 다른 종류의 영향이 있다. 부상이나 사망을 초래하는 자동차 결함의 경우, 직접적인 영향을 받는 사람은 부상을 당하거나 사망하는 사람들이며, 간접적인 영향을 받는 사람은 그 가족들과 친구들이다. 총 영향의 추산치(직접 영향과 간접 영향의 합)는 비용편익분석의 핵심 요소다. 결함이 야기하는 총 영향을 과소평가하면, 비용편익분석은 제품의 결함을 무시하고 훗날 손해배상금과 과징금을 지불하는 쪽을 선택하는 결과를 낼 것이다.

부상이나 사망 등으로 영향을 받을 것으로 예상되는 사람들의 수를 파악하는 일을 포함하여 가능한 시나리오를 정량화하고 나면, 모든 항목을 금전으로 환산한다. 포드의 핀토 사례의 경우, 산출에 사용된 인간의 생명 가치가 규제 기관에서 사용하는 금액보다 낮았다. 당연한 이야기지만 기업이 생명에 낮은 생명 가격표를 책정할수록 생명을 보호하려고 노력할 가능성은 더 낮아지고, 일반 대중의 건강과 사람들에게 가해지는 위험을 무시하며 단기적 이익만 좇을 가능성이 높아진다. 만약 민사소송에서 인간 생명에 매우 높은 가격표를 부여하는 평결이

난다면, 바로 그 높은 생명 가격표가 기업이 수행하는 비용편익분석에 사용될 것이고, 그에 따라 기업들은 안전에 더 많은 투자를 하고 이미 파악된 리스크를 무시하는 일이 적어질 것이다.

규제 기관들은 논리적, 산술적 오류와 한계점에도 불구하고 통계적 생명 가치를 생명 가격표로 자주 사용한다. 기업들은 훗날 있을지도 모를 소송에서 자신들이 얼마를 배상해야 하는지에 더 관심이 있으므로 민사재판의 판결로 나올 배상금을 추산하기 위해 갖은 애를 쓰고 그 값을 생명 가격표로 사용한다. 생명 가격표를 선택하는 방식은 사회 전체에 미치는 영향에 중점을 두는 규제 기관의 비용편익분석과 회사의 순수익에 영향을 주는 비용(직접 비용)에만 초점을 맞추고 외부 비용은 무시하는 기업의 비용편익분석의 차이를 잘 보여 준다.

기업은 직접적인 위협이 되는 안전 문제를 해결하는 데 더 적극적인 경향이 있는데, 그 이유는 바로 인과관계와 할인 때문이다. 인과관계성은 안전 문제와 그 결과로 나타난 피해 사이의 관계를 말한다. 일반적으로 안전 문제와 그 결과로 인한 피해 사이의 기간이 짧을수록, 해당 기업에 책임이 있다는 사실을 증명하기가 쉽다. 특정 브랜드의 자동차 엔진에 자연발생적으로 불이 붙어 차에 탄 사람들이 사망했다면, 차를 제조한 회사를 상대로 소송을 준비하는 데 필요한 수사는 그리 오래 걸리지 않는다. 그러나 피해가 몇십 년 후에 나타나는 경우는 인과관계를 증명하기가 어렵다. 흡연과 폐암 위험 증가 사이의 관계를 생각해 보면 알 수 있다. 흡연과 폐암 발생 사이에는 오랜 간극이 있어서 담배 회사들이 흡연자의 폐암을 일으킨 것은 자신들의 제품이 아니라 다른 요소라고 사람들을 호도할 수 있는 것이다.

위험한 제품을 사용한 시점과 그 제품으로 인한 손해가 발생하는 시점 사이의 오랜 간극은 할인과도 관계가 있다. 금전적 계산에 할인을 적용하면, 오늘날 1억 달러의 이익이 돈의 시간적 가치 때문에 10~20년 후 민사소송에서 배상금으로 잃게 될 1억 달러를 상쇄하고도 남는다는 결과가 나온다. 책임을 증명하는 데 더 오랜 시간이 걸릴수록 기업에게는 안전 문제를 시정하지 않는 쪽의 유인이 더 강해진다.

위험한 제품과 그로 인해 발생한 피해 사이의 연관성을 증명하는 데 수십 년이 걸릴 것이라고 예측되는 경우도 기업으로 하여금 아무런 조치도 취하지 않게 하는 또 다른 유인이 된다. 리스크를 무시하기로 한 최초의 의사 결정을 내린 간부들은 제품이 장기적으로 건강에 유해하다는 결과가 밝혀질 10~20년 후에는 회사에 더 이상 재직하지 않을 가능성이 높다. 그때쯤이면 그들은 이미 은퇴한 지 오래여서 회사가 합의금을 지불해야 하거나 유죄판결을 받는다 하더라도 재정적 손실이나 법적 책임에서 자유롭다. 그에 반해 직접적인 위협을 야기하는 안전 문제는 간부들이 회사에서 받는 보너스나 평판, 회사의 단기 순이익에 영향을 줄 수 있다.

수익과 안전 문제를 균형 있게 검토하는 일은 다양한 산업 분야에서 흔히 있다. 기업들이 자신들이 생산하는 모든 제품의 모든 부분에서 리스크를 완벽하게 제거하는 것은 불가능하다. 디자인, 제조, 라벨링에서의 결함은 약품, 의료 기기, 장난감, 가정용품 등 다양한 분야의 다양한 제품에서 발생한다. 만약 기업들이 제품 결함이 피해를 일으킬 가능성이나 잠재적 피해의 정도를 전혀 고려하지 않고 제품과 관련된 리스크를 모두 제거해야 한다면 산업계는 서서히 마비되고 말 것이다. 안전에 대한 투자는 늘 수리나 리콜에 대한 기대 비용과 비교 검토하여 이루어진다. 기업들이 발생 가능한 모든 리스크를 제거할 수 없다는 점을 고려할 때, 규제 기관은 기업들이 특정 리스크를 간과하지 않고 더 나아가 인간의 생명과 건강을 충분히 보호하도록 하는 중요한 역할을 한다. 적절한 안전 규제가 없다면, 더 안전한 제품을 개발하는 데 투자하는 기업들은 위험하지만 상대적으로 저렴한 제품을 만드는 기업들에게 밀려 시장에서 경쟁력을 잃고 말 것이다. 정부 기관의 규제가 하는 역할 중 하나는 최소한의 기준을 만들어 강제함으로써 이러한 유형의 시장 실패를 해결하는 데 있다.

임원들의 윤리도 기업의 의사 결정에 영향을 미친다. 하지만 윤리적 검토라는 것은 대개 주관적이며 윤리적 검토만으로는 기업 운영을 할 수 없다. 알면서도 자사 제품의 안전성에 대해 대중과 규제 기관을 속이는 경우라 할지라도, 기업 임원들은 위법행위에 대해 유죄판결은 고사하고 기소되는 일조차 거의 없다. 의사 결정자가 사실상 기소에서 자유롭기에 비용편익분석에 사용되는 투입 변수에 대해 영향을 행사하려는 공익 옹호자들의 노력, 이를테면 높은 생명 가격표를 사용하도록 장려한다든지, 영향을 받는 모든 사람들이 대상 집단에 포함되게 만든다든지 하는 것이 점점 중요해지고 있다.

수익성과 안전 및 생명 보호 사이에서 적절한 균형점을 찾는 일은 기업이 소송의 위험과 그로 인한 손실 가능성을 정확히 알고 있는 산업 분야에서 늘 일어난다. 인도 보팔 지역의 유니언 카바이드 공장에서 있었던 가스 폭발 사고는 약 4000명의 노동자가 사망하고, 4000명가량의 노동자가 영구 장애로 이어질 만큼의 심각한 부상을 입은 참사였다.[12] 이 사고는 1989년에 총 4억 7000만 달러의 배상금에 합의되었는데, 이는 희생자 1인당 생명 가격표를 약 6만 달러로 책정한 결과였다.[13] 1989년에 인도 사람들의 평균 소득은 미국인의 20분의 1도 되지 않았다.[14] 참사 희생자들에게 상대적으로 낮은 생명 가격표가 매겨진 것은 희생자들이 고소득자가 아니었기 때문일 것이다. 소득이 훨씬 높고 생명 보호 실패에 훨씬 무거운 과징금을 부과하는 미국에서 사고가 발생했다면 배상금이 훨씬 높았을 것이라고 추측하는 것도 무리는 아니다.

의류 산업계에는 이와 유사한 참사들이 더 있었다. 의류 기업들은 중국이나 인도, 방글라데시, 베트남과 같은 저임금 국가에 생산을 위탁한다. 2013년에 방글라데시에서는 한 공장 단지가 무너지면서 1100명 정도가 사망하고 1500명가량이 다치는 사고가 있었다. 국제노동기구가 해당 단지에서 제품을 생산하던 의류 기업들의 자금으로 희생자 보상 기금을 창설했다. 총 3000만 달러가 모였는데, 이는 사망자 1인당 4만 달러도 안 되는 금액이었다.[15] 당시 방글라데시 노동자들의 소득은 미국 노동자들의 소득에 비하면 극히 소액이었다. 유니언 카바이드 참사 때와 마찬가지로 방글라데시 공장의 노동자들도 고소득자가 아니라는 이유로 매우 낮은 생명 가격표를 받았다. 다시 한번 말하지만, 이런 사고가 미국이나 유럽처럼 노동자의 안전을 더욱 철저하게 보호하는 부유한 국가에서 발생했다면 보상금이 훨씬 높았을 것이라는 데에는 의심의 여지가 없다.

도덕성이나 윤리 의식이 기업의 의사 결정에서 충분 요소는 아니지만, 재정적·법적 규제와 함께 일정 정도의 기능을 해야 한다. 비용편익분석을 활용한 기업의 생명 가치 평가 방법이 최악의 도덕성을 보여 준 사례는 유명한 필립 모리스의 2001년 보고서에서 찾아볼 수 있다. 당시 필립 모리스의 의뢰를 받아 컨설팅 회사 아서 D. 리틀이 비용편익분석을 수행하고 작성한 이 보고서[16]는 흡연자들의 조기 사망이 정부 수입에 도움이 되므로 체코 공화국 정부가 흡연을 권장해야 한다는 내용을 담고 있었다. 흡연으로 인한 조기 사망이 국고에 유익하다고 주장한 첫 사례는 아니었으나, 이 보고서는 전례 없는 세간의 주목을 받았다.[17] 《월 스트리트 저널》은 케네스 워너 교수의 말을 인용하여 "자신들의 고객을 죽이면서 국고를 위해 돈을 번다고 자랑하는 기업이 세상에 또 있을까?"라고 썼다. 더불어 필립 모리스의 대변인이 보고서를 옹호하면서 "이것은 경제적 영향에 관한 연구, 그 이상도 그 이하도 아니다." 라고 한 말도 인용했다.[18] 대중과 정치인들로부터 거센 비난이 쏟아지자, 필립 모리스는 곧 보고서에 대해 공식적으로 사과하면서 그러한 비용편익분석에 자금을 대고 배포한 것은 "기본적인 인간의 가치를 철저하게 경시한 용납할 수 없는 처사였을 뿐만 아니라 끔찍한 결정이었다." 라고 말했다.[19]

　1999년에 진행된 아서 D. 리틀의 비용편익분석은 체코 공화국의 국가 재정, 특히 체코의 중앙 및 지방 정부 예산과 보험회사들의 예산에 초점을 두고 이루어진 것이었다. 이 분석에는 흡연의 직접 비용, 흡연이 사회에 미치는 영향에 대한 직접 비용이나 흡연으로 인한 조기 사망의 직접 비용은 전혀 포함되지 않았다. 아서 D. 리틀의 회계는 공공 재정의 관점에서 이루어졌다. 이들의 분석은 소비세, 부가가치세, 법인소득세, 관세로부터 얻는 정부 세수를 긍정적인 직접 영향으로 보았다. 흡연 증가의 부정적인 영향에는 직접 흡연자 및 간접 흡연자의 의료 비용 증가, 조기 사망으로 인한 소득세 감소, 무단결근(결석) 관련 비용, 흡연이 초래한 화재로 발생한 비용이 포함됐다. 이런 항목들은 악의적 의미도 없어 보이고 놀랄 만한 내용도 아니다. 세간의 주목을 끈 것은 흡연이 야기하는 조기 사망으로 인해 국가가 지불할 의료비와 연금, 사회보장비, 노인 주거 보조비가 줄어들어 국가 예산이 절약된다는 점을 긍정적 간접 영향으로 식별했다는 사실이었다. 분석을 담당한 연구원들은 어떠한 민감도 분석도 수행하지 않고 6.75퍼센트의 할인율을 사용했다. 이 할인율은 장기적 비용과 편익을 최소화하면서 담배 판매로 얻는 세수로 직접 획득하는 양(+)의 현금 흐름을 부각시킨다.

아서 D. 리틀의 비용편익분석은 생명 그 자체에는 내재적 가치가 없다고 추정했다. 이 분석에서 흡연자가 지닌 유일한 가치는 국고에 이바지하는 존재로서의 가치였다. 이 분석은 필립 모리스의 제품에서 얻는 세수가 재정적 비용을 초과한다면 조기 사망이 촉진되어야 한다고 체코 정부를 설득하기 위해 특별히 설계된 것이었다. 이 분석의 범위는 조기 사망으로 발생하는 다른 재정적, 사회적 영향은 모두 무시하도록 설계되어 있었다. 이는 인간 생명을 정부의 지출과 수입을 발생시키는 단순한 현금 인출기로 평가했음을 의미했다. 정부의 지출과 수입으로 범위를 한정하고 민감도 분석 없이 높은 할인율을 적용함으로써 아서 D. 리틀은 분석을 의뢰하고 돈을 댄 필립 모리스에 유리한 결론을 내렸다. 편향성보다 더 심각한 문제는 이들의 분석이 인간 생명의 존엄성과 내재적 가치를 경시했다는 사실이었다. 인간을 흡연으로 인한 조기 사망을 촉진함으로써 정부가 최적화해야 하는 현금 흐름에 불과한 존재로 표현한 것은 매우 비윤리적인 행위였으며, 필립 모리스가 직접 밝혔듯이 '기본적인 인간의 가치를 경시'한 처사였다.

노동과 생명의 가치

노동시장을 들여다보면 인간의 삶에서 돈과 시간이 어떻게 교환되는지 이해할 수 있다. 노동에 대한 보상은 생명 가격표에 관한 논의에 매우 중요하다. 소득이 민사소송에서 생명에 책정되는 금전적 가치를 결정하는 데 핵심 요소로 작용하고, 9.11 희생자 보상 기금에서도 결정적인 역할을 했기 때문이다.

노동에 관한 논의를 시작하려면 우선 고용의 세계에 굉장히 다양한 수준의 권리, 자유의지, 선택권이 있다는 사실을 깨달아야 한다. 일단 양극단의 한쪽에는 노예가 있다. 노예는 삶을 지속할지 말지에 관한 문제 말고는 어떤 권리도 선택권도 없다. 다른 한쪽에는 여러 직업 중 하나를 선택하고 자신의 봉급과 수당을 협상하며 재정적 안정성이 충분하여 아무런 법적, 재정적 제약 없이 회사를 마음대로 바꿀 수 있는 자유의지의 피고용자가 있다. 이 양극단 사이에는 계약 노동자나 (법적으로는 아니지만 실질적으로는 고용주에게 속박된 것과 다름없는) 하루 벌어 하루 먹고사는 이들처럼 직업 선택에서 다양한 수준의 법적 또는 실질적 제약을 지니는 노동자들이 있다.

노예제

생명 가격표와 그것이 노동시장에 미치는 영향은 노동의 극단적 사례, 노예 신분과 계약 노동에서 가장 극명하게 나타난다.

모든 사람에게 직업을 고를 수 있는 자유가 있는 것은 아니다. 과거에도 그랬지만 오늘날에도 모든 노동자가 자신의 기본권을 보호하고 자유의지 행사에 기초한 노동계약을 맺지는 못한다. 노동자를 폭력적이고 비인간적인 조건에서 일하게 하면서 수익을 극대화하고 노동자의 건강이나 복지는 거의 고려하지 않는 가혹한 형태의 고용은 언제나 있어 왔다. 그런 잔혹한 고용 형태 중에서도 단연 으뜸인 것이 노예제다.

사람을 물품처럼 소유하고 사고파는 노예제는 인류 역사 동안 다양한 문화권에서 다양한 형식으로 늘 있어 왔다. 대대로 인간은 죄에 대한 벌로, 빚을 갚는 대가로, 전쟁 중에, 덫에 걸려서, 신분 세습으로 노예가 되었다. 노예가 된 이들은 생존, 안전, 건강, 존엄성에 대한 끊임없는 위협에 시달렸다. 노예제라는 혐오스런 관행과 관련하여 분명한 사실 하나는 이 제도가 인간을 사고파는 시장에 참여하는 사람들이 노예의 생명 가치를 어떻게 평가하는지에 대한 명쾌한 설명을 제공해 준다는 점이다.

남북전쟁 이전의 미국에 존재했던 노예들과 그의 후손들은 공개 시장에서 법적으로 거래될 수 있는 소유물이었다. 노예 경매에서는 판매자와 구매자가 공개적으로 인간의 생명에 가격표를 붙일 수 있었다. 노예의 가치는 음식, 옷, 거처 등과 같이 노예를 관리하는 데 드는 비용을 제하고 구매자가 노예를 통해 벌어들일 수 있는 돈이 얼마나 되느냐에 따라 결정되었다.[20] 노예는 투자물이었고, 노예의 생명에 붙는 가격표는 기대 현금 흐름을 그대로 반영했다. 구매자들은 투자 대비 고수익을 내줄 것 같은 노예에 돈을 많이 지불했으며, 수익이 낮을 것 같은 노예에는 적은 돈을 지불했다. 노예가 지닌 잠재적 수익에 영향을 주는 요인에는 노예의 성, 나이, 건강 상태, 노동 능력, 시장성 있는 기술이 있었다. 젊은 성인 남자에 가장 높은 가격표가 매겨졌는데, 노인들보다 나은 신체적인 힘과 노동 능력을 근거로 매긴 가치였다. 어린아이들에는 낮은 가격표가 매겨졌는데, 이는 노예 소유주가 이들이 유년기를 지날 때까지 양육을 해야 하고 양육하는 동안 비용이 기대 수익을 초과하기 때문이었다. 가임기의 여성은 노동력뿐만 아니라 아이를 낳을 수 있는 능력 때문에 높은 가격표를 책정 받았다. 늙거나 병약한 노예들은 가격이 낮았다. 대장장이나 목수처럼 시장성 있는 기술을 보유한 노예들 역시 값이 많이 나갔는데, 그들이 만든 상품을 내다 팔면 소유주들에게 농장 노동으로 얻은 수익보다 더 큰 수익이 돌아오기 때문이었다.

노동력을 얻기 위해 인간의 생명에 가격표를 매기는 행위의 가장 사악한 형태는 노예제가 있는 곳에서 발견된다. 현대적 정의의 노예제에는 인신매매, 강제 노동, 채무 노역, 강제 결혼, 세습에 의한 노예 등이 있다.[21] 대부분의 나라에는 이런 현대적 형태의 노예제를 금지하는 법이 있지만, 여전히 인간은 많은 곳에서 매일같이 사고팔린다. 현대판 노예제의 현실은 2014년에 ISIS가 사람들을 잡아 가두고 노예로 만드는 방법에 대한 지침을 공개하면서 전 세계의 주목을 받았다.[22] 그즈음 유엔은 ISIS가 잡아 온 어린아이들에게 가격을 매겼는데 그 금액이 아이 한 명당 수백 달러에서 수천 달러에 이른다는 사실을 확인했다.[23]

계약 노동

계약 노동은 일정 기간의 삶과 돈을 명시적으로 교환한 것으로, 빚을 갖기 위해 정해진 기간에 노동을 제공하기로 합의한 계약을 말한다.

계약 노동자와 노예의 가장 중요한 차이점은 계약 노동자는 고용주에게 소유되는 기간이 정해져 있다는 사실이다. 그 기간이 지나면 노동자는 자유를 얻고 자유인으로서 권리와 권한을 행사할 수 있다.[24] 반면 노예는 평생 소유주의 소유물로 살며, 그들의 자손도 마찬가지다.

계약 노동은 미국 역사에서 중요한 역할을 했는데 지금도 인신매매의 형태로 남아 있다. 인신매매범들은 운송과 밀입국 비용의 대가로 일정 기간 동안 노동력을 제공할 것을 요구한다. 세계적으로 수백만 명의 피해자를 발생시키는 인신매매 산업은 그 규모가 연간 300억 달러 이상에 달하는 것으로 추정되며, 피해자들은 성 산업에 착취될 목적으로 팔려 가는 경우가 많다.[25] 이들은 인신매매 조직에게 수익이 높은 투자 상품이다. 실례로, 2006년에 인신매매 조직들이 벌어들인 돈은 피해자 1인당 최대 5만 달러로 추정되는데, 그 액수는 피해자의 출신국과 목적국에 따라 다르다.[26] 인신매매와 관련한 비용과 수익이 이처럼 다양하게 나타나는 것은 다른 분야와 마찬가지로 인신매매 산업에서도 가격이 공급과 수요에 의해 결정된다는 사실을 보여 준다.

보상 노동

노예제와 계약 노동은 대개 사람들의 눈에 보이지 않지만, 피고용자의 시간을 고용주의 돈과 교환하는 보상 노동은 우리의 일상생활의 근간을 이룬다. 보상 노동은 피고용자의 시간에 매겨진 가치와 밀접한 관계가 있고, 이 가치는 시장(완전히 자유롭지는 않지만)이 결정한다. 고용 시장이 결정하는 이 가격표는 인간의 일상에 매우 본질적인 요소여서,

우리는 우리의 일정 시간에 가격을 매기는 거래가 이루어진다는 사실조차 거의 인지하지 못한다. 이는 2장에서 보았던 애니타처럼 시급제로 레스토랑에서 일하는 저임금 노동자이든, 수익 분배 계약과 연간 보너스에 기초하여 보수를 받는 짐과 같은 고소득의 기업 임원이든 모든 노동자에 해당되는 이야기다.

　고용주의 관점에서 볼 때 모든 조건이 동일하고 비용이 같은 두 명의 피고용자가 있다면, 더 많은 수익을 창출하는 쪽을 선호할 수밖에 없다. 마찬가지로 동일한 규모의 수익을 창출하고 유사한 조건을 지닌 두 명의 피고용자가 있다면, 고용주는 비용이 덜 나가는 피고용자를 선호할 수밖에 없다. 이 거래에서 피고용자는 고용주의 반대편에 앉아 있다. 피고용자는 최대한 많은 보수(금전적 보수와 비금전적 보수)를 받기를 원한다. 보수에는 급여, 건강보험, 퇴직 연금, 유급 휴가, 가족 수당을 비롯한 각종 수당이 포함된다.

　보수를 결정하는 요소는 교육 수준, 기술 역량, 경력, 산업 분야, 노동조합 가입 여부, 인종, 성, 지역, 업무의 위험도 등 굉장히 다양하다. 교육 수준과 같은 요소들은 개인의 통제가 가능하기 때문에 혼신의 노력을 통해 상황을 극복하면 더 많은 돈을 벌 수 있다. 그러나 다른 요소들은 개인이 통제할 수 없는 것들인데도 여전히 노동자의 시간의 가치를 매기는 데 영향을 준다.[27] 간단히 말해서 보수는 회사가 노동자의 결과물을 통해 벌어들일 것으로 기대하는 금액, 노동자가 지닌 기술의 공급과 수요 그리고 기타 요소에 따라 달라진다.

　두 명의 병원 근로자를 예시로 들어 임금 수준이 매우 상이한 두 사람을 비교해 보자. 한 명은 엑스선, 초음파, 자기공명영상과 같은 검사를 담당하는 방사선과 전문의이고, 다른 한 명은 병원 청소부다. 방사선과 전문의는 청소부보다 훨씬 많은 돈을 받는다. 이 두 사람의 보수가 비슷해야 한다고 주장할 사람은 거의 없을 것이다. 병원은 방사선과 전문의의 시간을 훨씬 가치 있는 것으로 평가한다. 이런 기술을 지닌 전문직 노동자를 보유함으로써 병원에 발생하는 수입이 있기 때문이다. 병원도 고객(환자들)에게 팔릴 수 있는 기술에 돈을 지불하는 사업체다. 방사선 전문의가 받는 총 보수는 급여, 건강보험, 연금, 6주 휴가를 비롯하여 아이들 교육 보조비와 의료 과실 배상 책임보험 같은 각종 특전들이 포함된다. 이들이 받는 총 보수는 연간 50만 달러에 달하는데, 이들의 일반적인 업무량을 고려하여 계산해 보면 이들의 시급은 250달러 정도가 된다.[28] 병원은 이 금액의 돈을 기꺼이 지불한다. 방사선과 진료를 통해 이보다 훨씬 많은 돈을 벌 수 있기 때문이다. 방사선 전문의가 병원에게 벌어다 주는 돈의 총액은 그가 제공할 수 있는 의료 서비스의 횟수와 진료 1회당 병원이 얻는 수익에 따라 달라진다. 만약 훨씬 더 높은 시급을 주겠다는 곳으로부터 이직 제의를 받는다면 방사선 전문의는 돈을 더 많이 주는 곳으로 옮기고 싶은 마음이 들 것이다.

반면 병원의 청소부는 최저임금을 받는다. 그는 병원으로부터 건강보험 혜택과 2주 유급 휴가를 받는다. 청소부의 총 보수를 시급으로 계산하면 10달러가 채 되지 않는다. 병원은 그의 근무 시간을 기록하고 어느 곳에서 일하고 있는지 지속적으로 모니터한다. 청소부가 병원을 나설 때는 절도 우려를 이유로 보안 검사대를 통과해야 한다. 그는 병원과 급여를 협상할 수 있는 능력이 거의 없을 뿐만 아니라 자신이 쉽게 다른 노동자로 대체될 수 있다는 사실을 한순간도 잊지 못한다.

청소부가 제공하는 노동은 필수 운영비에 속하지만 수익을 내주는 분야가 아니기 때문에 병원은 자동화를 포함하여 되도록 더 낮은 비용의 대체 노동자를 찾으면서 비용을 최소화하려고 한다. 청소는 잠재적 노동자의 공급이 풍부한 저숙련 일자리이기 때문에, 병원을 쓸고 닦는 사람들의 급여는 언제나 매우 낮은 수준으로 유지될 것이다. 이는 잠재적 노동자의 공급이 적고 고숙련 기술을 필요로 하는 방사선 전문의의 일자리와 대조를 이룬다. 방사선 전문의가 청소부보다 더 많은 보수를 받아야 한다는 점은 분명하다. 그렇다면 방사선 전문의는 청소부보다 얼마를 더 받아야 하며, 이러한 급여 차이를 공정하게 결정하려면 어떻게 해야 할까?

방사선 전문의와 청소부의 급여는 모두 고용 시장이 결정하는데, 여기에는 시장이 지니는 투명성과 모호성, 공정성, 편향성이 모두 드러난다. 만약 병원이 지금의 방사선 전문의만큼 수익을 창출할 수 있지만 더 적은 보수를 받겠다고 하는 다른 전문의를 찾는다면, 계속해서 연간 50만 달러를 주어야 하는 전문의를 쓸 이유가 사라진다. 흥미로운 점은 방사선 전문의의 시간이 지니는 가치와 그에 상응하는 급여는 공급을 제한함으로써 부풀려진다는 사실이다. 외부 단체인 미국의사협회가 노동시장에 영향력을 발휘하여 방사선 전문의들의 높은 가격표를 유지시킨다. 그들은 의료 면허를 지닌 의사의 수를 조절하여 미국 의사들의 봉급 수준이 높게 유지되도록 돕는다.[29] 마찬가지로 최저임금법이나 노조와 같은 외부적 강제력도 노동시장에 영향력을 행사하여 청소부의 가격표가 일정 수준 이하로 떨어지지 않도록 힘쓴다.

칼럼니스트 토머스 프리드먼은 인터넷 덕분에 전 세계 경쟁자들이 지리적 위치와 관계없이 동등한 기회를 갖는다는 의미에서 "세계는 평평하다."라고 선언했다.[30] 그러나 그러한 프리드먼의 유명한 주장에도 불구하고 세상은 아직 '평평'하지 않고, 여전히 많은 산업 분야에서 지리적 위치는 매우 중요한 의미를 갖는다. 인간의 지리적 위치가 중요하지 않았다면 멀리서도 가능한 업무의 유사한 직종에서 국가별 소득 차이는 아마 거의 나타나지 않았을 것이다. 지리적 위치가 중요한 요소가 아니었다면 컴퓨터 프로그래머, 법무사, 공인 회계사, 심지어 방사선 전문의들도 미국에서 일하든 인도에서 일하든 거의 비슷한 보수를 받았을 것이다. 그러나 소득은 전 세계적으로 엄청난 차이를 보인다. 저소득 국가에 쉽게 외주를 맡길 수 있는 일자리는 국내에서 보수가 적고 불안정한 경향이 있다. 국내에서 저숙련의 이주 노동자와 경쟁을 치러야 하는 직업 역시 대부분 임금이 낮다.

방사선 전문의와 청소 직원을 비교해 보면 교육 수준, 자격증, 면허, 전문 기술 등의 자격 요건과 같이 두 사람의 다른 급여에 영향을 미치는 여러 가지 요인을 확인할 수 있다. 일반적으로 뛰어난 자격 요건을 요구하는 자리에는 그 일에 적격인 잠재적 노동자가 많지 않아서 시간과 돈을 들여 해당 자격 요건을 획득한 이들에게 상대적으로 높은 임금을 주는 경우가 많다. 뉴욕시의 변호사들이 받는 초봉은 15만 달러가 넘고, 미국 의사의 초봉은 감염병 전문의가 대략 13만 달러, 신경외과 의사는 50만 달러가 넘는다.[31]

기업들은 자격 요건뿐만 아니라 대개 관련 경력에도 가산점을 매긴다. 일반적으로 경력이 있는 노동자가 경력이 없는 노동자보다 회사의 수익 창출에 더 많이 기여할 수 있다는 판단에서다.

　　보수를 결정하는 또 다른 요인은 사용자와 협상할 때 노동자들이 사용할 수 있는 힘이 얼마나 되느냐이다. 2장에서 만나 보았던 소방관 릭은 '뉴욕 제복 소방관 협회'의 일원이라는 사실 때문에 많은 혜택을 보았다. 협회가 소방관과 그의 가족들을 대신하여 높은 연금과 평생 의료비를 이끌어 내는 강경 노조였기 때문이다.[32] 노동조합은 단체 교섭을 통해 노동자의 권리와 혜택을 주장한다. 성공적인 노조 협상은 보수가 인상되는 결과를 낳고, 그에 따라 노동자의 생명에도 더 높은 가치가 부여된다. 미국은 다른 어떤 부유한 국가보다 노동조합 조직률이 낮다.[33] 미국이 다른 선진국에 비해 최저임금도 낮다는 사실은 우연이 아니다. 미국 최저임금 노동자의 수입은 미국의 1인당 GDP의 약 25퍼센트에 불과하며, 이는 선진국 중에서 가장 낮은 편에 속한다.[34] 미국의 낮은 최저임금은 공정성에 대한 미국 사회의 인식을 잘 보여 준다.

　　산업 분야 그 자체도 보수를 결정하는 중요한 요인 중의 하나다. 보유 기술과 교육 수준을 통제하고 보아도 말이다. 이를테면 헤지펀드 회사에서 일하는 데이터 모델러들은 대개 유사한 기술과 학위를 갖고 학계나 의료, 소매업, 기타 데이터 집약적 산업 분야에서 일하는 사람들보다 훨씬 높은 보수를 받는다.

　　노동자들의 보수에 영향을 미치는 요인 중에는 개인이 통제할 수 있는 요인들도 있다. 예를 들어 보수는 교육 수준이 높을수록 높아진다. 석사 학위를 소지한 사람은 학사 학위만 소지한 사람보다 20퍼센트가량 수입이 많고, 학사 학위 소지자들은 고등학교만 졸업한 사람보다 소득이 약 65퍼센트 많다.[35] 이렇듯 교육을 많이 받을수록 소득이 높아지는 것은 논리적으로 타당해 보인다. 높은 수준의 교육을 받았다는 것은 특정 직종이 요구하는 더 높은 수준의 기술을 보유했다는 뜻이고, 높은 수준의 학위가 특정 직업군에 진입하는 데 필요한 자격증과 노동자들을 걸러내는 여과기 역할을 하기 때문이다. 또 개인이 자신의 경쟁력을 높이기 위해 시간과 노력을 투자했다는 의미이기 때문에 우리가 생각하는 공정성에도 부합한다.

교육에 대한 수익은 무엇을 공부했느냐에 따라 달라진다. 공학이나 컴퓨터 과학으로 학사 학위를 취득한 사람은 예술이나 인문학을 전공한 학생들보다 대학 교육비에 대한 수익을 훨씬 많이 돌려받는다.[36] 이런 급여의 차이는 피고용자의 기여로 회사가 창출할 수 있는 수익성과 관련이 있다.

피고용자가 해당 일자리로 인해 자신의 건강이나 생명이 위험해진다는 사실을 인지하는 경우, 피고용자가 증분의 위험에 대해 분명하게 이해하고 있고, 취업 기회에 선택권이 있으며, 보수에 대한 교섭 능력이 있다면 협상을 통해 더 높은 보수를 받을 수 있다. 앞서 언급했듯이 통계적 생명 가치를 추산하는 방식 중 하나는 광업이나 상업적 어업처럼 위험성이 높은 분야에 대해 임금 프리미엄을 산입하는 것이다. 국제기구 공무원들도 위험 지역에 배치되면 추가 수당을 받는다.[37] 그렇다면 증분되는 위험에 대해 받아야 하는 공정한 액수는 얼마일까? 이 문제를 검토하기 위해서는 위험 직종과 비위험 직종의 보수를 비교해 보는 것이 가장 우선적인 방법이겠지만, 이 방법으로 반드시 리스크 프리미엄에 대한 정확한 추산치를 얻을 수 있는 것은 아니다. 정확한 리스크 프리미엄이라는 것이 존재할 수 없게 만드는 여러 요인(설사 리스크 프리미엄이 지급되고 있다 하더라도)이 있기 때문이다. 정보와 힘의 불균형, 일자리가 갖는 위험성을 피고용자들은 모르는 경우가 많다는 점, 선택의 여지가 없는 사람들(이를테면 불법 이민자들이나 언어 장벽이 있는 사람들)이 결국 위험한 직종에 종사하는 경우가 많다는 점, 위험한 직종에 종사하는 사람들은 위험을 별로 꺼리지 않고 직업에 대한 선택권이 거의 없으며 협상 능력도 결여되어 있다는 점이 그런 요인에 해당한다.

위에서 열거된 보수에 영향을 주는 요소들, 즉 교육, 특별 훈련 및 자격증, 경력과 같은 요소는 이해할 수 있고 타당해 보이는 것들이다. 이 요소들은 모두 노동자가 회사에게 돈을 벌어다 주는 능력을 측정하는 대용 기준이다. 회사에게 더 많은 수익을 창출해 주는 노동자가 더 많은 보수를 받는다. 즉 그들의 시간에 더 높은 가격이 매겨지는 것이다. 더 많은 수익을 창출해 주는 노동자에게 더 높은 가격표가 붙는다는 사실은 노예의 노동이 소유주에게 얼마나 유익한지에 따라 노예의 가격표가 정해졌던 것과 유사하다. 이 지적은 보상 노동을 노예제와 동일시하고자 하는 것이 아니라, 두 경우 모두 피고용자의 시간을 통해 벌어들일 것이라고 기대하는 수익이 높을수록 고용주가 기꺼이 더 많은 돈을 지불한다는 사실을 강조하려는 것이다.

앞서 언급한 요인들을 통제하고도 성별, 인종 간 임금격차와 같은 요인으로 인한 불평등은 여전히 남아 있다. 특히 이런 성별 또는 인종 간 임금격차는 여러 가지 심각한 문제를 파생하는 근본적인 불평등이다. 소득은 민사소송에서 배상금을 결정하는 데 핵심적인 요소로, 9.11 희생자 보상 기금에서도 보상금을 결정하는 데 가장 중요한 역할을 했다. 일반적으로 말하면 성별, 인종 간 임금격차와 같은 불평등은 소득을 투입 변수로 사용하는 생명 가치 평가에서 더 심각해진다. 이러한 성별,

인종 간 임금격차는 여성과 일부 소수자 집단의 생명 가치를 낮게 평가해 이들이 제대로 된 보호를 받지 못하는 결과를 야기한다.

성별 임금격차는 보수에 영향을 미치는 여러 요인을 통제한 상태에서 남성과 여성의 임금에 나타나는 평균적 격차를 가리킨다. 이와 관련하여 "여성의 소득은 남성 소득의 77퍼센트에 불과하다."라는 말이 가장 흔히 인용되는데, 이 말은 인구의 평균을 반영한 수치이고 교육 수준이나 경력, 산업 분야, 직업군, 육아로 인한 여성들의 경력 단절 등을 전혀 고려하지 않았다는 점에서 오해의 소지가 있다.[38] 그러한 요인들을 고려하고 나면 여전히 성별 임금격차는 있지만, 그 격차는 크게 줄어든다. 여성의 임금은 유사한 자격과 경력을 지니고 같은 직종에 종사하는 남성보다 10퍼센트 정도 낮다.[39] 유사한 현상이 대학 졸업 후 1년 차 사회 초년생들에서도 나타나는데, 직업군과 경력 요인을 통제하면 여성의 임금이 남성보다 대략 6퍼센트 적다.[40] 생명 가치 평가에서는 노동자의 생산성과 관련된 주요 요인을 통제하고 나면, 고용주들은 남성의 시간보다 여성의 시간에 가치 평가를 낮게 내리는 경향이 있다. 이러한 성별 임금격차 때문에 소득이 생명의 경제적 가치를 결정하는 데 쓰이는 경우 여성은 대개 남성보다 더 낮은 생명 가격표를 받게 된다.

인종 간 임금격차란 노동자의 생산성 관련 요인들을 통제하고도 흑인 노동자들이 백인 노동자들보다 임금이 더 적은 현실을 가리킨다. 모든 교육 수준에 걸쳐 흑인 남성은 백인 남성보다, 흑인 여성은 백인 여성보다 임금이 적다.[41] 이런 인종 간 임금격차는 그 차이가 상당하다. 예를 들어 흑인 노동자는 백인 노동자보다 임금이 25~30퍼센트가량 낮다. 석사 학위 소지자, 학사 학위 소지자, 대학을 나오지 않은 사람들

을 비교해도 마찬가지다.[42]

　법적 임금의 차이도 천차만별이다. 임금의 하한선은 정부가 결정하지만, 많은 비공식 부문 직종에 종사하는 노동자들은 이 금액보다 임금이 낮은 경우가 대부분이다.[43] 미국 연방 정부가 정한 최저임금은 시간당 7.25달러이다. 건강보험, 연금, 유급 휴가, 기타 수당에 대한 보장은 없다. 농촌 지역의 이주 노동자는 심지어 최저임금도 받지 못하고 수당도 전혀 없다. 비공식 경제에 해당하는 이런 직종은 임금도 형편없을 뿐만 아니라 노동자 보호와 관련된 법적 감시망에서 벗어나 있기에 대개 더 위험하다. 임금이 더 극단적으로 낮은 경우로는 교도 작업(矯導作業)을 들 수 있다. 대부분의 경우 수감자들이 노동으로 받는 대가는 시간당 1달러도 되지 않는다.[44]

　생활임금이란 급여 소득자가 그런대로 괜찮은 거처와 음식, 기타 생활필수품들을 마련하는 것이 이론적으로 가능한 임금 수준을 말한다. 미국의 생활임금 대비 최저임금의 비율은 1968년 94퍼센트에서 2003년 57퍼센트까지 떨어졌다. 이 말인즉슨 2003년에 최저임금을 받는 노동자들은 그런대로 괜찮은 생활수준에 필요한 돈의 절반을 간신히 넘기는 임금을 받아 살았다는 의미다.[45] 미국의 최저임금이 생활임금의 절반 정도에 그친다는 사실은 노동에 대한 보상에서 상당한 불공정성이 존재한다는 뜻이며, 그에 따라 최저임금 노동자들에게 낮은 생명 가격표가 매겨진다는 것을 의미한다.

　최저임금 노동자의 반대편에는 초고소득자들이 있다. 2017년에 미국 350대 기업들의 CEO들이 받은 급여는 자신들의 회사 평사원이 받는 급여의 300배가 넘었다.[46] 1978년에 이 비율이 30배였던 것에 비하면 어마어마하게 증가한 수치다. 전 세계적으로 CEO 대 일반 노동자의 보수 비율이 1960~70년대에 비해 더 높아진 것은 사실이지만, 미국은 그중에서도 압도적으로 높으며 호주, 스웨덴, 일본, 영국과 같은 선진국은 그 비율이 미국보다 훨씬 낮다.[47]

보수가 시간과 돈의 교환이라는 관점에서 보면, 미국에서 나타나는 이러한 극단적인 비율은 기업들이 CEO의 시간을 평균 노동자의 시간보다 수백 배 더 가치 있게 생각한다는 사실을 시사한다. 우리는 CEO가 일반 노동자보다 더 많은 임금을 받는 것은 당연하며, CEO와 일반 노동자가 같은 급여를 받는 것은 불공평하다고 생각한다. 어쨌거나 CEO는 한 기업을 성공적으로 운영하는 데 필요한 경험, 높은 수준의 기술, 지식, 교육, 특별한 전문성을 갖추어야 하기 때문이다. 그러나 CEO와 일반 노동자의 보수에서 나타나는 이러한 극단적 차이는 민사소송과 같은 상황에서 그들에게 매겨지는 생명 가격표가 어마어마하게 달라지는 결과를 초래한다. 이 때문에 9.11 희생자 보상 기금 당시, 파인버그는 어느 정도의 공정성을 보장하기 위해 특별히 생명 가격표에 대한 하한선을 설정하고 생명 가격표 산출에 사용할 소득 상한선을 정해 두었던 것이다. 그럼에도 최종 결과는 큰 폭을 보이며 가장 많은 보상금의 액수가 가장 적은 보상금 액수의 약 30배에 달했지만, 이는 미국 CEO와 일반 노동자의 급여 비율에 비하면 훨씬 낮은 수치였다.

일반적으로 자본주의와 이윤 추구는 경제성장과 발전의 강력한 원동력이다. 자본주의는 보건, 교육, 부의 향상을 추동시키는 역할을 하지만 파괴의 잠재력도 지니고 있다. 비즈니스 잡지에서 추앙받는 창조적 파괴가 아니라 문자 그대로의 파괴 말이다. 법적, 윤리적 제약을 받지 않는 냉혹한 이윤 추구는 불필요한 고통과 죽음, 환경 파괴, 지나치게 단기적인 관점으로 이어질 수 있다. 따라서 자본주의의 부정적인 측면을 억제하면서 긍정적인 측면을 최대한 활용하기 위해서는 적절한 법과 규제를 비롯한 구속 기제들이 필요하다.

　법률적 제약이나 규제 기관, 깨어 있는 언론, 소비자 보호 단체, 공익 감시 단체, 비정부 기구, 시민 활동가들처럼 가혹하고 맹목적인 이윤 추구로 야기되는 위험을 상쇄하는 세력이 없다면 얼마나 더 많은 생명이 목숨을 잃을지 모를 일이다.

　다음 장에서는 생명보험 가입 여부와 보험 보장 금액을 결정하는 데 개인의 결정이 어떤 역할을 하는지, 즉 개인이 자신의 금전적 대체 가치를 스스로 어떻게 평가하는지에 대해 논의할 것이다.

6장 나도 할아버지처럼 죽을래요

ULTIMATE PRICE
The Value We Place on Life

어린 아기가 울고 있는 사진 아래 이런 문구가 쓰여 있다. "왜 내 미래를 위한 계획을 세워 두지 않은 거죠?" 이 생명보험 광고는 대상이 명확하고, 감정에 호소하며, 효과적이다. 부모라면 누구나 이 포스터를 보고 생명보험에 들어야 할지 한번쯤 고민해 볼 것이다. 이미 보험이 있는 부모들은 그 보험이 충분한지 생각해 볼 것이고, 보험이 없는 부모들은 포스터 속의 우는 아기를 보고 죄책감을 느낄 수밖에 없을 것이다. 모든 사람이 아기의 순수함을 소중히 여기고 그들이 연약한 존재임을 잘 알고 있다는 점에서 이 광고는 매우 효과적이다. 이런 광고는 정서적 공감을 불러일으키므로 분명 많은 사람이 자극을 받아 가족에게 안정을 보장해 줄 생명보험에 가입했을 것이다. 만약 이 광고에 효과는 훨씬 떨어지지만 더 솔직한 문구가 쓰였다면 이런 식이지 않았을까? "엄마, 아빠가 내일 당장 돌아가시더라도 내가 재정적으로 안정적일 수 있으려면 엄마, 아빠의 생명 가치는 얼마여야 할까요?"

생명보험은 생명에 부여되는 가치에 관한 논의에서 빼놓을 수 없는 주제다. 많은 사람에게 인간의 생명 가격표가 가장 명시적으로 등장하는 영역이기 때문이다. 소비자가 가격표를 결정하는 경쟁 시장에서 구매된다는 점에서 생명보험은 우리가 지금껏 논의했던 다른 생명 가격표들과는 뚜렷이 구별된다. 개인이 생명보험의 가입 여부는 물론 보장 범위도 고를 수 있다는 사실도 차이점이라 할 수 있다.

지금까지 보았던 다른 종류의 생명 가격표와는 달리 생명보험에서는 공정성이 가격을 결정하는 데 그다지 중요한 역할을 하지 않는다. 여기에는 몇 가지 이유가 있다. 첫째, 생명보험의 생명 가격표는 소비자가 결정한다. 경제학자, 기업의 재무 분석가, 규제 기관처럼 타인이 결정하는 것이 아니다. 소비자가 더 큰 보장 범위의 보험에 가입해야겠다고 생각하고, 그럴 경제적 여유가 있다면 그건 그들의 선택에 달려 있다.

둘째, 생명보험은 경쟁 시장이 있다. 이는 경제 전문가들이 가격표의 추산치를 계산하지 않아도 된다는 의미다. 가격표를 설문 조사로 추론하거나 사람들의 지불 의사를 통해 추정하는 통계적 생명 가치와는 달리 생명보험의 보험료는 모두가 익히 알고 있는 가격표다.

셋째, 생명보험의 값은 사망 위험을 기준으로 한다. 한 사람의 사망 위험을 계산하는 산출법은 수백 년 전부터 잘 알려진 단순 명료한 개념인 생명표를 기준으로 한다.

마지막으로, 생명보험을 판매하는 기업들은 공정성에 대한 우려에 따라 움직이지 않고, 자신들의 상품이 공정하게 판매되도록 해야 할 의무도 없다. 보험회사는 영리를 목적으로 하는 기업으로서 가격과 상품을 두고 다른 많은 경쟁사들과 경쟁하면서 이윤을 최대화하는 것을 목표로 한다. 미국에서 생명보험업은 수조 달러 규모의 산업이다.[1] 2017년 한 해에 개인 생명보험 액면가의 총액은 12조 달러였는데, 이는 그해 미국 국내 총생산의 3분의 2에 달하는 규모였다.[2,3] 2017년에 미국 보험 회사가 보유하고 있던 유효 계약 건은 약 2억 8900만 건이었으며, 이는 대략 전체 미국 인구의 1인당 1건에 해당하는 수치다.[4,5] 보험회사들은 강력한 효과를 내는 마케팅 전략을 고안하여 상품 수요를 촉진하며, 생명보험에 가입하려는 소비자들은 웹사이트나 보험 중개인을 통해 가격 견적을 쉽게 받아 볼 수 있다.

생명보험에 공정성 문제가 전혀 고려되지 않는 것은 아니다. 곧 논의하겠지만 공정성 문제는 보험사들이 위험 또는 사망률을 결정하는 데 합법적으로 활용할 수 있는 (또는 활용하기로 선택하는) 요소들과 관련하여 제기된다. 생명보험의 가격은 해당 사회와 기업의 가치를 반영하기도 한다. 이러한 제약과 선택은 생명보험이 생명의 가치를 매기는 데 공정한 것과 공정하지 않은 것의 문제를 제기한다. 성, 인종과 같은 요소에 따른 임금격차가 개인의 생명보험 구매력에 영향을 미친다는 점에서 공정성은 간접적인 역할을 한다고도 할 수 있다.

소비자의 선택

소비자가 가입하는 보험의 보장액(생명보험을 목적으로 고안된 생명의 값)은 다른 생명 가격표들과 큰 차이가 있다. 그것은 바로 보험회사의 주도에 따라 소비자가 스스로 결정한다는 점이다. 생명보험의 가격표는 민사재판의 배심원단과 같은 제3자가 정하는 가격표도 아니고, 경제 전문가가 어떤 산출 공식에 근거하여 추산해 낸 가격표도 아니다.

생명보험에 가입할지 고민할 때는 여러 가지 문제를 생각해 보아야 하는데 그중에서 가장 중요한 문제는 '생명보험이 필요한가?', '정기 보험과 종신 보험 중 어떤 종류에 가입할 것인가?',[6] '보험 수익자는 누구로 할 것인가?', '어느 정도의 보장액이 필요한가?'이다. 마지막 질문 '어느 정도의 보장액이 필요한가?'는 자신의 생명 가치에 대한 직접적인 평가라 할 수 있다.

생명보험이 정말 필요한가에 답을 하려면 부양가족이 있는가, 있다면 그들에게 들어가는 돈은 얼마인가, 그러한 돈을 마련하는 데 쉽게 가용할 수 있는 자산은 얼마나 있는가 등과 같은 핵심 사항을 따져 보아야 한다.

자신의 생명 가치에 대한 평가를 내리기 전에 반드시 결정해야 하는 사항에는 보험 수익자를 누구로 할 것인지, 각 수익자는 얼마씩 수령해야 하는지와 같은 문제도 있다. 대개 보험 수익자는 배우자나 피부양 자녀와 같은 보험 계약자의 직계 가족이다. 하지만 일반적으로 수익자에 대한 제한은 없어서 보험 계약자는 자신이 아끼는 모교나 남겨질 반려동물을 수익자로 설정할 수 있다. 수익자를 누구로 할지 떠오르는 사람이 없다면, 그건 생명보험이 필요 없다는 뜻이다.

마지막으로 얼마짜리 보험에 가입할지를 결정해야 한다. 이 문제에 대한 결정은 필요한 돈과 대체 가치뿐만 아니라 보험료에 따라 달라진다. 단순하게 '적당히 많아 보이는' 대략적인 금액, 예를 들어 100만 달러를 정할 수도 있지만, 이 문제에 대해서는 세부적인 목표를 유념하여 결정하는 편이 바람직하다. 얼마짜리 보장 금액이 필요한지 따져볼 수 있는 방법에는 몇 가지가 있다.

만약 보험 계약자의 목표가 자신이 갑자기 죽더라도 피부양자의 생활양식에 변화가 없게 하는 것이라면, 보험의 보장 금액은 최소한 보험 계약자가 생존해 있었다면 제공했을 법한 경제적 기여에 준하는 수준이어야 한다. 대체 소득 필요분이라고 부르는 이것은 9.11 희생자들의 보상금을 계산할 때 경제적 가치를 결정하던 방법과 유사하다. 대체 소득 필요분을 추산하기 위해서는 급여, 수당, 퇴직 적금뿐만 아니라 보험 계약자가 죽으면 보험 수익자들이 그 일을 대신할 다른 사람에게 지불할 돈까지 계산에 넣어야 한다. 보험 계약자가 돈을 벌어 오고 자녀들을 학교에 데려다주는 일을 한다면, 보험 계약자가 죽더라도 돈을 벌고 아이들을 학교에 데려다주는 일이 계속해서 이루어져야 하기 때문이다. 다소 우울한 가정이 수반되는 과정이지만 대체 소득 필요분을 추산하는 데서 매우 중요하고, 이 단계에서 육아, 가사, 요리, 운전 등이 고려될 수 있다. 물론 사람이 죽으면 자기 자신에게 드는 돈이 없으니 옷이나 여가, 여행, 음식과 같은 개인 소비는 제외된다. 이렇듯 계산이 진지하고 세부적으로 이루어져야 보험 계약자의 기여를 대체하는 데 유가족이 필요한 보장 범위를 명확하게 파악할 수 있다.

이 대체 소득 필요분을 계산하는 데 가장 중요한 투입 변수도 소득이기에 앞서 논의했던 소득과 관련된 모든 불공정성(인종, 성 관련 소득 불평등)이 이 계산 과정에서 더 악화된다. 소득이 없지만 무보수로 육아나 요리, 청소, 운전 등과 같은 일을 하는 집에 있는 부모 역시 대체 소득 필요분을 지닌다. 이 대체 소득 필요분은 집에 있는 부모가 제공하는 일들에 지불해야 할 돈의 총액을 나타낸다. 마찬가지로 밖에서 돈을 벌지는 않지만 집에서 노부모를 돌보느라 바쁜 사람도 대체 소득 필요분을 지니며, 이는 그 노부모를 돌보는 데 드는 비용의 총액을 나타낸다.

대체 소득 필요분을 계산한 결과는 꽤나 명확하다. 돈을 적게 버는 사람보다 돈을 많이 버는 사람들이 대체 소득 필요분이 높으므로 더 많은 보장 금액이 필요하다.

대체 소득을 계산하는 것 말고도 필요한 보장 금액을 추산해 볼 수 있는 방법은 또 있다. 이번에는 반대로 보험 수익자의 관점에서 필요한 보장 금액이 얼마인지 계산해 보는 것이다. 보험 계약자가 현재 하고 있는 기여(공급)에서 시작하는 것이 아니라 유가족의 관점(수요)에서 추산해 보는 것이다. 유가족 필요분 계산법이라고 부르는 이 방법은 유가족이 일정 수준의 수입과 생활양식을 향유하는 데 필요한 돈이 얼마인지를 계산한다. 여기에는 유가족이 재정적으로 자립할 때까지의 주택 융자금 상환 비용, 월세, 건강보험, 식료품, 의복, 교육비 등이 포함된다. 피부양자가 많을수록 유가족 필요분은 더 많아진다. 생활양식의 기대 수준도 이 계산에 영향을 미친다. 자녀들이 대학에 갈 것을 기대하지 않으면 유가족 필요분을 계산할 때 대학 등록금은 고려할 필요가 없다. 그러나 장차 자녀를 의대에 보내려 하는 경우라면 이 비용이 유가족 필요분 추산에 반드시 포함되어야 한다.

유가족 필요분 계산법은 유가족이 돈이 더 많이 드는 생활양식과 미래를 기대하는 경우 적당한 수준의 삶을 영위하고자 하는 경우보다 더 많은 재정적 지원이 필요하다는 결론에 도달한다.

필요한 보장 금액이 얼마인지 정해졌다면, 이제 이 총액을 유동 자산과 비교해 본다. 유동 자산이란 짧은 기간 안에 현금으로 바꿀 수 있는 자산을 말한다. 주식이나 채권, 현금과 같은 유동 자산이 필요한 보장 금액보다 많다면 생명보험은 아마도 필요하지 않을 것이다. 집이나 차와 같은 비유동 자산은 쉽게 현금으로 바꿀 수 없고, 팔리는 경우 반드시 대체품이 필요하다. 예를 들어 집을 파는 데는 오랜 시간이 걸리고, 일단 팔리고 나면 유가족에게는 다른 집이 필요하다. 다시 말해 유가족이 월세를 내거나 주택 융자를 받아야 한다는 뜻이다. 대부분의 사람들은 그런 필요를 충족할 만큼의 유동 자산을 갖고 있지 않다. 바로 이런 상황을 위해 가입해 두는 것이 생명보험이다.

앞서 언급한 두 계산법, 곧 대체 소득 필요분 계산법과 유가족 필요분 계산법 모두 보험 계약자가 죽어서 더 이상 (소득을 통한) 재정적인 기여나 늘 해 오던 일(이를테면 아이들을 학교에 데려다주는 일)을 해 줄 수 없을 때 피부양자들이 일정 수준의 생활양식을 유지하는 데 필요한 돈이 얼마인지 알아보는 방법이다. 이것은 다른 사람이나 다른 사항을 전혀 고려하지 않고 피부양자들이 받는 직접 수당만을 중점적으로 다룬다는 점에서 보험 계약자 생명 가격표의 일부에 불과하다고 볼 수 있다. 여기에는 보험 계약자가 피부양자들 외의 사람들에게 기여하는 바, 예를 들어 돈으로 환산할 수 없는 타인과의 관계뿐만 아니라 사회에 기여한 것들은 반영되지 않는다.

2016년에 미국에서 판매된 생명보험의 평균 액면가는 15만 3000달러였다.[7] 이는 통계적 생명 가치에 사용되는 추산가에 비하면 매우 적은 금액이다. 인간 생명의 가치를 평가하는 목적과 방법에 따라 그 액수에 큰 차이가 난다는 사실을 잘 보여 주는 대목이다. 규제 기관이 비용 대비 효과가 큰 방법으로 모집단에서 발생하는 위험을 통제하는 일을 목표로 한다면, 생명보험은 피보험자가 갑작스럽게 죽었을 때 보험 수익자들을 재정적으로 돕는 것을 목표로 한다.

생명보험에 대한 필요성은 일반적으로 재산이 많을수록 커진다. 다만 극도로 빈곤하거나 어마어마한 부자인 경우는 그 필요성이 줄어들 수 있다. 당연한 이야기지만, 소득이 10만 달러 이상인 가구가 생명보험에 가입되어 있을 확률은 소득이 5만 달러 이하인 가구보다 두 배가량 높다. 마찬가지로 65세 이상의 성인이 생명보험에 가입해 있을 확률은 25세 이하 성인보다 두 배 이상 높은데, 이는 그 나이대의 자산, 가족 사항, 기대 수명을 고려하면 이해할 수 있는 결과다.[8]

여기서 앞서 언급했던 가상의 9.11 희생자들을 다시 소환해 보자. 네 사람은 나이와 사회경제적 계급이 모두 달랐기에 이들이 생명보험 문제를 어떻게 처리했을지 살펴보면 생명보험에 관한 균형 잡힌 시각을 얻을 수 있다.

소방관이었던 릭은 확실한 중산층으로 직장인 소방서를 통해 가입된 10만 달러짜리 생명보험이 있지만, 피부양자가 없었으므로 보험 수익자를 형제들로 지정해 두었다. 릭은 결혼 후 보장액을 최대한도인 50만 달러까지 늘리고 수익자를 아내로 변경할 예정이었다. 그가 보장 금액을 50만 달러로 결정한 이유는 그 금액이 소방서가 보조해 주는 생명보험을 통해 보장받을 수 있는 가장 높은 금액이었기 때문이다.[9]

기업 임원인 짐은 아내와 쌍둥이 자녀가 있었고 가족들은 가계 수입을 모두 짐에게 의존하고 있었다. 짐은 임원 보수에 포함되어 있어 회사가 보험료 전액을 지원해 주는 수백만 달러짜리 생명보험이 있었고, 딸들의 사립학교 학비와 사교육비, 대학 등록금 등을 이미 따로 모아 둔 상태였다. 짐은 그의 가족이 그 돈을 모두 소진하면 그가 매입해 둔 부동산 일부를 팔면 될 것이라고 생각했다. 짐의 아내는 직장에 나가지 않았고 집안 청소도 하지 않았으며 차도 몰지 않았지만, 온 가족의 식사를 준비하고 학교에서 돌아온 아이들을 돌보았다. 짐은 아내를 피보험자로 하는 50만 달러짜리 생명보험을 들어 두었다. 아내가 갑자기 사망하는 경우 그녀가 가족을 위해 하는 일(아이들을 돌보고 가르치는 일, 요리)을 대체하는 데 필요한 돈이 그 정도일 것이라 판단했기 때문이다.

　빠듯하게 살아가던 애니타는 여자 친구 애슐리의 재정적 지원이 없었다면 거리에 나앉을 처지였다. 두 사람 모두 생명보험에 들 생각은 해 본 적이 없었다. 애니타와 애슐리처럼 돈이 많지 않고 다음 달 월세 내기에 급급한 젊은이들에게 생명보험은 심사숙고할 문제가 전혀 아니었기 때문이다.

　서배스천의 부모는 맞벌이였다. 서배스천의 아버지는 벨에어 컨트리클럽 직원으로 1년에 3만 5000달러 정도를 벌었는데, 위자료로 매달 서배스천의 어머니에게 1200달러가량의 돈을 보냈다. 서배스천의 어머니는 이런저런 일을 하면서 비과세 수입으로 1년에 약 1만 5000달러, 상점에서 파트타임 계산원으로 일하며 과세 수입 1만 2000달러 정도를 벌었다. 집에서도 요리, 청소, 육아로 쉴 틈이 없었다. 한번은 두 사람이 보험 중개인을 만나 그들에게 얼마짜리 생명보험이 필요한지 상담을 받았다. 대체 소득 필요분을 계산해 보니 서배스천의 아버지보다 어머니가 더 높은 금액의 생명보험에 들어야 한다는 결론이 나왔다. 말싸움이 벌어졌고 결국 두 사람은 보험에 가입하지 않았다. 하지만 서배스천의 아버지는 아이가 울고 있는 보험 광고를 볼 때마다 생명보험에 들지 않는 것이 과연 그의 가족을 위해 잘하는 일인가 스스로 되묻지 않을 수 없었다.

지금까지 생명보험을 둘러싼 여러 가지 결정들을 살펴보았다. 이제 보험 계약 자체를 들여다보자. 보장액이 100만 달러인 20년 정기보험을 예로 들어 살펴보면, 보험 계약은 보험료와 보험금이 투명한 간단명료한 상거래다. 수요 측면은 앞에서 논의했으니, 이제는 공급 측면, 다시 말해 보험 판매에 대한 보험회사의 관점을 자세히 알아보자.

생명보험회사들은 계약자에게 청구하는 보험료와 보험금을 제공하는 비용 간의 차이를 극대화함으로써 이윤을 창출한다. 보험 업계는 경쟁이 매우 치열해서 기대 여명 모델을 정확하게 구축한 회사가 가장 성공한다. 특히 생명보험회사들은 A라는 개인이 지금부터 1년, 2년, 3년, 20년을 더 살 확률을 아주 정확하게 예측하는 생존 곡선을 고안하려고 한다. 이 확률에 보험료와 보험금을 곱하면 A와 유사한 사람이 가입하는 보험의 표준 현금 흐름을 예측할 수 있다. 통계적으로 보면 이 액수는 A와 유사한 수천 명이 동일한 보험에 가입했을 때 예상되는 시간에 따른 평균 현금 흐름이다. 여기에 할인된 현금 흐름을 더하면 해당 보험의 순 현재 가치가 나온다. 보험회사들은 순 현재 가치가 매우 높은 보험을 원한다. 쉽게 설명하면 돈을 최대한 많이 벌기를 원한다는 말이다. 보험 계약자가 보험료를 많이 내고 보험회사가 보험금을 지불할 가능성이 낮을수록 보험사의 이윤은 커진다.

장기 보험일수록 보험료가 더 비싼데, 가입자가 오래 살수록 나이가 들어 죽을 가능성이 높아지기 때문이다. 보험 계리사들은 한 개인이 나이에 따라 매년 죽을 확률을 기록한 생명표를 가지고 있다. 이러한 생명표는 모든 인구 집단에 적용되며 전체 인구의 평균값을 나타낸다. 성별, 인종별로 다른 생명표도 있다.

생명보험회사는 카지노에 비유할 수 있다. 카지노는 모든 게임, 모든 패에서 자신들이 이길 확률과 질 확률을 알고 있다. 카지노가 승리할 확률이 더 높기 때문에 카지노의 비즈니스 모델은 한마디로 숫자 게임이다. 다시 말해 더 많은 사람이 베팅할수록 카지노가 이길 확률이 높다는 뜻이다. 일부 손님이 돈을 따기도 하지만, 카지노가 승률이 조금 더 높으므로 꾸준한 이윤이 창출된다. 마찬가지로 보험회사는 생존 확률에 대한 추정치를 매기고 평균적으로 수익을 낼 수 있도록 보험료를 책정한다. 때로는 사람들이 가입한 지 얼마 되지 않아 사망하여 손실을 입기도 하지만, 보험에 드는 사람이 수천 명에 이르기에 보험회사는 보험료의 할인 가치와 총 보험금 지급액의 할인 가치 사이의 가격 차이에 따라 수익을 낼 수 있다. 카지노와 생명보험 모두 승산은 기업에 있다. 보험회사의 경우 생명표의 평균 수명만큼 행복하게 사는 사람들이 지불하는 보험료가 평균적으로 평균 수명까지 살지 못하고 보험금을 청구한 사람들에게 지급되는 보험금을 상쇄하고도 남는다. 평균적으로 게임에서 진 사람들에게서 딴 돈이 승자에게 지급되는 돈을 상쇄하고도 남는 카지노의 경우처럼 말이다. 그러나 카지노와 보험 사이에는 큰 차이점이 있다. 정기 보험을 계속 들어 두면, 자신이 사망한 뒤 가족들이 보험금을 받을 수 있다는 점에서 언젠가는 그 베팅이 성공한다는 사실이다. 물론 비과세 채권과 같은 다른 곳에 투자하는 것보다는 보험금이 적을 수 있다.

사망 예측하기

보험회사는 예측 모델을 최대한 정확하게 구축하려고 노력한다. 생존을 예측할 수 있는 요인을 모두 식별하고 이것들을 예측 모델에 포함시키는 것이 보험회사에 유리하다. 여기에서 제기되는 문제가 있는데 모델링에 어떤 요인을 사용하는 것이 합법적이고 정당한가이다.

보험회사들은 보험 신청자와 보험 계약자에 관한 다양한 영역의 정보(성, 연령, 키, 몸무게, 가족 병력, 직업, 흡연·음주 여부, 의료 기록, 건강 진단으로 확인된 현재 건강 상태)를 수집한다. 인종, 약물 사용, 운전 기록, 신용 기록, 취미 등에 관한 정보를 모으기도 한다. 조기 사망을 예측하는 요인이 발견되면 보험료가 높아질 수 있다. 물론 해당 변수를 사용하는 것이 합법이고 회사가 그 변수를 사용하기로 결정한 경우에 한해서 말이다.

신생아가 1년 후 사망할 확률은 높은 수준이다. 미국의 영아 사망률은 약 1000명 중 6명으로 전 세계 선진국 중에서 가장 높은 편에 속한다.[10] 1년 후 사망할 확률은 이후 약 12세까지 점차 감소하다가 다시 서서히 증가한다. 평균적으로 50세 미국인이 1년 후 사망할 확률은 0.4퍼센트이고, 65세는 1.3퍼센트이며, 80세는 약 5퍼센트이다.[11] 나이가 많을수록 1년 후 사망할 확률이 높기 때문에 보험 급부가 동일하다면 보험료는 나이에 따라 증가한다.

전 세계 거의 모든 나라에서 여성이 남성보다 오래 산다. 여성의 평균 기대 여명은 남성보다 5년 정도 더 길다.[12] 80세 여성이 1년 후에 죽을 확률은 4.3퍼센트인 데 비해, 남성은 5.8퍼센트이다. 따라서 모든 조건이 동일한 경우 여성의 보험료가 남성보다 낮다.

미국에서 인종은 여러 측면에서 민감한 주제인데, 보험에서도 예외는 아니다. 미국에는 인종에 따라 기대 여명이 다르다는 사실을 보여주는 확실한 데이터가 있다. 실제로 80세 흑인 남성이 1년 후 사망할 확률은 7퍼센트인 데 반해, 백인 남성은 5.8퍼센트이고 히스패닉계 남성은 4.7퍼센트이다.[13]

가족 병력, 특히 조부모와 부모, 형제자매들의 병력 또한 생존 확률에 큰 영향을 미친다. 부모가 모두 관상 동맥 질환, 당뇨, 뇌졸중, 암과 같은 유전자 관련 질병으로 50대 초반에 사망한 경우, 그 자녀들은 부모가 건강하게 장수하는 사람들보다 보험료가 훨씬 높을 가능성이 있다. 가족 병력을 알아보는 인터뷰와 관련된 매우 오래된 농담이 하나 있다. 한 사람이 생명보험에 가입하면서 이런 말을 했다고 한다. "나는 정말 우리 할아버지처럼 평화롭게 자다가 죽고 싶어요. 할아버지 차에 같이 타고 있던 사람들처럼 고통스럽게 죽는 게 아니고요."

가족 병력과 의료 기록을 제출하는 것뿐만 아니라 보험회사는 종종 현재 건강 상태를 확인하기 위해 보험 신청자에게 건강 검진을 받아 오라고 요구한다. 심혈관 질환, 고혈압, 흡연, 음주, 약물 남용, 비만 등의 의료 기록이 있는 사람들은 보험료가 더 높은 편이다. 흡연을 하면 사망 위험이 높아지므로 흡연자들은 비흡연자의 두 배가 넘는 보험료를

내기도 한다.[14]

상대적으로 위험한 직업군, 이를테면 벌목업, 어업, 광업, 운송, 농업, 건설업에 종사하는 사람들 역시 보험료가 다른 사람들보다 높은 편이다.

운전 기록도 생명보험회사에 중요한 자료다. 2016년 한 해에만 미국에서 4만 명이 넘는 사람들이 교통사고로 사망했기 때문이다. 가장 높은 교통사고 사망률은 15~24세의 젊은 층과 75세 이상 노년층에서 나타났다.[15] 자료에 따르면 사고 기록과 같이 좋지 않은 운전 기록이 있는 사람들은 리스크가 높기 때문에 더 높은 보험료를 지불할 가능성이 높다.

어떤 사람들에게는 놀라운 사실이겠지만 보험회사들이 보험 신청자들의 라이프스타일을 고려하는 경우도 많다. 스카이다이빙, 행글라이딩, 스쿠버다이빙, 암벽 등반, 서핑, 익스트림 스포츠, 모터 스포츠, 자동차 경주, 개인 비행과 같은 위험한 라이프스타일이나 취미가 있으면 보험료가 높아진다.

보험회사들이 이렇게 다양한 요인들을 고려하는 이유는 최대한 많은 정보에 기초하여 결정을 내리려 하기 때문이다. 다시 말해 예측 모델을 최적화하여 이윤을 극대화하기를 바라서다. 모델을 더 정확하게 구축하는 회사들이 그렇지 못한 회사들보다 보험 상품의 가격 책정을 더 잘하고 그에 따라 더 좋은 실적을 낸다. 이는 법적으로 허용되는 모든 변수를 활용하는 회사들이 경쟁 우위에 있다는 의미다. 나이, 인종, 가족 병력, 유전자 표지와 같은 고객들이 통제할 수 없는 변수가 보험료를 낮추거나 높이는 이유가 되기도 한다. 어떤 사람이 조기 사망 확률이 높은 희귀한 유전병과 같은 통제 불가능한 요인을 가지고 있다고 해 보자. 보험회사는 이런 높은 조기 사망 확률의 대가로 그 사람에게 매우 높은 보험료를 청구하거나, 터무니없이 비싼 보험료를 매겨 보험을 들 수 없게 만들기도 한다.

암벽 등반, 흡연, 행글라이딩, 음주와 같은 고위험성의 라이프스타일은 통제 가능한 요소이므로 보험 신청자들은 스스로 선택하여 이런 요인에 대한 높은 보험료를 낮출 수 있다. 그러나 생명보험의 목적은 보험을 제공하는 것이지, 어떻게 살라고 지시하는 것이 아니다.

누군가 '통제 가능한 변수와 통제 불가능한 변수 중에 어떤 것이 위험을 평가하는 데 공정하고 적절한가?'라고 묻는다면, 자유 시장 옹호자들은 경쟁 시장에서 보험회사들이 자신의 경쟁력을 강화하기 위해서는 법적으로 사용할 수 있는 모든 변수를 사용해도 된다고 대답할 것이다. 그러나 보험회사들은 국가의 규제를 통해 사용할 수 있는 정보와 사용할 수 없는 정보에 대한 제한을 받는다.[16] 물론 특정 이익 집단의 로비와 같은 요소들이 입법에 영향을 미치기도 하지만, 이러한 규제는 해당 사회가 공정을 어떻게 바라보는지 나타낸다고 볼 수 있다. 규제를 검토하는 시민사회나 감시 단체들은 언제나 규제 포획, 즉 공익을 위해 존재해야 할 규제 기관이 반대로 규제 대상의 이익을 증대시키려고 하지는 않는지 철저하게 감시해야 한다.[17]

미국에는 보험회사들이 인종, 종교, 출신 국가, 성을 고려하지 못하도록 금지하는 연방법이 없다.[18] 따라서 보험회사에 대한 규제는 주 정부의 소관이며, 이 문제에 대한 규제도 각 주 정부가 정한다. 확인된 바에 따르면 어떤 요소가 합법인가의 문제에 대한 주 정부 차원의 대답은 하나로 정리할 수 없다. 보험회사가 인종, 출신, 종교를 기준으로 차별하지 못하도록 하는 법이 아예 없는 주가 많고, 반면 확실한 규제를 시행하는 주들도 있기 때문이다. 이는 보험회사가 보험 가격을 책정할 때 고려하는 요소들 가운데 무엇이 합법이고 적절한지에 대한 사회적 합의가 없다는 사실을 의미한다. 생명보험회사에 대한 이런 규제는 한 집단이 다른 집단보다 더 많은 금전적 부담을 지는 결과를 낳기도 한다. 고위험군 집단이 저위험군 집단과 같은 가격을 책정 받아야 한다면, 저위험군 집단이 자신들의 위험 수준에 비해 높은 보험료를 초과 지급하게 된다. 업계 용어로 표현하면 저위험군 집단이 고위험군 집단을 보조해 주는 것이다.

나이를 예로 들어 보자. 생명보험의 보험료를 계산하는 데 나이를 사용하는 것을 금지하는 주는 어디에도 없다. 만약 그런 주가 있다면 모든 연령층이 동일한 보험에 동일한 보험료를 지불해야 할 것이다. 이는 모든 요인이 동일하다는 가정하에 청년층이 노년층의 생명보험을 보조해 주는 것이 된다. 왜냐하면 젊은이들은 자신들의 사망 위험을 통해 도출된 수준보다 더 많은 돈을 지불하는 셈이기 때문이다.

다른 종류의 통제 불가능한 요인들도 중요하다. 앞서 언급했듯이 평균적으로 여성의 수명이 남성보다 길다는 것은 과학적으로 확인된 사실이다. 실제로 18세부터 90세까지 모든 연령대에서 남성이 여성보다 1년 후 사망 확률이 높게 나타난다. 여성의 생존율 우위는 연령이 높아질수록 증가한다. 65세 남성이 1년 후에 사망할 확률이 1.6퍼센트인데 반해 같은 연령의 여성은 1.0퍼센트로 0.6퍼센트나 차이가 난다. 80세가 되면 그 차이는 1.5퍼센트로 벌어진다.[19] 따라서 미국 대부분의 주가 보험회사들이 보험료 책정 모델에 성을 고려하는 것을 법적으로 허용하고 있지만 몬태나주는 예외다. 몬태나주는 성에 기초한 보험료 책정이 불법이어서 남녀를 구분하지 않는 생명표를 사용한다. 몬태나주의 여성들이 남성들의 생명보험을 보조해 주는 셈인 것이다.

기대 여명 데이터를 보면 인종이 생존율 예측에 중요한 지표임을 분명하게 알 수 있다. 흑인의 생존율이 백인이나 히스패닉계보다 낮게 나타나기 때문이다. 많은 주에서 생명보험의 보험료를 책정할 때 인종을 고려하는 것을 명시적으로 금지하지 않지만, 캘리포니아, 조지아, 뉴저지, 뉴멕시코, 노스캐롤라이나, 텍사스, 워싱턴, 위스콘신주에서는 불법으로 규정한다. 이와 대조적으로 루이지애나주는 보험회사가 보험료 책정에 인종을 고려하는 것을 법으로 허용하고 있다.[20] 인종을 고려하는 것을 명확하게 법으로 금지하지 않는 주들 중에는 인종이라는 요소가 변수로 사용되지 않아 규제가 따로 필요하지 않다고 생각하는 주들도 있을 것이다. 그렇게 추측하는 것도 나름의 합당한 이유가 있다. 1800년대부터 있었던 인종에 근거한 보험을 1948년에 메트로폴리탄 생명보험회사가 처음 폐지한 후, 1960년대 무렵부터는 대부분의 대형 보험회사들이 통합 생명표를 사용하면서 기대 여명이 인종마다 다르다는 사실을 자발적으로 무시해 왔기 때문이다.[21]

히스패닉계와 백인이 평균적으로 흑인보다 기대 여명이 길기에 보험회사들이 통합 생명표를 사용하면 결과적으로 히스패닉계와 백인들이 흑인의 생명보험을 보조하게 된다. 일종의 교차 보조다.[22] 따라서 흑인들의 보험 가입률(69퍼센트)이 히스패닉계나 백인(52퍼센트)보다 높다는 2014년 생명보험 업계 보고는 그리 놀라운 일이 아니다.[23] 통계적으로 성공할 가능성이 큰 투자였다는 의미에서 짐이 아내의 생명보험을 들어 둔 일은 현명한 판단이었다고 할 수 있다. 어떤 보험에도 들지 않았다거나 더 높은 보장액의 보험에 들지 않은 가장 큰 이유가 보험료 때문이라고 대답한 히스패닉은 66퍼센트였던 데 반해, 같은 대답을 한 흑인은 55퍼센트였다는 사실도 이런 점을 뒷받침해 준다. 다음 해에 생명보험에 가입할 가능성이 매우 높다고 답한 비율도 흑인은 22퍼센트였으나, 히스패닉계는 14퍼센트에 불과했다.[24] 고용주가 생명보험 가입을 결정하는 데 중요한 역할을 한다는 사실에도 주목해야 한다. 고용주가 생명보험 비용을 보조할 의향이 있다면, 보험료가 더 저렴해지므로 더 많은 사람이 보험에 가입할 확률이 높아진다.

역선택이 너무 많이 발생하면, 다시 말해 저위험군의 사람들이 보험료가 과도하게 부과된다는 이유로 보험에 들지 않는다면 교차 보조가 실패할 가능성이 있다. 고위험군을 벌충해 주는 저위험군이 없다면 보험료는 오를 수밖에 없다. 고위험군의 사람이 자신의 위험 수준을 보험회사보다 더 잘 알고 자발적으로 생명보험에 드는 경우도 있을 수 있다. 일련의 유전자 검사를 통해 자신이 유방암으로 죽을 확률이 매우 높다는 사실을 확인한 사람이 있다고 해 보자. 보험회사가 그 검사 결과를 볼 수 없을 수도 있으므로 당사자가 큰 보장액의 생명보험에 가입한다면 보험회사보다 유리한 입장에서 진행할 수 있다.

우리는 지금까지 자신을 피보험자로 하고 생명보험에 드는 경우를 중점적으로 논의해 왔다. 그러나 생명보험은 고용주와 같은 제3자에 의해 가입되는 경우도 있다. 9.11 사건 발생 후 일부 기업은 직원들 앞으로 들어 놓은 생명보험을 지급 받아 직원들의 유가족에게 나눠 주었다.[25] 이렇게 직원들 앞으로 생명보험에 들어 둔 기업의 의도는 아마도 유능한 직원을 잃는 데 대한 대비이거나 보험을 '좋은 투자'라고 생각해서였을 것이다. 고용주의 관점에서 보면 보험금은 직원을 잃음으로써 회사의 재정에 미치는 잠재적 영향을 의미할 수 있으나 항상 그런 것만은 아니다. 특정 직원에 대해 보험을 드는 일이 현명한 재무적 결정인지를 파악할 수 있는 확실한 정보가 있다면 기업은 그보다 훨씬 더 큰 보장액의 보험을 들지, 아니면 훨씬 더 적은 보장액의 보험을 들지 선택할 수 있다.

생명보험을 제3자가 드는 또 다른 사례에는 말기 환금(생명보험 전매사업) 시장이 있다. 말기 환금 기업들은 보험 계약자가 돈이 급하게 필요한 경우, 이를테면 말기 암 환자가 자신의 생명을 구할 수 있는 약을 살 돈이 없는 경우 그 사람의 생명보험을 사들인다. 이런 기업들은 피보험자가 사망하면 해당 보험의 수익자가 되는 권한에 대한 대가로 피보험자에게 사망 보상금보다 더 적은 돈을 지불함으로써 수익을 얻는다. 말기 환금 기업들은 피보험자가 사망할 때까지 보험료를 지불한다. 이는 보험 계약자가 일찍 죽으면 기업의 이윤이 극대화되는 사업으로, 보험 계약자가 오래 살면 기업은 손해를 볼 수 있다.

생명보험에서 생명 가치 평가는 재정적 필요와 지불 능력을 반영하는 반쪽짜리 가격표일 뿐이다. 자기 앞으로 보험을 들 때 사람들이 자기 생명에 대한 가치 평가를 배심원이나 경제 전문가 같은 외부 집단에 맡기지 않고 스스로 한다는 점에서 대부분의 다른 생명 가격표와는 그 성격이 다르다. 생명보험의 생명 가격표는 스스로 책정하는 것이어서 보험은 자신의 생사가 걸린 의사 결정의 가치를 스스로 통제할 수 있는 영역이라 할 수 있다. 살인을 저지른 사람은 자신의 처벌 수위를 스스로 결정할 수 없고, 차로 타인을 친 사람은 단순히 피해자에게 자기 마음대로 수표를 써서 주는 것으로 책임을 끝낼 수 없다. 의회에 출석해 내 생명의 가치가 얼마이며 오염 물질이나 오수와 같은 위험으로부터 내 삶과 가족들을 보호하기 위해 국회의원들이 왜 더 힘써야 하는지에 대해 증언할 수도 없다. 그러나 생명보험에 들 것인지, 든다면 얼마짜리를 들 것인지, 수익자는 누구로 할 것인지는 스스로 결정할 수 있다. 간단히 말해 생명보험에서 우리는 내 생명을 대체하는 데 필요한 돈이 얼마인지 결정할 수 있다. 하지만 자신에게 매우 높은 가격을 매기는 영예를 누리려면 매우 높은 보험료를 지불해야 한다.

생명보험은 개인이 보장 금액을 직접 결정하고 자신을 대체하는 데 필요한 돈의 액수를 스스로 감정하는 과정을 수반한다. 생명보험이 사망 시에 지급되는 돈에 초점을 맞춘 것이라면, 다음 장에서 다룰 건강보험은 환자가 더 높은 삶의 질을 제공 받기 위해 약물, 수술 등의 의료 서비스가 필요한 상황에서 지급되는 금액에 초점을 맞춘다. 규제 기관과 건강보험회사들은 일상적으로 인간 생명에 가격표를 매길 뿐 아니라 신약이나 새로운 수술법과 같은 새로운 의료 기술에 얼마만큼의 돈을 써야 하는지도 산정한다.

7장 생명 가격표와 삶의 질

ULTIMATE PRICE
The Value We Place on Life

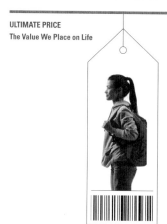

1990년에 테리 샤이보는 심정지 후 심각한 뇌 손상을 입고,[1] 영구적 식물인간 상태라는 진단을 받았다. 수년간의 치료에도 별 차도가 없자, 1998년 테리의 남편(이자 법적 보호자)은 그녀의 영양 공급관을 제거해 달라는 청원을 냈다. 남편의 이러한 결정은 테리 부모와 법적 분쟁을 촉발시켰다. 수차례의 소송과 항소가 이어졌고 주지사와 대통령에게도 탄원서가 제출되었다. 2005년 있었던 최종 심리에서 법원은 영양 공급관 제거를 판결하였다. 그로부터 2주 후 테리는 숨을 거뒀다. 그녀가 식물인간 상태로 있었던 15년간의 병원 생활에 들어간 의료비와 호스피스 케어 비용은 수십만 달러에 달했다.[2] 모든 의료 제도의 재정 자원에는 한계가 있다. 테리를 살리기 위해 사용된 돈이 다른 사람들의 생명을 살리는 데 쓰이는 게 더 낫지 않았을까 하고 의심해 보는 것은 필요하고 적절한 일이다. 더 포괄적인 측면에서 이 사례는 의료 서비스에 가용할 수 있는 유한한 재정 자원을 분배하는 최선의 방법은 무엇인가라는 중요한 쟁점을 제기한다.

생명의 수량과 질에 매겨지는 가치는 그 사회가 공정성을 어떻게 바라보는지 말해 주는 가장 투명한 거울이다. 생명을 연장하거나 건강을 증진하는 데 쓰는 돈은 미래를 위한 투자 의사를 나타낸다. 그러한 투자 결정에 영향을 미치는 사항들은 그 사회가 공정성을 어떻게 판단하는지 보여 주는데, 여기에는 개인 소득, 기대 여명, 치료 비용이나 치료 가능성 그리고 이런 것들의 우선순위를 가늠하는 방법 등이 포함된다. 건강에 매겨지는 가격표는 담배를 피울 것인지 말 것인지와 같은 개인의 결정은 물론 부유한 사람들을 우대할 것인지, 영리를 목적으로 할 것인지 아니면 다른 것을 목적으로 할 것인지와 같은 사회적 결정을 야기한다.

인간의 건강에 매겨지는 가격표는 단일하지 않다. 누가 지불하는지, 어떤 의료 서비스를 제공받는지, 어디서 제공받는지, 누가 제공하는지와 같은 매우 다양한 요소에 따라 가격표는 달라진다. 더 광의의 측면에서는 건강을 어떻게 정의하느냐에 따라 달라진다. 이 장의 논의를 위해 여기에서는 '건강'이라는 단어의 협의, 즉 '질병이나 부상이 없는 상태'라는 의미를 사용하기로 한다.[3]

건강의 가치를 평가하는 데, 더 포괄적으로는 생명의 가치를 평가하는 데 가장 중요한 문제 중 하나는 누구의 관점으로 보는가이다. 어떤 치료법이 수익을 낼지 판단해야 하는 영리 목적의 기업의 관점에서 이야기하고 있는가? 필수 의료 서비스를 제공할 헌법적 의무를 지닌 국가가 국민 건강보험으로 어떤 의료 서비스까지 보장할지를 논의하고 있는가? 자기 생명이나 자녀의 생명을 살리기 위해 얼마만큼의 치료비를 쓸지 고민하는 개인을 이야기하고 있는가? 이 질문들에 대한 답에서 귀결되는 건강 가격표와 권장 해결책은 서로 매우 다르다.

건강의 가치는 규제 기관뿐만 아니라 영리를 추구하는 기업에게도 중요한 문제다. 개인의 경우 건강과 관련하여 무엇을 가장 중요하게 여기는가는 일상생활에서 잘 드러난다. 한 개인이 건강에 관해 내리는 결정들을 보면 시간과 돈을 쓸 때 무엇을 중요하게 여기는지, 무엇을 건강의 가장 큰 위협이라고 여기는지 알 수 있다.[4] 이런 결정들은 그 사람이 자기 건강과 생명을 얼마나 가치 있게 여기는지 보여 주는 현실적 지표다. 점심으로 샐러드를 먹는지 아니면 햄버거와 감자튀김을 먹는지, 담배를 피우는지, 출근할 때 어떤 교통수단을 이용하는지, 대부분의 의료 비용을 보장하는 포괄적 건강보험에 들어 있는지 아니면 가입자 부담금이 높은 저렴한 보험에만 들어 있는지, 아니면 무모하게 아무 보험에도 들지 않았는지 등이 여기에 해당한다. 이러한 결정은 물론 그 밖의 다른 결정들도 개인의 건강을 개선하거나 악화시킬 수 있지만, 건강에 관한 한 어떤 것도 확실한 것은 없다.

건강의 근본적 중요성은 미국 연방 정부가 2010년에 발표한 글로벌 보건 이니셔티브(Global Health Initiative)에 잘 설명되어 있다. "보건은 인간 발전의 핵심이다. 보건은 부모가 가족 부양을 위한 노동을 할 수 있는지, 아이들이 학교에 다닐 수 있는지, 여성이 건강하게 출산할 수 있는지, 신생아가 잘 성장할 수 있는지를 결정한다. 의료 서비스가 탄탄하고 접근이 쉬운 곳은 가정과 공동체가 번영을 누리는 반면, 의료 서비스가 접근성이 떨어지거나 낙후되어 있는 곳 또는 아예 없는 곳은 가정이 병들고 성인들이 장수하지 못하며 공동체가 와해된다."[5]

이러한 성명은 건강을 유지하고 개선하는 일을 단순히 비용으로만 보아서는 안 된다는 주장을 뒷받침한다. 건강은 모든 가능성의 근간을 마련해 준다는 점에서 큰 수익을 보장해 주는 투자라 할 수 있다.[6] 건강한 사람일수록 생산성이 높고 경제성장에 더 활발히 참여할 수 있으며, 더 나아가 사회에 더 많은 공헌을 할 수 있다.[7] 우리는 대개 건강할 때는 건강의 중요성을 잘 모르다가, 건강을 잃어버리면 그 중요성을 뼈저리게 느낀다.

건강에 가격표를 매기는 일은 생명의 가치를 판단하는 것만큼이나 매우 복잡하고 논쟁적이다. 내게 운전을 가르쳐 주던 운전 교습 강사는 만약 차로 보행자를 치었을 때 돈을 아끼려면 "후진했다가 마저 일을 끝내라."라며 매우 잔인한 농담을 하기도 했다. 9.11 희생자 보상 기금도 부상자에 대한 보상금이 사망자 보상금보다 많은 경우가 있어 운전 교습 강사의 말이 완전히 틀린 것은 아님을 증명해 주었다. 민사소송 중에도 부상에 대한 배상금이 불법행위에 의한 사망의 배상금보다 높게 나오는 재판이 있다. 언뜻 보기에 이해할 수 없는 이런 판결은 피해자가 평생 동안 비싼 치료비를 감당해야 하고 일을 하는 데 많은 어려움이 따르기 때문에 배상금이 매우 높을 수밖에 없다는 점을 그 이유로 든다. 이러한 논리는 비판의 여지가 많다. 한편 이런 판결의 이유가 생명 자체의 가치를 충분히 인정받지 못해서라는 해석도 있다. 만약 생명 자체에 더 큰 가격을 매긴다면, 부상은 언제나 사망보다 더 낮은 가격표를 받게 될 거라는 주장이다.

규제 기관의 측정 항목과 책무

규제 기관들은 영리 목적의 기업처럼 이해득실만을 따지기보다 사회에 미치는 영향을 고려하는 임무를 맡는다. 규제 기관들은 모두 건강의 가치에 대한 서로 다른 관점을 갖고 있으며, 이런 관점들은 각 기관이 건강 가격표를 고안하고 사용하는 방법에 영향을 미친다. 우리는 앞서 환경 규제 기관이 대기, 수질 등의 환경 기준을 더욱 엄격하게 함으로써 구하는 생명과 보호되는 건강의 편익을 계산할 때 통계적 생명 가치가 어떻게 사용되는지 살펴보았다. 환경 기준을 더 높게 설정하면 질병, 질환, 부상의 비율을 줄일 수 있다. 새로운 규제에 대한 비용편익분석을 수행할 때는 해당 규제 도입을 통해 구할 수 있는 생명과 예방할 수 있는 질환 및 부상의 편익을 계산해야 한다. 악화된 건강에 붙은 가격표는 우리가 고통, 질병, 쇠약 상태, 과거에는 가능했던 기본적 기능을 이행하지 못하게 된 상태, 여가활동을 즐기지 못하는 상태를 피하는 데 매기는 가치와 관련이 있다.

환경 규제 기관들이 새로운 환경 기준 도입이 가져올 건강 관련 편익의 가격을 추산하기 위해서는 먼저 오염 물질에 대한 노출과 질병에 걸릴 위험 사이의 관계를 파악해야 한다. 예를 들어 음용수에 포함된 비소의 적정 수준을 결정할 때는 사람들의 건강에 영향을 미치는 비소 노출 정도의 최대치는 얼마인지, 해당 물을 마신 사람들이 걸릴 확률이 높은 질병(암, 심혈관 질환 등)은 무엇인지 알아야 한다.[8] 마찬가지로 석탄을 태워 가동하는 공장으로 야기되는 오염을 규제하는 기관이라면 이산화황과 같은 핵심 오염 물질과 그런 오염 물질들이 건강에 미치는 영향(기관지 수축, 천식 증상 증가 등) 사이의 관계를 알아야 한다.[9] 오염 물질과 관련 질병 간의 관계를 계량화하고 나면, 규제 기관은 각각의 질병에 걸릴 것으로 예측되는 인구수를 파악한다. 그런 다음 공중 보건에 미치는 악영향과 생명 소실에 대한 가격표를 적용한다.

보건 의료 기술을 규제하는 기관들은 의사 결정을 할 때 환경 규제 기관과는 다른 기준을 사용하고 다른 사항을 고려한다. 보건 의료 기술 규제 기관들은 고정 예산에서 최대한 많은 생명을 살릴 수 있는 방법이 무엇인지 결정해야 한다. 보건 의료 기술 규제 기관이 조사하는 기술의 종류에는 의약품, 의료 장비, 의료 처치 기술(백신이나 항생제, CAT, MRI 등), 환자의 활동과 복약 순응도를 기록하는 스마트폰 애플리케이션과 같은 디지털 의료 기술 등이 있다. 의료적 개입, 의약품 또는 처치에 대한 투자 결정을 평가할 때 보건 의료 규제 기관은 비용과 편익의 균형('새로운 기술이 가져올 편익이 비용을 투자할 만한 가치가 있는가?')을 비롯하여 다양한 사항을 고려한다. 더 넓게 보면 정부든 의료보험 공단이든 공중 보건에 대한 계획을 수립하는 사람들은 보건에 대한 투자가 수익을 보장하는지 확인할 필요가 있다. 지금까지 다른 많은 사례에서 확인했던 것과 같이 건강 비용을 계산하는 데 어떤 방법을 사용했는지 상관없이 할인을 적용하면 미래의 잠재적 환자의 건강보다 현재 환자의 건강이 더 높은 가치를 갖는 결과가 나타난다. 또 향후 중대한 보건 문제 발생을 늦출 수 있는 질병 예방 프로그램보다 치료가 더 높은 가치를 갖는 결과를 야기하기도 한다.

건강에 가격표를 매기는 데 따르는 문제는 생명에 가격표를 매길 때 발생하는 문제와 매우 유사하다. 상품의 거래가 가능한 자유로운 경쟁 시장에서는 가격을 쉽게 확인할 수 있다. 사람들이 달걀, 오렌지 주스, 휘발유와 같은 상품에 기꺼이 지불할 금액은 쉽게 측정할 수 있다. 그러나 건강은 판매자와 구매자가 존재하는 자유로운 경쟁 시장에서 거래되는 제품이 아니다. 한 해 동안 건강하게 살고 싶다고 연초에 정찰 가격을 지불하고 건강을 구매할 수는 없다. 건강은 자유롭게 거래되는 상품이 아니어서 건강의 가치를 판단하려면 사고팔 수 없는 품목들에 가격표를 책정하는 창의적인 방법이 필요하다.

보건 경제학자들은 건강에 가격을 매기기 위해 의료비, 건강 영향 등의 다양한 측정 항목을 개발해 왔다. 이러한 측정 항목을 바탕으로 내린 결정은 누가 어떤 의료 서비스를 받을지를 결정하여 파급이 큰 결과를 가져올 수 있다. 결과적으로 이러한 결정은 누구의 생명이 연장되고 누가 이른 죽음을 맞이하는지에 영향을 미친다. 여러 측정 항목 중 어떤 것을 선택하느냐가 엄청난 여파를 불러오는데도 이러한 측정 항목과 관련된 결정은 전문가들에게 전적으로 맡겨지는 경우가 많다. 흔히 사용되는 측정 항목과 그에 따른 결과를 예리하게 검토하는 것은 대중이 특정 항목을 선택한 데 따른 결과를 이해하는 데 꼭 필요한 일인데도 그런 검토는 거의 이루어지지 않는다.

어떤 측정 항목을 선택하느냐는 의사 결정자의 관점과 우선순위, '공정성'에 관한 견해에 따라 달라진다. 단순히 건강 관련 비용을 최소화하는 것이 목적이면 예산이 제한적이어서 건강의 영향을 어느 정도 고려하면서도 비용이 최소화된다. 비용 최소화가 유일한 목표라 할지라도 고려해야 할 중요한 요인들은 여전히 있다. 예방 의학(질병 발생의 가능성을 축소하는 것이 목적)과 치료 의학(치료가 필요한 환자들을 치료하는 것이 목적) 사이의 적절한 균형도 그중 하나다.

비용 효과 측정법을 고안하여 산출물의 비용(HIV 감염 예방 1건당 비용, 암 발견 1건당 비용, 재입원 1건당 비용 등)을 추산하는 경우도 있다. 이를테면 다양한 예방법에 대한 HIV 감염 예방 1건당 비용을 비교하여 주사바늘 교환 프로그램, 콘돔 배포 프로그램, 노출 전 예방 요법 중에 어떤 방법이 HIV 확산 예방에 가장 효율적이었는지 보는 것이다. 비용 효과 분석은 의사 결정자들이 여러 HIV 프로그램에서 우선순위를 결정할 수 있도록 돕는다. 비용 효과 측정법의 한계는 서로 다른 산출물을 검토하거나 서로 다른 질병에 대한 투자를 비교할 때 드러난다. 비용 효과 측정법은 암 치료나 심혈관 질환 예방, HIV와 무관한 다른 보건 프로그램에 대한 투자 대비 HIV 예방에 대한 투자의 이점을 설명해 주지는 못한다. 산출물(HIV 감염 예방, 암 치료, 심혈관 질환 예방)이 모두 다르기 때문이다.

동일한 산출물을 비교하기 위해 보건 경제학자들은 구한 생명 1인당 비용, 연장된 수명 1년당 비용, 질 보정 수명(quality-adjusted life year, 이하 QALY) 1년당 비용, 장애 보정 수명(disability-adjusted life year, 이하 DALY) 1년당 비용과 같은 비용 효용 측정 항목을 사용한다.[10] 수명을 계산하는 일은 단순하고 쉽다. 어떤 사람이 살아 있는지 죽었는지를 판단할 때는 이견이 없기 때문이다. 그러나 질 보정 수명과 장애 보정 수명은 수명보다 더 복잡하고 까다롭다. 두 가지 항목 모두 일반적인 노인의 수명 1년이 일반적인 젊은이의 수명 1년보다 가치가 낮은 것으로 평가되는 보정 결과를 낳는다. 두 측정 항목 개발에 사용된 가정의 공정성에 즉각 의문을 제기할 수밖에 없는 이유다. DALY는 젊은 성인기의 삶을 다른 연령대의 삶보다 훨씬 중요하게 평가하는 연령 가중치를 사용하는 경우가 많다.[11] 이는 DALY를 사용한 분석이 한 개인의 삶에서 모든 나이를 동등하게 평가하지 않는다는 것을 의미한다. 오히려 DALY 계산에서는 스무 살에 얻은 장애가 예순 살에 얻은 장애보다 훨씬 중대하다. DALY 분석에는 시간 할인율도 적용되는데, 이역시 노인들의 생명을 가치절하한다. 더구나 질 보정과 장애 보정에 사용되는 가중치는 보편적으로 통용되는 것도 아니다. 두 항목에 사용되는 가중치는 모든 사람이 아니라 소수 사람의 우선순위만 반영한다. 질 보정과 장애 보정의 결과로 아주 건강한 60세의 생명을 구하는 일이 두부 골절을 입었거나 암 또는 에이즈에 걸린 60세의 생명을 구하는 일보다 더 중요하게 여겨질 때 공정성의 문제는 다시 제기될 수밖에 없다.[12]

　구한 생명 1인당 비용을 측정하는 방법은 구한 생명이 누구인지 구분하지 않는다. 이 방법은 신생아를 구한 것이 15세를 구한 것이나 90세를 구한 것과 동일한 가치를 지닌다고 간주한다. 그러나 연장된 수명 1년당 비용을 계산할 때는 다시 젊은 사람들에게 유리해진다. 15세와 90세 중 한 명을 치료해야 한다고 가정해 보자. 치료 비용과 치료 성공 가능성이 동일하다면, 구한 생명 1인당 비용은 동일할 것이다. 그러나 15세의 생명을 살리는 일은 수십 년의 수명을 연장하는 일인 반면, 90세를 살리는 일은 고작 해야 몇 년의 수명을 연장할 뿐이다. 즉 연장된 수명 1년당 비용이라는 측정 항목을 사용하기로 선택하는 것은 젊은이의 생명을 노인의 생명보다 더 가치 있다고 여기는 것이다.

　구한 생명 1인당 비용이라는 측정 항목은 구한 생명의 기대 건강과 생산성도 구분하지 않는다. 두 명의 신생아가 똑같은 선천성 심장병을 가지고 있다고 가정해 보자. 두 아이가 앓고 있는 심장병은 수술과 재활은 물론 수만 달러가 드는 모니터링이 필요하다. 게다가 둘 중 한 명은 심각한 발달 문제가 있어 2세 이상의 지능을 갖기 힘들 것으로 예상된다. 두 아기 모두 같은 치료를 받아야 할까? 아니면 장기적 가능성을 고려하여 각각의 아기를 살리는 데 쓸 치료비를 결정해야 할까?

생애 말기 돌봄 문제도 생각해 보자. 영구적 식물 상태로 부분 회복의 가능성마저 0에 가까운 한 환자가 있다. 이 환자를 살려 두는 데 돈을 얼마나 써야 할까? 만약 이 환자가 생전 유서(쇠약해져 의료적, 법적 결정을 못하게 될 때를 대비해 미리 써 놓는 유서)를 써 두었다면, 연명 여부에 대한 의사는 밝혀 놓았겠지만 자신의 생명을 유지하는 데 드는 비용은 누군가(보험회사든, 의료 기관이든, 정부든, 자비이든)가 부담해야 한다. 이 환자가 생전 유서를 써 두지 않았다면 판단은 법적 보호자의 몫이다.

90세가 15세보다 평균적으로 기대 여명이 더 짧을 뿐만 아니라 연간 의료비도 더 많이 든다는 것은 일반적인 사실이다. 보통은 노동 연령의 성인(19세부터 65세)이 의료비로 쓰는 돈이 18세 이하 아동보다 70퍼센트가량 많고, 65세 이상 성인이 의료비로 쓰는 돈이 아동보다 5배가량 많다.[13] 노년 인구 중에서는 85세 이상의 사람들이 65~74세보다 1인당 의료비를 3배가량 더 쓴다.[14] 전반적으로 보았을 때 미국 의료비 중 아주 높은 비율을 차지하는 것은 생애 말기 돌봄 비용이다. 실제로 65세 이상 노령 인구를 주 대상으로 하는 보험, 메디케어(Medicare) 지출의 25퍼센트가량이 생애 말기 돌봄과 관련되어 있다.[15]

이러한 사실은 전 세계 인구의 고령화와 그에 따른 의료 수요 및 비용 증가에 대한 우려를 심화시킨다. 이와 동시에 향후 질병에 대한 부담과 비용을 줄일 수 있는 예방 치료에 대한 투자 수요를 강화한다.

생명에 매기는 가격에 대해 논의할 때 우리는 그 값이 삶의 양과 질에 따라 어떻게 달라지는지 잘 알고 있어야 한다. 대부분의 사람들은 직관적으로 건강한 삶을 건강하지 못한 삶보다 더 가치 있게 여긴다. 우리는 건강할 때도 건강하지 않을 때도 건강보험, 의료 시술, 비타민, 건강 개선 또는 (바라건대) 생명 연장을 위한 약이나 의술에 돈을 쓴다. 물론 건강 상태가 단순히 건강한 상태와 건강하지 않은 상태로 이분되는 것은 아니다. 건강은 아주 완벽한 건강 상태와 죽음을 양극단으로 하는 하나의 범주로 생각해 볼 수 있다. 이 양극단의 사이에는 부상, 병, 그 밖의 문제들이 있다. 보건 경제학자들은 QALY를 개발하여 이 개념을 설명했다.[16] 1 QALY는 완벽한 건강 상태로 사는 1년을 가리킨다. 죽은 사람은 QALY 값이 0이다. 죽음(0)과 완벽한 건강(1) 사이에 다리를 다친 사람, 호흡기 질환이 있는 사람, AIDS에 걸린 사람, 그 밖의 다른 질병에 걸린 사람들이 있고, 여기에 사용되는 값은 설문 조사의 결과에 근거한다.[17] 질 보정에 사용되는 공식은 사람들이 건강의 특정 측면에 어떤 가치를 매기는지에 관한 보편적 진리를 반영하지 않는다는 점에서 비판을 받는다.

수명을 비교할 때 쓰는 분석 방법은 꽤 간단하다. 사람은 살아 있거나 죽어 있거나 둘 중 하나이기 때문이다. QALY의 개념을 알았다면 이제 죽음과 완벽한 건강이라는 양극단 사이에서 눈금을 어떻게 조정할지 결정해야 한다. 효용 측정이라고 알려진 이 눈금은 환자가 특정한 건강 상태에 빠졌을 경우에 대한 자신의 선호도를 반영한다. QALY를 측정하기 위해 개발된 도구는 다양하지만, 그중 가장 흔히 사용되는 것은 EQ-5D이다.[18] 삶의 질을 측정하는 이 도구는 다섯 가지의 측정 기준이 있다. 운동 능력, 통증/불편감, 자가 간호 능력(씻기, 옷 입기 등), 불안/우울, 일상 활동 능력(노동, 공부, 집안일, 여가)인데,[19] 각 측정 기준은 또 세 가지 수준으로 나뉜다. 예를 들어 운동 능력은 1) 걷는 데 문제없음, 2) 걸을 때 약간 불편, 3) 거동 불가로 나뉜다. 다른 측정 기준을 사용하고 그 측정 기준을 다른 방식으로 평가하는 다른 QALY 산정 도구들도 있다.[20] 이런 도구들은 당연히 모두 각기 다른 결과를 산출해 낼 수 있으므로 보건 경제 분석의 측정 항목으로 QALY를 사용하기로 결정되었다 하더라도 어떤 측정 도구를 사용할지에 관한 합의가 이루어져야 한다. QALY를 사용하면 DALY를 사용할 때와 마찬가지로 대체로 노인들에게 불리하다. 일반적으로 노년층은 DALY와 QALY 계산에 산입되는 남은 수명이 짧기 때문이다.

QALY 사용으로 인한 또 다른 문제는 QALY가 연령, 성, 생활양식, 우선순위, 행복의 근원에 따라 사람들의 선호가 달라진다는 사실을 무시한다는 점이다.[21] 집에서 살며 철인 3종 경기에 나가기 위해 훈련에 매진 중인 20세 여성과 요양원에서 살며 침대에 누워만 지내는 노쇠한 90세 남성의 우선순위와 선호하는 것은 다를 수밖에 없다. 게다가 QALY는 가족, 공동체 일원과 같은 간병인들에 미치는 영향은 전혀 고려하지 않고 해당인에게만 초점을 맞춘다는 문제도 있다.

비용편익분석은 의료적 개입의 편익과 비용에 금전적 가치를 매겨 해당 행위가 비용을 들일 가치가 있는지 판단한다.[22] 이 과정에서 의료비와 의료적 개입의 긍정적 영향(질병 예방, 질환 치료, 건강 개선, 삶의 질과 양 증진 등)은 모두 금전으로 환산된다. 비용편익분석은 비용효과분석과 달리 돈이라는 단일 측정 단위(기본 단위는 산출물당 비용)를 사용한다는 장점이 있지만, 연구자가 건강을 돈으로 환산해야 하고 그 과정에서 삶의 양과 질에 가격표를 매겨야 한다는 단점이 있다.

이 책에서 이미 언급한 여러 사례에서도 보았듯이, 생명에 가격을 매기는 방법 중 하나는 가격표를 해당인의 소득과 연결 짓는 것이다. 규제 기관이 하는 것처럼 비용편익분석이 전국적 수준에서 이루어지는 경우, 연장된 건강 수명의 편익은 보통 해당 국가의 1인당 GDP에 대한 백분율로 추산된다. 연장된 수명을 1인당 GDP와 연결 짓는 데는 이론상으로 오래 사는 사람일수록 해당 국가의 경제 생산에 지속적으로 보탬이 될 수 있다는 논리가 존재한다.

개발도상국의 평균 1인당 GDP는 선진국보다 낮다. 따라서 해당 국가의 1인당 GDP에 비례하는 편익은 선진국보다 개발도상국에서 더 낮게 나타날 수밖에 없다. 그러므로 보건 개선에 투자하는 비용이 선진국과 개발도상국이 같은 경우, 비용편익분석은 선진국의 보건 개선을 더 권장한다는 결론에 이르게 된다. 일반적으로 산출물이 소득이나 부(예. 1인당 GDP)와 같은 척도와 관련되어 있으면 언제나 불평등에 대한 우려가 제기될 수밖에 없다. 생명에 매겨지는 가격표는 국가마다 매우 다르고 국가 내에서도 매우 다르기 때문이다.

두 번째 측정법은 사람들의 건강 개선을 위한 지불 의사 금액을 측정하는 방법이다. 설문 조사를 통해 수행되는 이 방법은 '조건부 가치 측정'을 사용하는 것으로 2장에서 소개한 바 있다.[23] 이 측정법의 수행

방법은 다음과 같다. 조사의 면접자가 응답자에게 갑상선암과 같은 특정 질병의 위험도와 함께 치료법, 생존율, 그 밖의 중요한 의료 정보를 제공한다. 그런 다음 두 동네가 있다고 가정하면서 이 두 동네는 핵심적인 특징은 동일하지만 한쪽이 다른 쪽보다 갑상선암의 위험도가 더 낮은 반면 치료비가 더 비싸다고 설명한다. 그런 다음 응답자에게 어느 동네에 살기를 선호하는지 고르라고 한다. 이후 면접자는 응답자의 선호도가 사라질 때까지 두 동네의 치료비 차이와 암에 걸릴 위험도를 달리하여 제시한다. 동네 선택에 대한 응답자의 선호도가 사라지는 지점의 가격 차이와 위험도의 차이가 바로 응답자가 갑상선암을 피하기 위해 지불할 의사가 있는 금액의 추정치를 나타낸다.

2장에서 논의했던 설문 조사 기반 측정법이 지니는 문제점은 모두 이 지불 의사 금액 측정법에서도 문제가 된다. 그중에서도 가장 두드러지는 문제점은 선택 편향이다. 설문 조사 응답자 집단은 인구의 무작위 추출 표본이 아니라 조사가 시행되는 지역에 살고 조사에 응할 의사가 있는 사람들이다. 더불어 제시되는 문제를 이해하고, 가정에 입각한 질문에 대답할 의향이 있으며, 답변에 일관성이 있고 다른 응답자들의 응답과도 충분히 일치해서 연구자들이 '합리적'이라고 판단하는 조사 대상자들의 응답만 추정치 산출에 이용된다. 이런 설문 조사 기반 측정법의 추상적 특징을 이해하지 못하고 질문에 답변을 못 하는 사람들 또는 연구자들의 예상과 동떨어진 대답을 하는 사람들의 응답은 분석에 포함되지 않는다.

건강에 가격표를 매기는 세 번째 방법은 몸이 아파서 발생하는 비용을 계산하는 것이다. 몸이 아파서 발생하는 비용은 치료비나 경제적 생산성의 상실(결근 등)로 인한 비용처럼 병과 관련된 금전적 비용만을 따진다. 이 방법은 건강 관련 비용을 과도하게 단순화하여 설명하는데, 이렇게 건강을 협소하게 정의하는 것이 이 측정법의 장점이자 단점이다. 장점은 몸이 아파서 발생하는 비용이 쉽게 산출된다는 점이고, 단점은 정서적 피해, 통증, 고통, 불편함과 같은 것들을 고려하지 않고 삶의 질과 소득 및 소비 외의 삶의 다른 측면은 간과한다는 점이다. 이를테면 몸이 아파서 발생하는 비용의 분석은 계속 일은 하고 있지만 일을 할 때 엄청난 불편함이 수반되어 고용 상태를 이어 가기 위해서는 매일 저녁과 주말에 반드시 집에서 휴식을 취해야 하는 경우처럼 만성 통증의 비용을 정확하게 포착하지 못한다. 이 측정법은 오로지 금전적 손실만을 고려하고 다른 영향은 무시하는 민사소송의 경우와 유사하다고 볼 수 있다.

그렇다면 건강보험 규제 기관들은 비용 효과성을 어떻게 판단할까? 두 가지 상황의 의료적 개입을 고려하는 경우, 규제 기관의 연구자들은 서로 다른 치료를 받는 환자들의 평균 QALY 값의 차이를 측정한다. 환자들은 때때로 (건강 관련) 삶의 질이 더 높은 대신 평균 생존 기간이 짧은 방법과 삶의 질은 상대적으로 좋지 않지만 평균 생존 기간이 더 긴 방법 중에 한쪽을 선택해야 하는 상황에 처한다. 비용 인플레이션이나 할인율과 같은 사항을 무시할 수 있는 단순한 경우를 예로 들어 보자. A라는 치료를 받는 환자들은 1년 치료 비용이 1만 달러이고 평균 5년을 더 산다.((표 2) 참조) 이들이 최종적으로 지불하는 치료비의 총합은 평균 5만 달러이다. 이 시나리오에서 평균적인 건강 상태의 환자들은 5년 연장된 생존 기간 동안 치료를 전혀 받지 않은 경우보

표 2. 치료법 비교의 기준 샘플

	A 치료법	B 치료법
연간 치료비	1만 달러	1만 5천 달러
평균 연장된 생존 연수	5	10
생존 기간 중 평균 연간 QALY 증가분	0.5	0.3
총 기대 비용 증가분	5만 달러	15만 달러
총 획득 예정 QALY	2.5	3
획득한 1 QALY당 비용	2만 달러	5만 달러

다 QALY 값이 0.5 더 높다. 그렇다면 A 치료를 받은 환자들은 평균 2.5 QALY를 획득하게 되고, 1 QALY당 비용은 5만 달러를 2.5 QALY로 나눈 값, 즉 획득한 1 QALY당 2만 달러가 된다. 자, 이제 이러한 결과를 효과가 더 좋지만 부작용도 더 많은 B라는 치료를 받는 유사한 환자 인구와 비교한다. B 치료를 받는 환자들은 평균 10년을 더 살고, 전혀 치료를 받지 않은 경우보다 평균적인 건강 상태에서 QALY 값이 0.3 더 높다. 이는 B 치료를 받는 환자들이 총 3 QALY를 획득한다는 의미이다. B 치료법은 1년에 1만 5000달러의 비용이 들어, 환자 1인당 총 15만 달러의 치료비가 발생한다. 따라서 B 치료법의 비용은 획득한 1 QALY당 5만 달러(15만 달러 ÷ 획득한 3 QALY)가 된다.

결정에서 가장 중요한 것은 어떤 측정 항목을 선택하느냐이다. 만약 전반적인 생존율이 높은 옵션을 선택하겠다고 하면, B 치료법이 더 나은 선택이다. 반면 수명당 비용이 낮은 옵션을 선택하겠다고 하면,

A치료법이 더 나은 선택지다. 획득한 1 QALY당 비용이 낮은 쪽을 선택하겠다고 하면, A치료법을 선택할 것이다. 측정 항목을 고르는 일은 최종 결정에서 매우 중요해서 사회의 공정성에 대한 관점을 정확하게 반영하려면 측정 항목 선택이 투명하고 신중하게 이루어져야 한다.

획득한 QALY가 증가할 때마다 추가적으로 소요되는 비용을 전문용어로 점증적 비용효과비(incremental cost effectiveness ratio, 이하 ICER)라고 한다. 위의 경우에서 B치료법과 A치료법은 비용이 평균 10만 달러 차이(B치료법 비용 15만 달러에서 A치료법 치료비 5만 달러를 뺀 값)가 나고, B치료법은 A치료법에 비해 획득되는 QALY 합계가 0.5 더 높다. 이는 B치료법과 A치료법을 비교했을 때 ICER, 즉 추가로 획득되는 1 QALY당 비용이 20만 달러(10만 달러 나누기 0.5)라는 의미이다. 보통 국민건강보험은 획득한 QALY가 증가할 때마다 추가적으로 드는 비용을 사용하여 산출된 보장 범위에 대한 임계값을 갖고 있다. 이 임계값은 대개 1인당 GDP와 같은 척도를 사용하기 때문에 해당 국가의 부와 관련이 있다.

분명한 것은 의사 결정에 사용되는 측정 항목의 선택이 자원 배분에 커다란 영향을 미치기 때문에 누가 의료 서비스에 필요한 돈을 더 많이 받고 덜 받는지, 궁극적으로는 어떤 생명이 더 가치 있게 평가되고 보호되는지에 대한 결정도 달라지는 결과를 초래한다는 사실이다. 그렇다면 의료 서비스 자원 배분에 영향을 미치는 이러한 개념을 빌려 미국의 의료 시스템에 관해 논의해 볼 필요가 있다.

미국의 의료 시스템

미국의 의료 시장은 다른 선진국들과 매우 다르다. 미국인들이 의료 서비스에 돈을 지불하는 다양한 방식은 다른 국가들보다 훨씬 복잡하고 비싸다. 반면 의료 서비스의 배분은 다른 선진국들보다 공정성이 떨어지고, 의료 서비스 시장의 경우 비용 효과도 상대적으로 낮다. 비용 효과성은 영리 목적의 보험회사, 의료 기관, 제약 회사들이 가장 중요하게 여기는 사항인데도, 미국 정부는 자국 공공 보건 제도의 비용 효과성을 체계적으로 분석하는 데 있어 다른 많은 국가보다 뒤처져 있다.

2017년에 미국은 보건 의료에 GDP의 약 18퍼센트, 3조 5000억 달러가량을 지출했다.[24] 전 세계에서 가장 경제 수준이 높은 36개국으로 구성된 국제기구 OECD 회원국 중에 보건 의료 분야에 그와 비슷한 규모의 지출을 보인 국가는 한 곳도 없었다. 다음으로 가장 많은 비용을 보건 의료 분야에 지출한 나라는 스위스로 GDP의 12.3퍼센트를 지출했고, 나머지 회원국들은 12퍼센트를 넘지 않았다.[25] 의료 분야는 전 세계적으로 큰 산업이지만, 미국에서는 더욱 그렇다. 경제 전문지 《포춘》이 선정하는 500대 기업 리스트에는 유나이티드 헬스케어, 카디널 헬스, 앤섬, 애트나와 같은 보험회사들과 라이트에이드, 월그린즈와 같은 의약품 유통 기업, 존슨앤드존슨, 화이자, 머크와 같은 제약 회사의 이름들이 빼곡하다.[26] 이러한 의료 관련 기업들은 미국인 노동자 수백만 명을 고용하고 있으며 미국 국내 경제에 지대한 영향을 미친다.

높은 의료비 외에도 미국이 다른 국가들과 뚜렷이 구분되는 또 다른 차이점은 대부분의 선진국들, 심지어 일부 중위소득 국가들에서도 보편적 의료 보장이 일반적이라는 사실이다. 2017년에 미국에서는 비(非)노인층의 보험 미가입률이 10.2퍼센트, 아동이 5퍼센트였다.[27] OECD 국가 중 단연 가장 높은 비율이다.[28] 보험에 들지 않은 미국인들이 너무나 많다는 사실은 기본적인 의료 서비스를 인권으로 여기지 않는 미국 사회의 단면을 보여 준다.[29] 이는 보편적 의료 보장이 당연한 일이며 기초 의료 보장을 기본 인권으로 간주하는 다른 선진국과 극명한 대조를 보인다.

평균적으로 미국인들은 다른 나라 사람들보다 의료비로 1인당 수천 달러나 더 많은 돈을 쓴다. 여기서 몇 가지 의문점이 제기된다. 미국인들은 왜 그렇게나 많은 돈을 더 쓰는 것일까? 다른 나라 사람들보다 건강을 더 중요시해서 건강에 높은 가격표를 매기는 걸까? 건강에 대한 투자가 더 좋은 산출물로 이어져서 더 많은 돈을 쓰는 걸까? 아니면 미국의 의료 시스템이 비효율적이어서 돈을 더 많이 쓰는 걸까? 관련 데이터를 세부적으로 살펴보기 전에 한 가지 사실을 상기하고 넘어갈 필요가 있다. OECD에는 인구, 물리적 규모, 부, 평균 연령, 민족 구성을 비롯하여 기대 여명과 의료 서비스 비용과 관련된 여러 요인의 측면에서 매우 다양한 국가들이 있다는 점이다.

미국의 의료 결과 데이터를 살펴보면 미국인들은 의료 서비스에 3조 5000억 달러를 투자하는 것에 비해 그다지 좋은 수익을 얻지 못하는 것이 분명해 보인다. 미국인의 기대 여명은 선진국들 중에 가장 짧은 편이다. 여성의 평균 기대 여명, 남성의 평균 기대 여명, 총 기대 여명이 모두 OECD 회원국 평균보다 낮다.[30] 미국과 다른 선진국들 사이에서 더 뚜렷한 차이를 보이는 것은 영아 사망률, 즉 태어난 첫 해에 죽을 확률이다.[31] 영아 사망률이 미국보다 높은 OECD 회원국은 세 나라뿐이다. 미국은 정상 출산아 1000명당 사망하는 산모의 수를 뜻하는 모성 사망비 또한 가장 높은 편에 속한다.[32]

미국 내에서도 기대 여명은 매우 다르게 나타나는데 이는 유전적 특징, 성, 인종, 민족 집단, 사회경제적 집단, 지형에 근거한 차이라고 할 수 있다.[33] 가장 눈에 띄는 점은 아시아계 미국 여성과 흑인 남성의 수명 차이가 15년 이상 난다는 사실이다.[34] 흑인은 영아 사망률이 히스패닉이나 백인들보다 2배 이상 높고, 모성 사망비도 백인의 3배가 넘는다.[35] 소득 계층에 따른 미국의 의료 서비스 격차 역시 엄청나게 크다. 미국은 최첨단 의학 연구 시설과 의료 기술, 세계에서 가장 유명한 병원들이 있는 곳이지만, 공중 보건 평가에서는 대부분의 선진국보다 한참 떨어진다.

여기서 가상의 9.11 희생자들을 다시 소환해 보자. 짐과 릭은 회사를 통해 건강보험 혜택을 받았다. 짐의 보험은 온전히 회사가 보조해 주었으며 그의 가족들은 짐이 가입된 포괄적 의료보험으로 보장을 받을 수 있었다. 릭의 약혼녀도 두 사람이 결혼한 뒤에는 릭의 직장 보험으로 보장을 받을 수 있었을 것이다. 서배스천은 아버지가 든 재난성 보험**의 혜택을 받을 수 있었지만, 이 보험은 그의 부모가 비용을 감당하기 위해 선택했을 뿐 그들은 병원에 가거나 응급실에 실려 가는 일이 없기를 바라는 처지였다. 애니타는 아무런 보험도 없었다. 파트타임으로 식

** 월 보험료가 낮고 공제금이 매우 높은 보험으로 아주 기본적인 보장만 받을 수 있다.

당에서 자리를 안내해 주는 일을 했기에 직장 보험이 없었고 매달 보험료를 낼 형편도 아니었기 때문이다. 젊고 건강했던 애니타는 급하게 병원 신세를 질 일이 생기면 자신이 모든 비용을 부담해야 한다는 사실을 잘 알고 있었다. 그러면서도 돈을 아끼기 위해 매년 받아야 할 건강검진을 받지 않았다.

이 네 명의 인물들은 미국의 의료 제도와 모두 다른 관계를 맺고 있었다. 이들이 처한 상황은 어떤 사람들은 직장 보험에 들어 있고, 어떤 사람들은 정부가 제공하는 보험에 들어 있으며, 어떤 사람들은 민간 보험에 가입되어 있고, 어떤 사람들은 보험 없이 지내는 미국의 현실을 환기시켜 준다. 이런 복잡한 현실 때문에 미국은 다른 선진국들에 비해 의료 제도가 매우 비효율적이고 행정 비용도 더 많이 들 뿐 아니라 보장 범위도 차이가 크다. 미국의 기대 여명, 영아 사망률, 모성 사망비와 같은 의료 결과들은 다른 선진국보다 훨씬 나쁜 수치를 보인다. 상대적으로 좋지 않은 이런 결과는 미국인들이 다른 선진국 사람들보다 의료비로 훨씬 많은 돈을 쓰는데도 발생한다. 이런 현상들을 종합해 보면 미국인들이 의료 서비스에 투자하고 돌려받는 수익이 다른 선진국에 비해 형편없다는 사실은 분명하다.

미국인들이 다른 나라보다 보건 의료 분야에 왜 돈을 더 많이 쓰는지 분석해 보면 여러 가지 원인을 발견할 수 있는데, 그중에서 가장 큰 원인은 외래 진료다.[36] 의사들의 방어 진료도 미국이 의료 서비스에 과한 비용을 지출하는 또 다른 원인이다. 방어 진료란 의사가 의료 과오 소송에 휘말리지 않기 위해 의료적 가치가 분명치 않은 검사, 처치, 진찰 등을 불필요하게 지시하는 것을 말한다.[37] 높은 보건 행정 비용, 유명 제약 회사들의 비용 또한 미국의 의료 지출을 상승시키는 원인이다.

2010년에 통과한 건강보험 개혁법(일명 오바마케어)은 미국의 건강 보험 분야에 수많은 변화를 가져왔다.[38] 건강보험 개혁법은 보험회사들 이 모든 보험 신청자들에게 새로운 최소 표준 요율을 제공할 것을 의무 화하고, 기존 질병을 가진 신청자들을 거부하거나 그들에게 더 높은 보 험료를 부과하지 못하게 함으로써 보건 의료의 불평등한 분배 문제를 해결하고자 한 것이었다. 이런 규정은 과거에 생명보험이 다루어 오던 방식과는 뚜렷이 구별되었다. 그전까지는 보험회사가 보장 비용을 결 정할 때 인종이나 성을 고려할 수 있느냐를 결정하는 법이 주마다 제각 각이었다. 또 건강보험 개혁법 도입 이전에는 보험회사들이 비용이 많 이 드는 기존 질병이 있는 신청자를 거부하거나 그런 신청자들에게 터 무니없이 높은 보험료를 부과하기도 했다. 부양 자녀들이 26세가 될 때 까지 부모의 보험으로 보장을 받을 수 있도록 했다는 점도 이 법이 가 져온 또 다른 변화였다. 건강보험 개혁법의 직접적인 목표는 보험에 들 지 않은 미국인의 비율을 줄이는 것이었다. 그렇게 함으로써 평범한 시 민들이 의료비 폭탄을 맞을 가능성과 의료 문제로 인한 빈곤율을 낮출 뿐 아니라 의료 결과를 개선하고자 했다.

건강보험 개혁법에는 비교 효과 연구에서 비용 효과성 분석 사용 을 특정해서 금지하는 규정이 포함되어 있다. 이 규정은 정부가 주어진 예산에서 최대한 많은 생명을 살리거나 최대한의 질 보정 수명을 확보 하는 것을 억제하여 보건 관련 예산의 최적화를 제한한다. 이런 제약은 비용 억제를 더 어렵게 만들기도 한다. 규제 기관들이 더 효과적인 치료 법이 덜 효과적인 치료법에 비해 비용 효과가 떨어지는지 확인할 수 없기 때문이다.[39] 건강보험 개혁법에는 다른 규제 사항들도 있는데, 메디케어가 환자의 장애, 연령, 향후 기대 여명에 대한 정보에 근거하여 자원 배분의 우선순위를 정하는 것을 금지하는 규정도 그중 하나다.[40]

암 치료를 예로 들어 보자. 예방, 진단, 치료, 회복에 드는 비용은 암의 종류에 따라 다르다. 사망 위험도 암마다 다르다. 획득한 1 QALY당 증가하는 비용을 분석해 보면 폐암은 치료비가 2만 달러가 채 되지 않는 데 반해 대장암은 약 10만 달러, 유방암은 약 40만 달러, 전립선암은 200만 달러에 이르는 것으로 나타난다.[41] 획득한 1 QALY당 비용이라는 측정 항목을 사용하여 자원 배분을 최적화하면 (비용 효용이 가장 높은) 폐암 환자와 대장암 환자를 치료하는 데 집중하게 된다. 이처럼 어떤 측정 항목을 선택하느냐가 결정적으로 중요하다. 구한 생명 1인당 비용이나 연장된 수명 1년당 비용과 같은 다른 측정 항목을 사용하면 다른 결과가 도출될 수 있다.

환자의 개인적 책임은 치료비를 지급해 주어야 하는가를 결정하는 데 고려되지 않는다. 이를테면 수십 년 동안 하루에 담배를 두 갑씩 피우던 70세 노인은 그렇게 살지 않은 사람보다 폐암에 걸릴 확률이 훨씬 높다. 그러나 현재 건강 상태에 영향을 주었을 환자 개인의 선택과는 상관없이 암 치료 여부에 대한 결정은 생명 1인당 비용, 수명 연수 1년당 비용, 1 QALY당 비용에 대해 동일한 역치를 갖는다. 개인의 선택에 같은 양상이 계속되면 환자의 장기적 예후에 영향을 줄 수도 있다. 건강하지 않은 생활양식을 가진 환자는 치료 후에도 건강하지 않은 생활 패턴을 이어 가기 때문이다.

미국에서 비용 효과성 분석의 적용에 한계가 있다는 어려움이 있지만, 메디케어는 책임의료조직(Accountable Care Organizations, ACOs)의 일환으로 비용 절감 인센티브 프로그램을 운영하고 있다. 책임의료조직이란 의사, 병원을 비롯한 의료 공급자들로 구성된 조직으로, 합리적인 비용에 질 좋은 의료 서비스를 제공하고 환자들의 좋은 의료 결과를 얻는 것을 목표로 하는 미국의 의료 개혁 모형이다. 책임의료조직이 질 높은 서비스를 제공했다는 사실을 증명하면, 절감한 비용의 일부를 상환 받는다.

다른 국가들은 규제 기관이 비용 효과성에 근거하여 의료 서비스에 관련된 결정을 내릴 수 있는 재량을 주고 있으며 정부가 협상을 통해 더 합리적인 가격을 이끌어 낼 수 있는 권한이 있다. 호주의 의약품 혜택 사업이 이러한 협상력을 활용한 사례라 할 수 있다. 호주 정부는 이 사업을 통해 의약품을 협상 가격으로 사들인 다음, 호주 시민들이 이를 저렴한 가격에 구매할 수 있도록 한다.

영국의 국립보건임상연구소(National Institute for Health and Care Excellence, 이하 NICE)는 의료 지침 권고안을 낼 때 보건 경제성을 검토한다. NICE의 지침 개발 그룹은 의료적 효과와 비용 효과성을 모두 고려해야 한다. 어떤 의료적 개입이나 의료 서비스가 비용 효과 임계값보다 낮은 수준에서 상당한 건강상의 이익을 제공한다는 것이 과학적으로 증명되면 그 의료 서비스는 권고된다. 이 과정에서 비용과 의료적 영향 모두 할인이 적용되고, 경제적 분석 결과의 불확실성을 검토하기 위한 민감도 분석이 시행된다.[42]

태국의 경우 보건의료개입 기술평가 프로그램(Health Intervention and Technology Assessment Program, 이하 HITAP)이 유사한 기능을 수

행한다. HITAP은 의료 기술을 평가하는 것뿐 아니라 태국 정부의 가격 협상 과정도 지원한다. 약물 치료나 처치와 같은 의료 기술에 대한 HITAP의 구조적 분석은 정책 결정에 유용한 정보를 제공한다. HITAP의 분석 과정에 사용되는 핵심 요인에는 안전, 효능, 효과성(건강상의 이익), 비용 가치(비용 효과), 사회적 문제(장기 입원이나 엄청난 치료비가 필요한 심각한 질병의 예방, 목숨을 살릴 수 있는 의료적 개입의 가능성 등), 윤리적 문제(사회의 가장 취약한 계층에 미치는 영향, 희귀병의 치료 등), 제도적·정치적 문제 등이 있다.[43]

　　HITAP, NICE와 같은 다른 나라의 규제 기관들은 자국의 우선순위를 반영하는 가치 평가 체계를 갖추고 있다. 의료 서비스의 평등을 중시하는 사회는 보건 의료 정책을 수립하는 데 평등을 강조하고, 의료 서비스의 비용 효과성을 강조하는 사회는 보건 의료 정책 수립에 비용 효과성을 강조한다. 어떤 사회는 윤리적 문제에 더 큰 중점을 두고, 또 어떤 사회는 공중 보건 부문의 역할보다 개인의 책임을 더 중시한다.

　　어느 국가든 의료 기술 평가를 시행할 때는 비용 효용성을 핵심적으로 고려한다. 대부분의 국가에는 의약품이나 의료 처치를 승인할 때 허용되는 최대 비용 효용성에 대한 한도가 있다. 이것은 대개 1인당 GDP와 같이 각 국가의 소득 또는 부를 나타내는 척도와 관련이 있으며, 국가 지불 능력을 나타낸다. 연간 1인당 소득이 1000달러밖에 되지 않는 개발도상국의 경우, 매우 희귀한 병이 아니라면 1인당 매년 10만 달러 이상의 비용이 드는 비싼 치료법에 재정 지원을 해 주기는 어렵다. 국가가 그 병에 대한 치료비 지급을 약속한다 하더라도, 매년 1인당 5만 달러밖에 들지 않는 치료법이 필요한 다른 질병에 재정 지원을 하지 않는 이유는 어떻게 설명할 수 있을까? 이러한 부담 가능성의 문제는 지불 의사에 관한 어떤 논의에서도 간과될 수 없다.

비용 효용 임계값에 대한 지침이 필요한 것은 사실이지만, 사회·윤리적 문제와 같이 비금전적 요인에 근거한 예외는 있을 수 있다. 이러한 까닭에 영국과 태국에서는 임계값을 넘어도 승인되는 치료 유형이 있다. 돈이 많든 가난하든 사람은 누구나 건강하게 살기를 원한다. 그러나 정말 가난한 사람들이나 재정이 풍족하지 않은 국가들은 반드시 필요한 치료에 돈을 지불할 여유가 없는 경우가 많다.

대다수의 국가는 모든 사람이 기본적인 필수 의료 서비스를 받을 수 있도록 하는 보편적 의료 보장을 제공하고 있다.[44] 일본, 싱가포르, 호주, 스위스, 영국 등이 그런 나라에 속한다.[45] 보편적 의료 보장에 속한 의료 서비스의 종류는 국가마다 다르지만 대체적으로 예방 진료와 치료가 모두 포함되어 있다. 이와 유사하게 건강보험 개혁법도 건강보험이 반드시 특정 범주 내 의료 서비스가 포함된 필수 의료보험 혜택을 제공하도록 의무화하고 있다.[46]

건강보험

메디케어와 같이 정부가 제공하는 건강보험은 제한된 예산으로 인한 재정적 한계와 제한된 인력으로 인한 기능적 한계가 있다. 정부가 제공하는 건강보험은 세수로 운영되는 공공 서비스이므로 어떻게 자원을 공정하게 분배할 것인가를 반드시 고려해야 한다.

민간 보험회사들은 영리 목적의 다른 기업들과 마찬가지로 제약이 적고 목적이 뚜렷하다. 그들은 의무 규제를 준수하는 범위 내에서 수익을 극대화하고 비용을 최소화하는 것을 목표로 한다. 보험회사들로 하여금 기존 질병을 가진 사람들을 거부하거나 보험금을 더 많이 부과할 수 없도록 한 건강보험 개혁법의 규정 같은 공정성 문제와 품질 표준은 수익 극대화를 목적으로 하는 민간 보험회사에 제약을 가한다.

이윤을 추구하는 민간 보험회사들은 고객의 수와 각 고객이 지불하는 금액을 늘려 수익을 극대화한다. 비용은 보험 가입자들의 의료 서비스 비용을 되도록 적게 지급하는 것으로 최소화할 수 있지만, 이런 경향은 건강보험 개혁법이 명시한 품질 표준 규정으로 약화된다. 민간 보험회사는 비용 효율성 전략을 취해 의료 서비스 비용을 최소화할 수 있다. 또 고객들의 의료 서비스 이용을 더욱 어렵게 만드는 행정적 장벽을 만들거나, 비용이 많이 드는 치료법에 대한 보장을 거부하거나, 건강보험 개혁법 도입 이전처럼 지병이 있는 사람들의 보험 가입을 거부하는 다소 고상하지 못한 방법으로 비용을 최소화하기도 한다.

비영리 목적의 보험회사들은 정부의 보건 의료 규제 기관과 처지가 유사하다. 최대한 많은 생명을 살리고 수명을 연장하는 것을 목표로 하면서도 예산이 한정되어 있어 재정 안정도를 따져야 한다. 재정적 압박과 공정성과 같은 다른 문제를 함께 감안해야 하는 비용 효용성이 요구되는 상황인 것이다.

보험회사들은 데이터 분석을 수행하여 수익 극대화를 위한 비용 예측 모델을 구축한다. 이렇게 구축된 재정 영향 모델은 각각의 치료법에 대한 환자의 기대 비용(외래 치료, 입원 치료, 장비, 처방약 등의 비용)을 검토하고, 보험회사들은 이 분석의 결과를 바탕으로 다양한 치료법의 우선순위를 정한다.

보험회사가 진료비를 지불하는 방식 역시 변화하고 있다. 과거에 보험회사들은 의료인이 제공한 서비스별로 비용을 지불 받는 행위별 수가제나 의료인이 환자 1인에 대한 고정비용을 지불 받는 균일 할당제를 사용했다. 두 모델 모두 유인 요소와 관련된 문제가 있었다. 행위별 수가제는 의료인들이 그것이 필요한 치료이든 아니든 최대한 많은 수의 의료 서비스를 수행하는 것이 유리했고, 균일 할당제는 의료인들이 최대한 많은 수의 환자를 받은 뒤 서비스를 최소화하는 것이 유리했다. 품질 표준은 이러한 유인 요소가 초래할 수 있는 부정적인 결과를 통제하기 위한 것이다. 비용을 낮추려는 보험회사들은 의료 제공자들이나 제약 회사들과 위험 분담 계약을 맺으려 한다. 지불 방식의 구조나 어떤 의료 서비스를 제공해야 하는가에 대한 법적 요건과 관계없이 환자, 의료 제공자, 보험회사의 행동을 유인하는 요소들은 모두 다르다.

일반적으로 보험은 위험을 관리하는 방법이다. 건강보험에 가입하는 것은 의료 서비스에 대해 일정 비용을 지불한다는 의미지만, 동시에 자신이 지불해야 할 돈의 최대 금액을 줄여 주는 일이기도 하다. 건강보험에 드느냐 마느냐를 결정하는 일은 일종의 내기라고 볼 수 있다. 건강한 젊은이들은 보험료를 내지 않음으로써 돈을 절약하는 것이 좋은 선택이라고 믿을지 모른다. 사고를 당하지 않고 심각한 병에 걸리지 않으면, 또는 특별히 병원 치료를 받을 일이 없으면 그 내기의 승자가 되는 것이다. 그러나 이러한 내기는 불행한 결과로 이어질 때가 많다. 미국에서 파산하는 사람의 절반가량이 의료비로 인한 경우로, 보험이 없는 사

람들은 보험이 있는 사람들보다 의료 파산을 당할 가능성이 더 높다.[47]

미국에 건강보험 개혁법이 도입된 후 2013년에 4000만 명이 넘었던 무보험 비노년층(65세 미만)의 수는 2017년에 2740만 명으로 줄어들었다.[48] 그러나 미국에는 아직도 보험이 없는 사람이 상당히 많은데, 그 수를 따져 보면 캐나다 인구의 75퍼센트와 맞먹는다. 건강보험 개혁법의 미래는 정치 환경과 경제 상황이 변함에 따라, 새로운 정책이 어떤 재정적, 보건적 영향을 미치느냐에 따라 계속 변화할 것이다.

보험이 없는 미국인들의 80퍼센트 이상은 직장에 다니는 가족이 있고, 보험이 없는 미국인의 절반 이상은 가계소득이 빈곤 수준의 2배가 되지 않는다. 이런 사람들은 소득이 낮아서 지출에 대한 결정을 내릴 때 매우 신중할 필요가 있다. 보험이 없는 사람들 중 일부는 정부 보조 의료보험을 신청할 수 있는 자격이 있지만, 그렇지 않은 사람들은 본인이 전액을 다 부담해야 한다. 어찌 되었든 이런 사람들은 보험 비용을 집세, 식료품, 전기세를 비롯한 생활필수품과 비교 검토하여 지출의 우선순위를 따질 수밖에 없다. 보험에 들지 않아 보험료를 내지 않으면 빠듯한 가계 수입으로 다른 필수품을 구매할 수 있지만, 이로 인해 이들은 엄청난 의료비 폭탄을 맞고 더 극심한 빈곤에 빠지기 쉽다.

본인 부담금 : 나와 내 가족을 위해

영화 「배케이션(Vacation)」(2015)에서 셰비 체이스가 차를 수리하는 비용이 얼마인지 묻자 정비공이 이렇게 대답한다. "돈이 얼마나 있으신

데요?" 치료비를 자비로 내 본 사람은 이 상황을 이해할 것이다.

고삐 풀린 자본주의는 소수가 대부분의 부를 축적하고 인구 상당
수는 거의 갖지 못하는 결과를 초래했다. 보건 의료 관점에서 일정 정
도의 공정성도 강제하지 않는 완전한 자유 시장이란 가장 부유한 사회
구성원들은 세계 최고 수준의 의료 서비스를 누리고, 치료비를 감당할
수 없는 이들은 그냥 죽음에 내몰리는 현실을 뜻한다. 이런 세상에서
건강에 매겨지는 가격표는 지불 능력에 의해 결정되어, 엄청난 재력을
지닌 사람들은 최고급 의료 서비스를 제공 받고 가난한 이들은 어떤 서
비스도 제공받지 못하게 된다. 미국은 메디케이드(Medicaid) 시스템을
통해 극빈층에게 일정 정도의 의료 지원을 제공해 주고 있지만, 장기 이
식 제도를 보면 건강을 (때로는 생명까지도) 어떻게 돈으로 살 수 있는지
확인할 수 있다.

미국에서 본인 부담 의료비는 투명하지 않은 경우가 많다. 본인 부
담금을 조정할 수 있다는 사실을 아는 사람도 많지 않다. 본인 부담금
의 액수는 지역마다, 사람마다 천차만별이다. 이를테면 2011년에 뉴욕
브롱크스의 병원에서 다리를 자기공명영상(MRIs)으로 촬영하는 데 드
는 비용은 볼티모어 병원에서 드는 비용의 12배에 달했다. 더욱 심각한
사실은 마이애미주 안에서도 비용이 모두 다르고, 심한 경우 9배나 차
이가 난다는 사실이었다.[49] 심지어 같은 의사가 수행하는 동일한 치료
에도 환자가 보험이 있느냐, 있다면 어떤 보험회사의 보험이냐에 따라
그 비용이 매우 달라졌다. 이렇게 가격 투명성이 낮은 것이 미국에서는
아주 흔한 일이어서 치료비가 분명하게 명시되어 있는 것을 보면 사람
들은 대개 깜짝 놀란다.

그러나 병원 치료가 필요할 때 의료비가 싼 곳을 찾아다니거나 무엇보다 가격을 흥정해야겠다고 생각하는 사람은 없을 것이다. 긴급한 의료 상황에서 가장 먼저 드는 생각은 일단 치료를 받는 것이다. 어떤 국가는 의료비가 정해져 있다. 영국 같은 나라에서는 의료 서비스가 국가의 의료보험 제도로 보장되어 보통 치료를 받는 순간에는 돈이 들지 않는다. 그러나 의료가 호황 산업인 미국에서는 대부분 본인 부담금이 민간 보험사를 비롯한 의료 관련 기업들의 주요 수익원이다.

건강의 가치를 판단할 때 중요한 문제는 두 가지다. 자기 자신 또는 아픈 가족의 건강을 개선하기 위해 얼마까지 지불할 의향이 있는가, 자기 자신이나 부모, 자녀의 건강한 삶을 10년 또는 20년 연장하는 데 얼마까지 지불할 의향이 있는가이다. 이 두 가지 질문은 영리 목적의 의료 서비스 모델에 관한 근원적 문제를 파고든다. 자유 시장의 열렬한 옹호자들은 규제, 관리, 정부 통제를 최소화하는 것이 유익하다고 믿는 다른 서비스 영역과 의료 영역을 하나로 싸잡아 이야기하는 것을 좋아한다. 그러나 이들은 비탄력적 수요라는 의료 서비스의 결정적 특징을 간과하는 실수를 범하는 것이다. 가공품, 햄버거, 스마트폰과 달리 사람의 생명을 구하는 의료 서비스에 대한 수요는 가격이 올라도 감소하지 않는다. 당신이 앓고 있는 병이나 아버지의 암, 딸아이의 희귀병을 치료할 수 있는 약이 있다면 당신은 그 약을 얻기 위해 얼마든 지불할 것이다. 치료약의 가격을 2~3배 올린다 해도 수요가 급감하는 일은 거의 없다. 의료 서비스에 대한 시장 기반 접근법은 기본적인 의료 서비스가 인권이라는 인식과 상충할 때가 많다.

예방 접종이나 검진과 같은 예방 의학은 탄력적 수요의 형태가 자주 나타나는 종류의 의료 서비스이다. 이는 서비스의 비용이 증가하면 수요가 감소하기도 한다는 뜻이다. 돈이 많이 드는 만성 질환을 예방하기 위한 의료 서비스는 단기적 수입이나 지출 문제 때문에 뒷전으로 밀리기도 한다. 이는 건강하게 살 수 있는 시간이 줄어든다는 사실뿐 아니라 경제적 관점에서도 안타까운 문제다. 왜냐하면 예방 의학이 대체적으로 질병 치료보다 비용 효과가 높기 때문이다.

돈이 건강을 보장해 주지는 않지만 더 좋은 의료 서비스를 살 수는 있다. 장기 이식을 예로 들어 보자. 건강하고 적합한 신장, 간, 심장을 비롯하여 이식 가능한 기타 필수 장기는 공급이 수요보다 한참 부족하다. 생명을 연장하는 장기들을 공정하게 분배하는 메커니즘이 개발되어야 하지만, 이런 생명이 걸린 의료 절차에는 영리 추구라는 유인 요소가 쉽게 스며든다. 장기 이식 관광은 거대한 산업으로 신장, 간, 심장, 폐 이식이 10만 달러를 훌쩍 넘는 가격으로 인터넷에 광고된다. 인도, 파키스탄, 중국과 같은 국가들이 장기 순수출국이며, 호주, 캐나다, 일본, 미국 등 선진국이 장기 이식 순수혜국이다.[50]

장기 이식 시장에서 건강과 생명 연장은 누가 뭐래도 상품이다. 장기 이식 관광을 할 경제적 여유가 있는 사람들은 새 장기를 얻을 수 있지만, 재력이 충분치 않은 사람들은 이른 죽음을 그냥 받아들여야 할지 모른다.

장기 이식 수혜의 순서는 어떻게 정하는 것이 공정할까? 어떤 사람의 생명이 다른 사람의 생명보다 더 가치 있는 경우가 있을까? 젊은 사람이 나이 든 사람보다 장기 이식을 먼저 받아야 할까? 장기 이식으로 연장될 것으로 예상되는 건강 수명의 길이가 수혜의 순서를 정하거나 생명의 중요성을 판단하는 데 영향을 미쳐야 할까? 기업의 회장이 왕년의 스포츠 스타나 학교 청소부, 농촌 이주 노동자보다 우선권을 받아야 할까? 치매 말기인 아흔 살의 노벨상 수상자와 성장에 문제가 있는 열다섯 살 학생이 모두 같은 장기 이식을 기다리고 있다면 사회는 누구에게 우선권을 주어야 할까? 하루에 담배 두 갑을 피우고 아침 식사로 위스키를 마시며 운동은 전혀 하지 않는 예순 살의 남자는 엄격한 채식주의자에 마라톤을 뛰며 흡연 경력이 전혀 없는 동년배 남자와 동등한 우선권을 가질까?

마지막으로, 지속적 식물인간 상태로 15년을 산 테리 샤이보에 대해 사회는 어떤 결정을 내려야 했을까? 그녀가 살아 있도록 유지하는 데 쓴 돈을 다른 생명을 살리는 데 쓰는 게 나았을까? 그랬다면 누구의 생명을 살려야 했을까? 이 질문에 대한 답은 비용편익분석을 넘어서는 문제로 인권, 형평성, 정의와 같은 다른 이슈들을 환기시킨다.

건강보험은 건강에 가격표를 매기고, 그에 상응하여 환자의 더 나은 삶의 질에도 가격표를 매긴다. 다음 장에서는 출산을 결정하는 문제에 대해 논의한다. 출산에 대한 결정은 새로운 생명을 탄생시키느냐 마느냐, 탄생시킨다면 얼마나 많은 생명을 탄생시키느냐를 결정한다는 점에서 더욱 근본적인 문제라 할 수 있다. 아이를 가질 것인가, 자녀들에게 어떻게 자원을 배분할 것인가를 결정하는 데는 금전적인 가격표와 비금전적 요소를 모두 고려해야 한다.

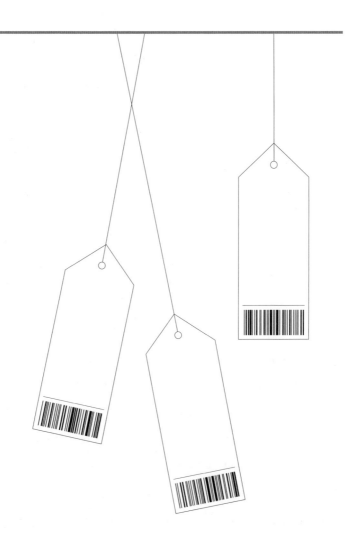

8장 아이를 낳아도 될까?

ULTIMATE PRICE
The Value We Place on Life

스물세 살 대학원생인 제니는 남자 친구와 함께 살고 있다. 피임약을 복용 중이었지만 약이 듣지 않았나 보다. 제니는 임신을 했고 이제 새로운 삶에 대한 선택의 기로에 놓였다. 한 가지 방법은 아이를 낳고 입양을 보내는 것이다. 임신을 유지해 아이를 낳긴 하지만 출산 후 양육의 책임은 지지 않는 방법이다. 다른 방법은 아이를 낳고 직접 키우는 것이다. 이 선택은 아이를 책임지겠다는 의미이며, 부모의 역할을 하는 데 드는 시간, 노력, 비용을 모두 부담하겠다는 뜻이다. 물론 부모가 되면 많은 덕을 볼 수도 있다. 그러나 이 방법을 선택하면 그녀는 대학원을 끝내지 못할 수 있고, 앞으로 살아가면서도 많은 선택이 달라질 것이다. 아이를 키우는 일은 제니에게 수십 년간의 재정적 부담을 발생시키는데, 이는 출산 준비부터 시작되며 평생 동안 계속될 가능성이 있다. 인공 임신 중절도 또 다른 방법이다. 어떤 선택을 해야 할지 확신이 서지 않는 제니는 이 세 가지 방법을 두고 고심하고 있다.

출산을 결정하는 일은 개인은 물론 가정, 공동체, 사회 전체에 큰 영향을 미치는 문제다. 이번 장은 출산과 관련된 모든 문제를 다루기보다 임신 중단이라는 주제를 중심으로 임신 중단 권리, 성별 선택 임신 중단, 장애 선별 임신 중단 등의 문제를 논의할 것이다. 임신 중단 관련 문제가 형평성과 생명 가격표라는 개념이 명확하게 두드러지는 기능을 하는 영역이기 때문이다.

임신 중단 권리는 임신 여성과 태아의 생명에 매겨지는 상대적 가치에 관한 이야기이고, 성별 선택 임신 중단과 장애 선별 임신 중단은 일부 예비 부모가 잠재적 차이를 갖는 각기 다른 생명에 대해 어떤 가치 판단을 내리느냐를 보여 준다. 이러한 임신 중단 관련 문제들은 이 책에서 반복해서 등장하는 주제, 즉 낮은 가치 평가를 받는 생명은 보호 받기 어렵다는 사실도 잘 보여 준다.

출산의 비용과 편익

데이터 과학자나 경제학자, 통계학자처럼 보기 드물게 꼼꼼하고 세밀한 부부라면 모를까 스프레드시트를 사용하여 출산과 양육의 기대 비용이나 재정적 기대 편익을 계산하는 부부는 별로 없을 것이다. 가족 모임에서 대가족이어서 얻은 이익을 증명하는 손익계산서를 보여 주는 조부모도 찾아보기 힘들 것이다. 그렇긴 하지만 부부는 반드시 아이를 갖는 일과 아이를 기르는 데 드는 비용에 대해 상의한다. 9.11 가상 희생자들 중 소방관 릭과 그의 약혼녀는 아이를 적어도 둘은 갖기로 한 상태였고, 릭의 수입으로 충분히 양육비를 감당할 수 있을 거라 믿고 있었다. 서배스천의 부모는 임신을 계획한 것은 아니었으나 어밀리아가 임신한 사실을 알았을 때 매우 기뻤다. 두 사람은 자신들의 부모가 자신들이 벌던 것보다 훨씬 적은 돈으로 그들을 길렀다는 사실을 알고 있었고, 생활이 빠듯해지면 일가친척에게 도움을 받을 수 있을 거라 생각했다. 짐과 그의 아내는 둘째 딸을 낳은 후 셋째를 가질지 결정하지 못해 아내가 40번째 생일을 맞이할 즈음에 아내의 난자를 냉동했다.

자녀 양육에 드는 비용에 대해 정식으로 재정 분석을 하는 부부들은 많지 않지만, 아이를 갖기로 결심하는 부부들은 의식적으로 출산과 양육에 따르는 기대 비용을 반드시 고려한다. 기업이 수행하는 비용편익분석처럼 아이를 가질지 말지에 대한 결정을 단순히 금전적 계산으로 보는 것은 편협한 시각일 뿐 아니라 부모가 되기로 결심하는 과정의 현실과 동떨어진 일이다. 아이를 낳기로 결정하는 데는 사랑을 주고 싶은 욕구, 삶이라는 선물을 다른 생명에게 전달하고픈 욕구, 부모에게 손자를 안겨 주고 싶은 마음 등 다른 고려 요소들이 셀 수 없이 많다. 성관계에 대한 욕구와 그를 통한 번식 욕구는 인류가 멸종되는 것을 막는 원동력이다. 하지만 잠시 이러한 특징들은 제쳐두고, 아이를 갖는 일의 정서적, 진화론적 동기에서 한 발짝 물러나 부모가 되는 일의 재정적 측면을 고찰해 보도록 하자.

실제로 일부 연구자가 자녀 한 명을 기르는 데 드는 비용을 모두 더해 총 비용의 추산가를 산출해 놓았지만, 이 값은 아이를 어떻게 키우느냐에 따라 엄청나게 달라진다. 아이를 어떻게 키울 것인지, 아이에게 어떤 재정적 도움을 줄 것인지와 관련된 부모의 세부적인 선택은 자녀 양육 비용에 매우 큰 영향을 미친다. 훗날 부모를 돌보는 자녀의 역할은 금전적 편익이 된다. 부모로서 미래에 자녀가 자신을 부양할 것이라고 기대할 수는 있지만, 그러한 편익이 실현되리라는 보장은 없다.

미국의 중산층 가정에서 아이 한 명을 18세까지 기르는 데 약 25만 달러의 돈이 든다는 연구 결과가 있지만, 실제 그 액수는 경우에 따라 크게 달라진다.[1] 이 추산가는 대학 등록금, 결혼식 비용, 차나 집을 장만하는 데 지원해 주는 비용 등과 같이 자녀가 18세를 넘긴 후에 발생할 수 있는 여러 비용을 포함하지 않은 금액이다.

아이 한 명을 기르는 데 가장 핵심적인 비용 요소는 식비, 의복비, 의료비, 교육비, 주택비 증가분, 여가비이다. 의료비에는 임신 기간 및 분만에 드는 비용, 향후 아이에 대한 의료 비용이 포함된다. 교육비에는 아이를 어떤 학교(공립 또는 사립)에 보낼 것인가, 개인 교습이 필요한가, 과외 교육 기회에 대한 비용을 지출할 것인가에 대한 문제가 포함된다. '대학 등록금(공립 또는 사립)을 대 줄 것인가?', '대학원, 의대, 법대에 진학하는 경우는 어떻게 할 것인가?', '처음 집을 구매할 때 도움을 줄 것인가?', '결혼식 비용을 대 주거나 값비싼 결혼 선물을 해 줄 것인가?', '손자의 양육비를 지원해 줄 것인가?'와 같은 문제도 아이를 기르는 데 드는 비용을 따져 볼 때 고려할 사항이다. 대개 경제력이 없는 부부일수록 앞서 언급한 많은 선택지가 제한적이어서 아이를 기르는 데 더 적은 비용이 든다.

부모가 되면 정부로부터 재정적 지원을 받거나 회사로부터 양육비 일부를 보조받을 수 있다. 어떤 부모는 훗날 자녀로부터 금전적인 혜택을 볼 것이다. 노년이 된 부모를 재정적으로 지원하거나 운전, 청소, 요리 등 부모가 하지 못하면 사람을 써서 해야 할 일들을 대신하면서 장기적으로 부모를 부양하고 돕는 자녀들이 있기 때문이다. 금전적 교환 관계를 넘어서 자녀는 부모에게 정서적 지지, 사랑, 친밀함을 제공한다. 자녀와의 다정한 관계가 주는 정서적 혜택을 정확히 돈으로 환산하는 일은 절대 불가능하다. 민사소송에서 불법행위에 의한 사망 피해자의 가치를 판단할 때 정서적 혜택은 고려하지 않고 경제적 영향에만 중점을 두는 것도 이런 까닭이다.

대부분의 가정에서 아이를 갖는 일은 마이너스의 순 현재 가치(4장에서 설명)를 갖는 결정이다. 수십억 명의 인간이 끊임없이 아이를 가져왔다는 사실은 아이를 단순히 금전적 투자라고 생각하는 데 명백한 오류가 있음을 보여 준다. 인류의 진화는 분명 현금 흐름 할인법 분석에 따라 이루어지지 않았다. 그러나 아마 과거에는 지금보다 자녀를 갖는 일이 고수익을 창출하는 투자로 이어지는 경우가 더 많았을 것이다.

누군가는 시간에 따른 양육 비용과 가족에 대한 아이의 기여도를 더해 아이 한 명을 기르는 데 드는 비용과 아이가 가족에게 가져다주는 수익을 따져 볼 수 있을 거라고 생각할 수도 있다. 아이가 성인기에 접어들기 전까지는 매일 발생하는 비용에 비해 재정적 기여도가 일반적으로 극히 미미하다. 미국에서는 아동에게 허용되는 고용 기회가 제한되어 있기 때문이다.[2]

미국에서 아동 노동은 20세기 초반 이후 급격하게 감소했지만, 전 세계 많은 지역에서는 오늘날에도 여전히 빈번하게 발생한다.[3] 100여

년 전, 미국 대다수의 아동은 학교에 가는 대신 광산이나 공장에서 일을 하거나 신문을 팔았으며 전보를 전하거나 구두를 닦았다. 당시 미국에서는 아이를 잠재적 가계소득의 원천으로 여기는 것이 당연했다. 아주 어린 나이에도 돈을 벌어 가계에 보탬이 될 수 있었기 때문이다. 물론 부모의 관점에서 보면 아이들이 버는 돈은 성인이 버는 돈보다 적었지만, 어쨌거나 어린아이도 수익을 가져다줄 수 있는 존재였다.

그러나 20세기 동안 미국에서는 이러한 역학에 큰 변화가 일었다. 무상교육이 탄생하고 빈곤 수준이 감소했으며 아동 노동을 금지하는 연방법이 도입되면서 아동 노동은 줄어들었다. 이러한 변화는 미국 사회는 물론 전 세계에 걸쳐 일어난 좀 더 포괄적인 수준의 전환, 즉 아이를 부모의 소유물로 간주하던 시대를 지나 특별한 권리를 지니고 보호받는 사회 구성원으로 인정하는 시대로의 전환을 반영한 것이었다.[4]

경제적 가치의 관점에서 말하면 미국에서 아이는 부모에게 초반에 비용이 발생하고, 만약 발생한다면 잠재적 이익이 여러 해 뒤에 발생하는 (대개의 경우) 수십만 달러짜리의 거액 투자 상품이다. 더 중요한 사실은 아이를 갖는 일의 재정적 손익계산이 아이를 기르는 데 드는 기대비용과 아이가 미래에 가져다줄 것으로 기대되는 금전적 이익에 따라 매우 크게 달라질 수 있다는 점이다. 이 개념은 이 장의 후반부에 등장하는 임신 중단 논의에서 다시 다룰 예정이다.

베이비 마켓

아이를 기르는 일에는 엄청난 재정적 문제가 수반되지만, 그럼에도 여전히 수천 명의 사람들이 매년 큰 비용이 드는 불임 치료를 받는다.[5] 임신에 어려움을 겪는 사람들이 시도하는 체외 수정은 수만 달러를 훌쩍 넘기는 시술이다.[6] 임신 만기까지 태아를 품을 수 없거나 태아를 품지 않기로 선택한 여성들을 위한 수태 대리모 산업도 성황이다. 생모의 난자를 추출하여 수정시킨 뒤 대리모의 자궁에 주입하여 임신 기간 동안 태아를 품어 주는 이 대리모 출산은 약 9만 달러에서 13만 달러의 비용이 든다.[7] 임신 촉진 치료가 필요하면 비용은 훨씬 더 올라간다. 또 국제적 성격을 띠기도 해서 미국에서 대리모를 찾는 대신 비용이 더 낮은 인도의 대리모를 고용하는 경우도 있다.[8]

아이를 원하는 부부에게 주어지는 또 다른 옵션은 입양이다. 입양은 법적, 행정적 비용이 들어서 보통 수만 달러에 이르는 돈을 지불해야 한다. 물론 이 돈은 일반적으로 아이를 기르는 데 드는 비용을 훨씬 뛰어넘는 액수다. 혈연관계가 아닌 아이를 입양하는 것은 부모가 유전적 관련성이 없는 아이를 (비용을 부담하는 것은 물론이고) 양육한다는 의미이다. 다위니즘으로는 입양에 숨겨진 동기를 설명하기 힘들지 모르지만, 많은 부모에게 입양이 정서적으로 만족감을 주는 선택지인 것만은 분명하다. 입양은 공감과 삶의 상대적 가치라는 좀 더 포괄적인 개념과 관련이 있는데, 이 주제는 이 책 후반부에서 조금 더 자세히 논의할 것이다.

위탁 양육도 아이를 키우고 싶은 사람들이 고려할 수 있는 옵션이다. 위탁 양육은 기간이 일시적이고 (반면 입양은 영속적이다.) 위탁 부모는 아동에 대한 법적 권리가 없으며 양육 비용을 지원 받는다는(반면 입양하는 부모들은 비용을 직접 부담한다.) 점에서 입양과 다르다. 2017년에 미국에서는 50만 명가량의 아동들이 위탁 가정의 보호를 받고 있는 것으로 조사됐다.[9]

　　그 방법이 불임 치료든, 대리모 출산이든, 위탁 양육이든, 입양이든 많은 이들이 책임과 비용과 이익이 모두 수반되는 부모가 되는 일에 큰 비용을 기꺼이 지불한다.

임신 중단

　　여성이 '약간 임신'했다는 말은 있을 수 없다. 임신은 계획된 것이거나 계획되지 않은 것이거나 둘 중 하나다. 계획되지 않은 임신은 흔한 일이다. 기혼 여성에게도, 비혼 여성에게도, 10대 소녀에게도, 40대 여성에게도 일어난다. 계획되지 않은 임신은 대개 피임을 하지 않은 경우, 피임 기구를 잘못 사용한 경우, 피임약이 들지 않은 경우에 일어난다. 피임 임플란트, 자궁 내 피임 기구, 불임 수술과 같은 피임법은 실패 확률이 낮지만(1년에 여성 100명당 1건 미만), 피임 스펀지, 콘돔, 살정제, 질외 사정법 같은 방법들은 실패 확률이 상대적으로 높다.(1년에 여성 100명당 18건 이상)[10]

　　미국에서 임신 중단보다 논쟁을 많이 불러일으키는 주제는 거의 없다. 임신 중단이라는 주제는 가족도 서로 등을 돌리게 하고 친구도

적으로 만든다. 임신 중단을 열렬히 찬성하거나 반대하는 사람들 모두 임신 중단을 정치인이나 판사들을 판단하는 리트머스 테스트로 사용한다. 임신 중단과 관련된 논의들은 대답하기 매우 어려운 다음과 같은 질문들을 제기한다. '생명은 언제 시작되는가?', '태아는 인간인가?', '태아에게도 인권이 있는가?', '개인의 자주성과 사회의 규칙·규범 사이의 올바른 균형은 무엇인가?', '여성은 자신의 의지에 반하는 양육을 강요받을 수 있는가?' 이러한 질문들은 대부분 종교, 철학, 법, 윤리의 영역을 관통한다. 이 장에서는 이런 질문에 대한 답을 구하기보다 인공 임신 중절이라는 주제를 사용하여 다음의 두 가지 문제를 살펴보려 한다. '태아에 매겨지는 생명의 가치는 얼마인가?', '특히 성별이나 유전적 특징을 고려하여 한 태아에 다른 태아보다 더 높은 가치를 부여하는 행위는 어떤 결과를 가져오는가?'

인공 임신 중절은 수술이나 약물을 통해 임신을 의도적으로 중단하는 행위를 말한다. 15~20퍼센트의 확률로 자연적으로 임신이 중단되는 유산과는 구분된다.[11] 임신이 계획된 것이든 계획되지 않은 것이든 여성이 인공 임신 중절을 원하는 이유에는 여러 가지가 있다. 산모의 건강이나 생명이 위험한 경우일 수도 있고, 태아에 문제가 있어 여성이 출산을 원치 않는 경우일 수도 있으며, 애초에 임신을 원하지 않은 경우일 수도 있다.

임신 중단 권리는 국가마다 매우 다른 양상을 보인다. 어떤 경우의 임신이든 모든 임신 중단을 엄격하게 금지하는 국내법이 있는가 하면 (강간이나 근친상간에 의한 임신, 산모의 건강이 위협 받는 경우 포함), 임신 초기에는 어떤 제약도 없이 임신 중단을 허용하는 매우 개방적인 국내법도 있다. 임신 중단의 합법성은 이 양극단 사이에서 국가마다 그 정도를 달리한다. 어떤 국가들은 임신부의 생명이 위험하거나 건강이 위협받는 경우, 또는 사회경제적 이유가 있는 경우 임신 중단을 허용한다. 전 세계 인구의 60퍼센트가 넘는 사람들이 임신 초기 인공 임신 중절이 아무런 제한 없이 또는 다양한 이유로 허용되는 국가에 살고 있다.[12]

권리와 가치는 밀접한 연관이 있다. 인공 임신 중절 문제는 임신부와 태아의 권리를 저울질하는 것이자, 사회가 임신부의 생명과 태아의 생명에 매기는 상대적 가치를 반영한다. 사회가 누군가의 생명을 보호한다는 것은 그 생명을 가치 있게 여긴다는 의미이다. 반대로 사회가 누군가의 생명권을 보호하지 않는다는 것은 그 생명을 다른 생명보다 가치가 낮다고 여기거나 전혀 가치가 없다고 여긴다는 뜻이다. 어떤 국가가 임신부의 생명을 보호하기 위해 임신 중단을 허용하는 것은 그 사회가 임신부의 생명과 권리를 태아의 권리보다 더 가치 있게 여긴다는 사실을 시사한다. 일반적으로 말하면 임신부의 임신 중단 권리가 클수록 태아의 권리는 상대적으로 줄어든다고 할 수 있다.

미국에서 임신 중단의 권리는 시간에 따라 변화해 왔으며, 오늘날에도 여전히 일반 대중 사이에서나 법정에서 격렬한 논쟁을 불러일으킨다. 1800년대 후반, 미국에서는 거의 모든 주가 임신 기간 동안의 모든 임신 중단 또는 임신 중단 시도를 법으로 금지했다. 1960년대 초에 이르자 44개의 주가 임신으로 여성의 생명이 위태로운 경우에 한해 임신 중단을 허용했다. 다섯 개의 주는 여성의 생명 또는 신체적 건강이 위협 받는 경우 임신 중단을 허용했는데,[13] 펜실베이니아주는 어떤 경우에도 임신 중단을 허용하지 않았다. 임신 중단 권리는 이후 10년간 급격한 진전을 보였고, 1972년에 이르러서는 13개 주가 "임신부의 생명 또는 육체적, 정신적 건강이 위험에 처한 경우, 태아가 심각한 육체적, 정신적 결함을 갖고 태어날 것으로 예상되는 경우, 강간이나 근친상간에 의한 임신인 경우" 임신을 중단하는 것을 법으로 허용했다.[14]

이 무렵이 되자 임신 중단을 허용하는 요인에 임신부의 생명과 건강뿐 아니라 향후 태아의 육체적, 정신적 상태의 전망은 물론 임신의 정황까지도 포함되기 시작했다. 로 대 웨이드(Roe v. Wade)(1973) 사건에서 대법원은 태아가 자궁 밖에서 보조 장치의 도움을 받아 생존할 수 있게 되는 시점 전까지는 임신부에게 임신 중단에 대한 헌법적 권리가 있다고 판결했다. 주 정부는 태아가 자궁 밖에서 생존할 만큼 자란 이후에도 임신 중단을 할 수 있는 권리를 임신부의 정신적, 육체적 건강을 보호하는 데 임신 중절이 필요한 상황으로 한정하는 법을 시행할 수 있다.

대법원은 임신 중단의 합법성을 개인의 사생활 보장에 포함된 기본권으로 인정했고, 당시 닉슨 대통령이 대법관으로 지명한 해리 블랙먼은 다음과 같이 판결을 승인했다. "사생활과 관련된 이 권리는 (……) 임신 중단에 대한 여성의 결정을 아우를 만큼 포괄적이다."[15]

대법원은 임신 중단을 제한하는 규제가 "부인할 수 없는 국가 이익"에 의해서만 정당화될 수 있다고 밝혔는데, 이 논점은 임신 중단이 개인의 자주성(임신한 여성이 자신의 몸에 대한 통제권을 가질 권리)과 사회 규범 사이의 균형에 관한 문제라는 사실을 다시금 상기시켜 준다는 점에서 중요하다. 조금 더 노골적으로 표현하면 "부인할 수 없는 국가 이익"이라는 조건은 여성의 생식 기관이 개인의 소유물인가 아니면 여성이 자신의 몸에 무엇을 할 수 있고 없는지 결정하는 법규를 통해 사회가 집단적으로 소유하고 관리하는 것인가라는 문제를 제기한다.

　로 대 웨이드 판결을 둘러싼 중요한 질문에는 여러 가지가 있다. 그중에서도 가장 근본적인 질문은 태아에게 권리가 있느냐 하는 것이다. 미국 헌법의 권리장전(1791년 미국 헌법에 부가된 최초 10개의 수정 조항)은 '인민'의 권리를 다루고 있다. 인권은 인간을 위한 것이다. 그렇다면 태아를 사람 또는 인간으로 묘사하는 것은 정당할까? 로 대 웨이드 사건에서 대법원은 태아는 "수정 헌법 14조의 의미에 해당하는 사람"이 아니므로 해당 조항이 명시하고 있는 평등한 보호 대상이 아니라고 보았다. 이 논쟁에 적극적으로 뛰어드는 것을 피하려는 사람들은 대개 태아가 '인간 생명의 가능성'을 지닌다고 설명한다.

　태아의 독자적 생존 능력을 중시한 대법원의 판결은 태아와 임신부의 생명의 상대적 가치에 대한 논의가 한 걸음 진전된 것으로 해석될 수 있다. 독자적 생존 능력이 없는 태아는 임신부의 의지에 따라 낙태될 수 있지만, 생존 능력이 있다고 판단되는 태아에게는 더 많은 법적 권리가 부여된다. 일단 자궁 밖에서도 생존할 수 있다고 판단되면, 사회가 부여하는 태아의 상대적 가치는 상승하므로 임신 중단은 법적으로 국가가 규정한 제한된 조건에서만 가능하다. 로 대 웨이드 판결 당시 생존 가능성을 결정하는 태아의 나이 기준이 자의적이고 의학 발전에 따라 변할 수 있다는 인식이 있었다.

　일반적으로 임신 기간이 짧을수록 태아가 가벼워서 자궁 밖에서 생존할 확률이 낮다. 선진국의 경우, 25주를 넘겨 태어나고 출산 당시 몸무게가 600그램 이상인 신생아들은 대부분 생존한다.[16] 선진국에서는 23~24주차에 태어난 신생아의 생존 확률도 최소 50퍼센트가량 된다.[17] 건강한 성인으로 성장한 조산아 중 가장 어린 나이에 태어난 조산아는 21주차에 태어난 아기였다고 한다.[18]

미국은 영국과 깊은 역사적 관계가 있어서 영국의 임신 중단 관련 법도 고찰해 볼 필요가 있다. 1967년 낙태법은 최대 28주차까지 임신 중단을 허용했으나, 1990년에 그 기간이 24주로 축소되었다. 물론 태아의 심각한 기형이 의심되거나 임신부의 생명과 건강이 위협 받는 경우처럼 24주 이후에도 임신 중단을 허용하는 몇 가지 조건은 여전히 있었다. 이러한 임신 중단 허용 기간 축소는 조산아에 대한 치료와 의료 기술이 발전했다는 사실을 의미하는 것이기도 했다.

임신에 관한 논의에서 임신 기간은 중요한 고려 요소다. 미국에서는 어떤 정치적 신념을 가졌는가와 상관없이 임신 기간이 길어질수록 임신 중단 권리에 대한 지지가 줄어드는 경향을 보인다. 실례로, 2018년에 수행된 한 설문 조사에서 13퍼센트의 응답자가 임신 기간 6개월 이후에 이루어지는 "임신 중단을 법적으로 허용해야 한다."라고 대답했는데, 이는 4~6개월의 임신 중단을 허용해야 한다고 대답한 28퍼센트, 초반 3개월의 임신 중단을 허용해야 한다고 대답한 60퍼센트보다 크게 낮은 수치다.[19] 임신 중단의 정당성에 대한 판단 여부가 이처럼 변한다는 사실은 사람들이 직관적으로 태아의 생존 능력을 판단한다는 의미일 것이다.

임신 기간에 따라 임신 중단 권리를 다르게 판단한다는 것은 태아의 나이에 따라 사회가 태아에게 부여하는 가치가 달라진다는 사실을 의미한다. 이것을 확인해 볼 수 있는 한 가지 방법은 태아의 생명과 임신부의 생명의 상대적 가치를 살펴보는 것이다. 임신한 여성이 어떤 제약도 없이 어떤 이유에서든 임신 중단을 결정할 수 있다면, 태아는 임신한 여성의 생명에 비해 상대적으로 보잘것없는 가치를 지닌다고 할 수 있다. 임신 중단에 대한 법적 제약이 따르는 경우는 태아에게 권리가 있을 때, 즉 태아의 상대적 가치가 0 이상일 때다. 임신 중단이 어떤 상황에서도 허용되지 않는다면, 태아는 적어도 임신부와 동일한 권리를 갖는다고 할 수 있다. 이러한 상황에서 임신 중단은 살인으로 간주, 아이가 태어나서 살해된 것과 동일한 것으로 여긴다. 태아가 산모의 생명을 위협하는데도 임신 중단이 불법인 경우는 여성이 자신의 생명 보호에 필요한 기본권을 부정당하고 있음을 내포한다고 할 수 있다. 이런 경우 임신한 여성보다 태아에게 실제로 더 많은 권리가 부여되고 있다고 해석할 수 있다.

　임신한 여성의 임신 중단 권리가 100퍼센트를 척도로 측정된다고 가정해 보자. 임신한 여성의 생명에 어떤 위협이 있어도 임신 중단이 불법인 경우 권리는 0퍼센트이다. 특정 상황에서 임신 중단이 법적으로 허용되는 나라라면 임신 중단 권리의 정도는 0퍼센트에서 100퍼센트 사이에 존재하며, 그 수치는 임신한 여성이 지니는 권리와 임신 기간에 따라 달라진다. 임신 중단 권리가 100퍼센트이면 임신한 여성이 어떤 이유에서든 임신을 중단할 수 있는 경우라 할 수 있다. 미국에는 태아가 자궁 밖에서도 생존할 수 있다고 간주되기 전까지 이런 100퍼센트의 임신 중단 권리를 보장하는 주들이 있다. 일단 태아가 생존할 수 있다고 판단되면 그 시기 이후부터는 퍼센트 수치가 점차 감소하고, 임신 중단은 임신부의 생명이나 건강이 위협을 받는 경우와 같이 특별한 상황에서만 정당화될 수 있다. 임신 만기에 가까워지면 퍼센트 수치는 급격하게 감소하다가 분만의 순간에는 거의 0에 이른다. 극단적인 예로 분만 한 시간 전에 태아를 낙태할 수 없다는 사실을 떠올리면 이해할 수 있다.

미국에서 임신 중단과 관련된 주 단위의 법은 매우 다양한 양상을 보이는데, 그중 다수가 최근 몇 년간 통과된 것들이다. 2019년 10월을 기준으로 아홉 개 주에서 성별 선택 임신 중단을 법으로 금지하고 있고, 두 개의 주(미주리, 노스다코타)가 유전자 이상이 있는 태아의 낙태를 금지하고 있으며, 두 개의 주(애리조나, 미주리)가 인종 선택에 근거한 임신 중단을 법으로 금지하고 있다.[20]

태아에게 부여되는 법적 권리가 많을수록 해당 사회의 법으로 측정되는 태아의 상대적 가치는 높아진다. 태아의 권리를 보호하고자 하는 사람들은 가중처벌 범죄에 관한 주(州) 법을 일종의 논의의 시작점으로 삼는다. 가중 폭행죄는 일반적으로 무기의 사용, 피해자의 처지, 가해자의 의도, 상해 정도와 같은 요인에 의해 단순 폭행과 구분된다.[21] 미국의 일부 주에는 피해자가 임신 여성인 범죄의 처벌을 강화하는 특정범죄 가중처벌법이 있다. 태아 살인법이라고도 알려진 이 법은 38개 주에 있는데 용어와 목적 측면에서 서로 큰 차이를 보인다.[22] 캘리포니아주의 경우, 살인을 인간 또는 태아에 대한 악의적 의도의 계획적이고 불법적인 살해라고 정의한다.[23] 로드아일랜드주는 임신한 여성에게 상해를 입혀 생존 가능한 태아를 의도적으로 살해한 행위를 과실치사에 포함시키고 있다.[24] 따라서 태아 살인에 대한 가중처벌이 있는 주에서는 태아의 생존권이 법적으로 인정되고 있음을 의미한다고 해석하는 사람들도 있다. 하지만 이 견해에 대해서는 많은 주 법원과 연방 법원의 판결이 서로 달라 여전히 논쟁의 여지가 많다. 더 넓게 보면 로 대 웨이드 판결에 대한 법리적 도전은 다양한 수준의 사법 체계에서 계속되고 있다. 임신 중단 권리의 합헌성 결정은 1989년 웹스터 대 출산보건청 (Webster v. Reproductive Health Services) 대법원 판결 때처럼 사법 시스템에서 한두 표에 의해 언제라도 뒤집힐 수 있다.[25]

과학이 지속적으로 발전하여 태아는 이제 점점 더 가벼운 체중으로 더 이른 시기에 출생해도 생존할 수 있다. 만약 정자와 난자를 체외에서 수정시켜 만든 배아를 인공 자궁에서 신생아 단계까지 길러 낼 수 있을 정도로 과학이 발전한다면, 태아의 생존 가능성 여부가 갈리는 일은 더 이상 없을 것이다. 아기를 만드는 데 여성의 자궁이 필요하지 않다면, 태아는 언제나 생존할 수 있다는 의미일 테니까 말이다. 인공 자궁이 개발되면 임신 기간의 어느 단계에도 태아는 권리가 없다고 주장하기 어려워질 것이다. 기술이 발전하여 태아 성장에 여성의 자궁이 더 이상 필요하지 않게 된다면, 자신의 몸에 대한 여성의 통제권과 사회 규범 사이의 균형에 대한 논쟁도 사라지게 될까? 인공 자궁이 만들어지면 여성이 법의 강요를 받아 자기 의사에 반하는 임신을 유지해야 하는 일이 사라질까? 체외 수정된 배아가 9개월 후 인공 자궁에서 건강하게 태어났다면, 여성의 자궁에 한 번도 들어가 보지 않은 그 태아는 정확히 언제부터 사람이었다고 할 수 있을까? 인간의 생명은 정확히 언제부터 시작되는 걸까?

과학 기술이 이 단계까지 발전할 수 있을지는 알 수 없다. 그러나 인공 자궁의 개발 가능성이 있다면, 살아 있는 인간에 대한 정의를 근본적으로 재고할 필요가 있다. 이 책이 이와 같은 중요한 철학적 문제에 답을 하려는 것은 아니지만, 의료 기술이 급속하게 발전하고 있는 오늘날에 이러한 문제에 대한 성찰을 요구하는 것은 필요해 보인다.

장애 선별 임신 중단

장애 선별 임신 중단은 다운증후군, 무뇌증, 테이삭스병과 같은 질병이 확인된 태아의 부모에게 선천적 장애를 지닌 아이를 기르는 데 따르는 어려움과 비용을 시간과 돈의 기대 가치와 비교 검토할 수 있는 기회를 준다. 이는 감정을 수반하는 결정이면서 종교, 윤리, 개인의 가치 그리고 경제적 문제의 영향을 받는다. 이런 선천적 질환 유무에 관한 정보는 대개 임신 초기부터 6개월까지 알 수 있다.

다시 한번 말하지만 선천적 이상이 있는 태아를 출산하는 일과 임신 중절을 한 뒤 다시 임신을 시도해 보는 일 중 하나를 선택할 때 향후 수십 년 동안 발생할 기대 비용을 철저하게 분석하는 부모는 거의 없다. 그러나 선천적 기형을 지닌 아이에 대한 임신 중단 여부를 결정하는 데 대개는 재정적인 문제가 중요한 요소로 참작된다는 사실은 분명하다. 예비 부모들은 선천적 이상을 지닌 아이가 의료비나 교육비와 같은 영역에서 평균적으로 다른 아이들보다 더 많은 비용이 들어갈 것이라고 추산한다. 또 기대 수익의 측면에서 이들이 훗날 성인이 되어도 다른 아이들보다 평균적으로 소득이 적어서 노년기의 부모를 제대로 부양하지 못할 것이라고 생각할 수도 있다. 순수하게 재정적 관점에서만 본다면 어떤 부모들은 선천적 기형을 지닌 태아가 그렇지 않은 태아보다 순 현재 가치, 즉 생명 가격표가 더 낮다고 판단할 수 있다.

이러한 낮은 가격표는 선천적 질환을 가진 태아가 낙태되는 경우가 많다는 사실에서 잘 드러난다. 미국에서 다운증후군이 확인된 태아는 대부분 낙태되는데, 그 비율은 선천성 기형이 확인되지 않은 태아에 비해 훨씬 높다.[26] 많은 사람이 이와 같은 선택에 대한 여성의 권리를 지지하는 반면, 어떤 이들은 장애 선별 임신 중단이 비윤리적이라고 주장한다.

장애 선별 임신 중단이 다른 유전적 요소를 선별하는 문제로 이어질 수 있다고 우려하는 목소리도 있다. 오늘날 모든 태아에 대해 세세한 유전자 지도가 만들어지는 세상을 상상하는 것은 그리 어려운 일이 아니다. 유전자 지도는 머리색, 수명, 키를 예측하는 데 사용되는데, 더 상세한 분석이 이루어지면 암, 심혈관 질환과 같은 특정 질병의 발생 가능성이나 심지어 지능 관련 요소까지도 예측할 수 있다. 이렇게 되면 태아의 생명의 가치는 다양한 유전적 요인에 따라 매겨질 것이며, 부모는 자신이 생각하는 최상의 가치를 지닌 태아를 엄선하여 만들 수 있게 된다. 불임 치료 병원들 중에는 예비 산모에게 정자 기증자의 특징을 선택할 수 있는 기회를 줌으로써 이미 이러한 종류의 서비스를 시행하고 있는 곳이 있다. 유전자를 취사선택한 태아가 아직 머나먼 미래의 이야기처럼 들릴 수 있지만, 노벨 과학상 수상자들을 비롯한 과학자들의 정자만 기증받는 '천재 정자 은행'으로부터 탄생된 아이들은 이미 200명이 넘는다.[27] 한편 일명 유전자 가위라고 불리는 '크리스퍼(Clustered Regularly Interspaced Short Palindromic Repeats, CRISPR)' 같은 기술이 개발되어 배아 단계에서 하나의 뉴클레오티드를 변형하거나 유전자 전체를 삽입 또는 삭제할 수 있게 되면서, 생식세포 계열을 완전히 바꾸고 겸상적혈구빈혈이나 낭포성 섬유증과 같은 질병 발병의 가능성을 제거할 수 있게 되었다.[28] 2018년 12월에는 중국인 과학자 허젠쿠이 박사가 크리스퍼 기술을 사용하여 체외 수정 과정에서 인간 배아의 DNA를 유전자 편집했다고 발표했다.[29] 부모들이 유전자 검사를 바탕으로 더 완벽한 유전자를 선별하여 아이를 만들려고 할 때마다 임신 중단 권리와 개인의 사생활에 관한 논의는 우생학 논쟁과 뒤섞인다.

'멋진 신세계'는 성(sex) 뿐만 아니라 다른 유전적 요인에 대해 수정 전·후 검사가 이루어지는 곳에 존재한다. 유전자 연관으로 묶여 있는 유전자는 모두 잠재적으로 선별할 수 있다. 윤리적 이슈는 과학의 발달에 동반되는 문제이므로, 과학이 윤리와 도덕적 고찰을 너무 많이 앞질러 가지 않게 하려면 윤리적 문제 역시 활발하게 검토되고 논의되어야 한다.

성별 선택 임신 중단

성별 선택이라는 말을 들으면 즉각적으로 중국이나 인도를 떠올리는 사람들이 있겠지만, 성별 선택은 한두 국가에 국한된 문제가 아니다. 일부 예비 부모가 여자아이보다 남자아이를 선호하는 성별 선택은 아시아, 유럽은 물론 심지어 아메리카 일부 지역에 걸쳐 큰 파급 효과를 야기한다.

남자아이에 대한 선호로 야기되는 성별 선택은 출산율이 감소하면 그 문제가 극명하게 드러난다.[30] 남아 선호는 부모가 딸보다 아들을 갖는 것에 더 큰 가치를 두는 것을 가리킨다. 이 현상의 기원은 다양한 곳에서 발견된다. 예로부터 대다수 국가가 남성 본위의 사회여서 재산권, 상속법, 지참금 제도가 모두 남성에게 유리하게 설계되어 있다. 동아시아 문화권의 유교적 위계질서는 노골적으로 여자를 남자의 종속적인 위치에 둔다.[31] 가산을 국가에 빼앗기거나 다른 가족에게 물려주는 일이 없도록 하려면 부모에게는 아들이 필요하다. 장자의 권리는 첫째 아들이 상속의 특별한 몫을 받는 것을 가리킨다. 기독교 성경에는 배고픈 에서가 쌍둥이 동생 야곱에게 식사 한 끼에 자신의 장자의 권리를 팔아 버리는 이야기가 나온다.

생명의 가치를 매기는 모든 방법에서 일관되게 나타나는 한 가지 명제는 다른 생명보다 가치가 낮다고 평가되는 생명은 보호도 잘 받지 못한다는 사실이다. 남아 선호의 경우, 여아의 생명은 더 낮게 평가되어 더 높게 가치 평가된 남자아이들보다 덜 보호된다. 여기서 말하는 '가치'는 비금전적 요소와 금전적 가격표를 모두 가리키지만, 이 논의의 목적을 위해 금전적 가격표에 더 중점을 두기로 한다.

남아 선호에는 다양한 이유가 있다. 과거에는 딸보다 아들을 갖는 것이 재정적으로 유리한 문화권이 많았으며, 일부 국가에서는 여전히 그렇다. 예부터 남성 중심적이었던 일부 국가에서 여자아이는 보통 어린 나이에 결혼을 하고 교육을 포기한다. 결혼을 하려면 지참금(결혼식 당일에 어린 신부 쪽 부모가 신랑 측에 보내는 돈이나 재물)이 필요하다. 결혼을 하면 여자는 남자의 집에 들어가 그곳에서 아이를 낳고 키우며 남편의 부모를 돌본다. 부모의 관점에서 보면 이런 유형의 사회에서 아들이 갖는 순 현재 가치는 딸의 순 현재 가치보다 훨씬 크다. 간단히 말해서 일부 문화권에서는 과거 딸을 갖는 것이 아들을 갖는 것에 비해 부모에게 그다지 훌륭한 금전적 투자가 아니었으며, 경우에 따라서는 여전히 그렇다고 할 수 있다. 예비 부모들이 아들과 딸의 재정적 기대 가치를 대조해 보기 위해 순 현재 가치를 계산하지는 않지만, 그래도 부모의 관점에서 보면 과거에는 실제 아들을 낳는 것과 딸을 낳는 것에 재정적 차이가 있었고, 아직도 그런 문화권이 있는 것이 사실이다.

남아 선호 현상은 수천 년 동안 있어 왔다. 그러나 지난 몇십 년간 출산이 감소하여 가족의 규모가 훨씬 작아지는 새로운 현상이 벌어졌다. 중국과 인도의 합계 출산율은 1950년대에 여성 1인당 출생아 수 5명을 초과했던 데 반해, 1970년대 중국의 출산율은 3명 아래로 떨어졌다. 이후 10년간 인도의 출산율도 3명 아래로 감소했다. 오늘날 중국의 합계 출산율은 약 1.6명, 인도의 출산율은 2.3명이다.[32] 과거에는 아이가 5~6명인 가정에 최소 1명의 남자아이가 있을 확률이 매우 높았다. 그러나 가족의 규모가 줄어들면서 이런 상황도 변화했다. 이제는 아이가 하나나 둘만 있는 가정에 아들이 없을 확률도 꽤 높다.

성별 선택이 일어나는 곳엔 '잃어버린 딸들'이 있다. 잃어버린 딸들이란 실제 출생한 여아 수와 여아 살해나 성별 선택 임신 중단이 없었다면 태어났을 것으로 예상되는 여아 수의 차이를 가리킨다.[33] 갓 태어난 여자아이나 어린 여자아이를 선택적으로 살해한 일들은 역사적으로 많이 있었지만, 이런 관행이 과거에만 국한된 것은 아니다.[34] "하늘의 절반은 여성들이 떠받치고 있다."라는 마오쩌둥의 시적인 발언에도 불구하고 중국은 여전히 여아 사망률이 과도하게 높다.[35] 잃어버린 딸들은 여아 살해보다는 산전 선별 검사로 인해 발생하는 경우가 가장 흔하다. 보통 초음파를 사용하여 태아의 성별을 확인한 후 임신 중단 여부를 결정한다. 인도에서는 잃어버린 딸들의 약 87퍼센트가 산전 선별에 의한 경우이고, 13퍼센트가 영아 살해나 여아 신생아에 대한 의료 서비스 미제공과 같은 이른바 산후 선별로 발생한다.[36]

인구 통계를 보면 산전 성별 선택이 일어나고 있는지 쉽게 알 수 있다. 해당 인구 내에서 새로 태어난 남아와 여아의 성비를 계산해 보면 된다. 성별 선택이 일어나지 않는다면, 성비는 여아 100명당 남아 105명가량이 나온다. 그러나 부모들이 차별적으로 남아를 선택하면 성비는 증가한다.

가장 극단적인 출생 성비를 보이는 국가는 중국, 인도, 베트남과 같은 아시아 국가와 아르메니아, 아제르바이잔, 조지아와 같은 동유럽 국가다.[37] 성별 선택이 이런 나라들에서만 이루어지는 것은 아니지만, 이 국가들은 전 세계 인구의 약 40퍼센트를 차지한다. 2017년에 중국, 아르메니아, 아제르바이잔, 인도의 출생 성비는 여아 100명당 남아 110명 이상이었다.[38] 이러한 패턴이라면 2030년 무렵 중국은 재생산 최적 연령(15~49세)에 해당하는 남성의 수가 여성보다 4000만 명이 많고, 인도는 3000만 명이 더 많을 것으로 예상된다.[39] 이는 베이징, 상하이, 델리의 인구를 모두 합한 것보다 많은 수다. 성별 선택으로 인한 성비는 중국과 인도 내에서도 차이가 심하다. 인도 북부 펀자브 지역의 출생 성비는 여아 100명당 남아가 120명 이상인 데 반해, 인도의 다른 지역은 정상 성비를 보인다.[40] 중국의 티베트 지역은 성비가 정상이지만, 산시성, 허난성, 후베이성, 푸젠성과 같은 지역은 모두 비정상적 성비를 보인다.[41]

다른 의료 기술과 마찬가지로 성별 선택은 대개 엘리트 계층에서 시작된다. 최신 기술을 알고 이용할 수 있는 정보력과 재력이 있기 때문이다. 한국은 서울에서 성별 선택이 시작됐으며, 아제르바이잔은 수도 바쿠에서 시작되었다. 인도에서는 고졸 이상의 부모에게서 태어난 아이들의 남아 출생 성비가 그렇지 않은 부모에게서 태어난 아이들의 남아 출생 성비보다 높다. 일반적으로 초음파를 가장 손쉽게 이용할 수 있는 이들은 도시에 사는 부유한 사람들이다. 따라서 성별 선택이 발생하는 나라에서는 도시에서 가장 먼저 초음파 검사를 통해 여아 태아들이 선택적으로 낙태를 당하고 남아 출생 성비가 증가하기 시작한다. 차츰 초음파 기술이 가난한 지역이나 시골 지역까지 퍼지고 그와 함께 성별 선택 임신 중단도 확산된다.[42]

여성 1인이 출산한 자녀 수를 의미하는 출산력은 여러 국가에서 출생 성비를 예측하는 지표로 사용된다. 남아 선호 사상이 있는 문화권의 부모들은 아이를 한 명 낳을 때마다 출산 압박을 강하게 느낀다. 이미 딸 한둘을 낳은 후라면 남아 선호 의식으로 인해 아들을 낳아야 한다는 강박에 더욱 시달린다. 아르메니아에서는 첫째나 둘째들 사이에서는 남녀 성비가 정상인 데 반해, 막내의 경우 여아 100명당 남아 150명 이상으로 폭등한다.[43] 이와 유사한 경향은 베트남이나 홍콩처럼 남녀 성비가 출산력에 따라 증가하는 다른 국가들에서도 발견된다.[44] 성별 선택은 미국에서도 나타나는데, 중국, 한국, 인도 출신의 부모에게서 태어난 아이들의 출생 성비는 첫째나 첫째와 둘째가 모두 딸인 경우 둘째나 셋째 아이들에서 남녀 성비가 폭등한다.[45] 이러한 성비는 '성별 특이적 중지'와 관련이 있는데, 이 개념은 후반부에 자세히 설명하기로 한다. 성별 특이적 중지는 아시아계 미국인의 임신 중단 비율이 백인의 2배가 넘는다는 사실과도 관련이 있다.[46]

　　성별 선택이 일어나는 국가들도 그 관행을 충분히 없앨 수 있다. 1990년대 초만 하더라도 한국은 성별 선택 임신 중단이 만연하였으나 2007년 무렵이 되자 다시 정상 출생 성비를 되찾았다.[47] 이러한 경향은 초음파 기술 사용에 관한 규제가 강화되었을 뿐만 아니라 남아 선호라는 동기가 약화되었기 때문이다.[48]

　　남아 선호 의식을 개선하는 일은 성별 선택을 없애는 데 도움이 되지만, 법적 규제 강화는 그 효과를 보장하지 못한다. 실제로 중국과 인도에는 성별 선택을 불법으로 규정하는 강경한 어조의 법과 처벌이 있다. 그러나 엄격한 법은 허울일 뿐 실제 구속력은 그리 크지 않다.[49] 중국과 인도에서 임신 중단은 합법이기 때문에 성별 선택을 규제하는 법이 있어도 여아를 골라 낙태하는 관행은 여전히 만연하다. 앞서 언급한 바와 같이 2019년 10월을 기준으로 미국에서 성별 선택 임신 중단이 불법인 주는 9개다.[50]

연성 성별 선택법

　　초음파 기술이 나오기 이전에 사람들은 강성 성별 선택법과 연성 성별 선택법을 사용했다. 강성 성별 선택법은 신생아를 살해하거나 아기에게 필요한 치료를 거부하는 끔찍한 관행이었다. 연성 성별 선택법은 아들이든 딸이든 원하는 성별의 자녀를 얻을 때까지 계속해서 아이를 낳는 방법이었다. 이것을 '성별 특이적 중지'라고 부르는데, 부모가 일단 자신들이 원하는 수나 성별의 자녀를 얻으면 그제야 피임을 하기

시작한다는 뜻이다. 딸을 둘 가진 부부가 아들과 딸을 한 명씩 둔 부부
보다 아이를 계속해서 낳을 가능성이 높은 것은 많은 나라에서 발견되
는 현상이다.[51]

　남아 선호 사상이 있는 사회에서 성별 특이적 중지는 막내의 성비
가 심각할 만큼 남아에 쏠려 있다는 것을 의미한다. 이를테면 인도는
출생 성비가 여아 100명당 남아 110명가량인데, 막내의 출생 성비는 여
아 100명당 남아 150명에 육박한다.[52]

파급 효과

　성별 선택과 그 기저에 깔려 있는 남아 선호 사상(그로 인해 남아의
생명이 여아의 생명보다 더 가치 있다고 여겨지는 일)은 어마어마한 파급 효
과를 불러온다. 중국만 해도 현재 과도하게 높은 성비로 인해 배우자를
찾지 못하는 남성이 수천만 명에 이르는 것으로 추산된다. 짝 없이 테
스토스테론 분비가 왕성한 남성의 수가 수천만 명에 이르면 비행 및 범
죄 증가, 정치적 불안과 같은 사회 문제를 야기할 수 있다. 인도와 중국
의 고위 공무원들도 성비 불균형에 따른 정치적 소요의 가능성에 대해
우려를 표한 바 있다.[53]

　짝을 맺을 여성이 부족하다는 사실은 성 착취 목적의 인신매매와
성매매를 증가시키는 요인이 될 수 있다. 딸을 팔아 돈을 벌려는 가족
들이 생기면서 가족 간 협상에 의한 강제 결혼이 횡행할 수 있다. 남성
성비가 높은 나라의 남자들이 이웃 나라에서 신부를 구하려고 하면서
국제결혼도 증가할 것이다. 이는 한 나라의 성비 불균형이 다른 나라에
도 영향을 미친다는 사실을 뜻한다. 여성이 부족한 한 나라의 국내 문

제가 지역 문제로 발전하는 것이다. 실제로 베트남은 성별 선택으로 인한 성비 불균형으로 골머리를 앓고 있는데도, 대만과 중국 본토의 남성들이 신부 쇼핑을 위해 대거 몰려들고 있는 실정이다.[54] 이는 한정된 수의 베트남 여성을 두고 국내 남성은 물론 외국인 남성들과도 경쟁을 해야 해서 데이트와 결혼을 할 수 있는 베트남 남성의 수가 훨씬 더 줄어든다는 사실을 의미한다. 이처럼 짝을 맺을 수 있는 여성의 공급이 불균형해지면 궁극적으로 딸을 갖는 일의 상대적 가치가 상승하게 되겠지만, 일부 지역에서는 남아 선호 사상이라는 오랜 문화가 절대 사라지지 않을 것이다.

전망

초음파와 성별 선택 임신 중단이 결합된 형식의 테크놀로지로 인해 성별 선택은 개인성이 약화되고 더 의료적 성격을 띠게 되었다. 성별 선택 기술은 지금도 계속 발전하고 있다. 비록 100퍼센트 정확하지는 않지만, 오늘날에는 정자의 성 분리가 가능하다. 부모들은 정자 분류를 통해 인공 수정에 남아 정자를 쓸지 여아 정자를 쓸지 선택할 수 있다. 착상 전 유전자 진단 기술도 있어서 착상 전 단계에서 수정시킨 배아의 100여 가지 이상의 유전적 조건은 물론 성별까지 검사할 수 있다.

정자 분리와 착상 전 진단 기술은 수십 년 전 초음파 기술이 그랬던 것처럼 가격이 비싸 소수 국가의 부유한 사람들만 사용할 수 있다. 그러나 시간이 지나면 가격이 저렴해지고 더 많은 사람이 이용하게 될 것이다. 그때까지 불임 치료가 필요한 사람들은 이런 고가의 서비스를 제공하는 병원들이 있는 미국으로 모여들 것이다.

예비 부모와 임신 중단에 찬성하는 사람들에게 유리한 점은 이러한 서비스들이 성별 선택 임신 중단에 관한 논의를 피해 간다는 사실이다. 태아의 성이 착상 전에 이미 선택되기 때문이다. 그렇지만 이러한 방법으로 인해 부모들은 여전히 아들과 딸의 상대적 가치를 저울질할 수 있고, 그럼으로써 자연의 임의적 선택을 한쪽 방향으로 기울게 할 수 있다.

성별 선택의 미래

왜곡된 출생 성비 중 일부는 성별 선택을 야기한 바로 그 기대 현금 흐름의 변화 때문에 정상으로 회귀할 것이다. 대부분의 국가에서 여성은 이미 남성과 유사한 수준의 재산권과 유산권을 쟁취했다. 여성의 교육 수준이 상승하면서 야기된 젠더 다이내믹의 변화로 여성은 삶에서 점점 더 많은 경제적 기회와 선택을 누릴 수 있게 되었다. 대부분의 국가에서 여자아이들은 이제 남자아이들과 유사한 수준의 초·중등 교육을 받는다.[55] 여성의 교육 수준 향상은 혼인율이 감소하고 결혼 연령이 늦어지는 현상을 야기했다. 전 세계적인 여성의 교육 수준 향상은 여성의 경제력과 역량이 상대적으로 상승하고 강화되는 결과를 낳았다. 당연한 일이지만 이러한 여성의 기회 향상은 출산율 저하와 깊은 관련이 있다. 여성의 교육 수준과 출산 자녀 수는 뚜렷한 반비례 관계를 보이기 때문이다.[56]

여성은 남성보다 노인 부양에 참여하는 경우가 많다. 여성의 경제 기회가 증가하고 인구 고령화로 부양 요구가 높아지면 남아를 선호하는 현상은 약화될 것이다. 전 세계적으로 여성의 정치적 역할이 점차 증가하면 부모들은 딸을 갖는 것의 잠재적 힘을 분명하게 깨닫게 될 것이다. 더 넓게 보면 아직까지 성별 선택 관행이 있는 국가에서도 여성의 정치적, 사회적 역량이 강화되고 교육수준이 높아져 소득이 향상되면, 딸과 비교해 아들이 지니는 재정적 이점이 줄어들 것이다. 앞으로도 지참금 제도, 유교적 위계질서를 비롯한 남아 선호 문화를 고수하는 국가는 계속 있겠지만, 성별 선택을 행하는 인구의 비율은 점차 줄어들 것이다.

한 부부가 성별 선택을 통해 아들을 낳은 일은 사회에 큰 위해를 가하지 않는 것처럼 보일지 모른다. 그러나 이러한 결정을 하는 개인이 수백만 명에 이른다면 집단적 재난이 발생할 수 있다. 이는 모든 개인이 각자의 이익에 따라 행동하면 사회 전체가 고통을 받는다는 개념을 일컫는 '공유지의 비극'의 대표적인 예다.

이것은 개인의 권리와 공익 사이의 균형이라는 오랜 논쟁 주제를 상기시킨다. '개인은 사회 구성원으로서 어떤 희생을 해야 하는가'라는 주제는 인류 역사가 끝날 때까지 논의될 이야기로, 이 책이 다루고 있는 영역을 크게 벗어난다.

이 책의 목적에 충실하기 위해서는 앞서 예시로 들었던 임신한 제니의 결정에 영향을 주는 요인뿐 아니라 매일 발생하는 수십만 건의 임신, 그리고 그런 임신과 관련된 결정이 가져오는 결과에 영향을 주는 요인이 무엇인지 분명하게 이해하는 것이 중요하다.[57]

9장 고장 난 계산기

ULTIMATE PRICE
The Value We Place on Life

1987년 10월, 제시카 매클루어라는 18개월 난 아이가 텍사스주에 사는 이모 집에 갔다가 뒷마당에 있는 우물에 빠졌다. 제시카를 구조하는 작업은 언론의 큰 주목을 받았다. 전국에서 성금이 쏟아졌다. 구조를 돕고 끔찍한 사고 이후 제시카에게 필요할지 모를 치료비를 지원하려는 목적의 돈이었다. 그중 실제 쓰인 돈은 극히 일부에 불과했다. 나머지 성금(약 100만 달러)은 '아기' 제시카가 25세가 되는 해에 이용할 수 있는 신탁 기금에 증여되었다. 현재 30대인 제시카는 결혼을 해서 슬하에 두 명의 아이를 두고 있다. 통계에 따르면 1987년에 사망한 5세 미만 아동의 수는 약 1300만 명이었으며, 그중 대부분이 예방할 수 있는 사고로 목숨을 잃었다.[1] 이 1300만 명의 아이들은 제시카와 달리 언론의 관심을 거의 받지 못했고 그들을 도우려는 성금이 모인 적도 없었다.

제시카는 구체적 신원이 드러난 '식별'된 생명이었고, 구조 조치를 취하지 않으면 명백한 죽음에 직면하게 될 상황이었다. 제시카는 이름과 가족이 밝혀진 특정 인물이었고 끔찍한 상황에 처해 있었다. 제시카의 사고 소식은 그녀의 사진과 함께 텔레비전 화면을 통해 일반 대중에게 전해졌다. 시청자들은 제시카가 구조되면 그녀의 삶이 앞으로 어떻게 펼쳐질지, 구조되지 못하면 그녀의 가족이 어떤 고통과 상실감을 느낄지 쉽게 상상할 수 있었다. 시청자들이 아기 제시카를 구하기 위해 선뜻 성금을 낸 것은 제시카라는 식별된 생명, 즉 쉽게 공감할 수 있는 생명을 구조하는 데 일조하고 싶은 숭고한 목적이 있었기 때문이다.

이와는 반대로 전 세계에서 불의의 사고로 사망한 수백만 명의 아이들에 대해서는 알려진 바가 거의 없다. 미디어는 이런 아이들의 삶, 가족, 꿈, 고통에 대한 이야기를 거의 다루지 않는다. 또한 우리는 우리가 어떤 아이들을 도우면 살릴 수 있는지도 모른다. 이런 수백 만 명의 아이들은 사망률이나 총 예상 사망자 수에 관한 논의에 사용되는 단순한 통계 수치로 취급된다. 이러한 수치는 학술 잡지에 보고되고 학자들이나 개발 기구에 의해 분석되며 국제회의에서 논의된다. 아기 제시카의 구조를 위해 조성된 성금이 저개발 국가의 아이들을 위한 백신이나 물 공급 개선을 위해 쓰였다는 가상의 결과를 비교하여 분석해 보았다면 어땠을까? 그러나 제시카는 구조되지 않으면 죽을 것이 자명한 식별된 생명이었던 데 반해, 제시카를 위해 모인 성금에 버금가는 돈이 백신이나 물 공급 개선에 사용되었다면 지금쯤 살아있을지 모를 수많은 어린아이들은 식별된 생명도, 대중에게 알려진 존재도 아니었다.

미디어의 관심이나 사고 후 조성된 성금은 명확한 죽음을 눈앞에

둔 어린 제시카에게만 쏟아졌을 뿐, 유사한 위험에 처했지만 대중에게 알려지지 않은 수많은 아이들에게는 쏟아지지 않았다. 당장 제시카의 목숨이 위태롭다는 분명한 사실은 대중의 관심을 불러일으키는 데도 결정적으로 작용했는데, 이는 인간이 불확실한 결과보다 확실한 결과를 더 중요하게 여기는 경향이 있기 때문이다.('확실성 효과')[2]

같은 해에 목숨을 잃은 다른 수백만 명의 아이들에게 대중이 상반된 반응을 보인 것은 '식별된 희생자 효과', 여기서는 '식별 편향'이라 칭하는 것의 예시라 할 수 있다. 사람들은 대개 이곳저곳에서 다수에게 발생하는 위험보다 특정인(들)에게 집중된 위험에 더 큰 관심을 갖는다.[3] "군중을 보고는 절대 행동하지 않지만, 개인을 보면 행동한다."라는 마더 테레사의 말이 이를 잘 표현한다.[4,5]

통계적 생명 가치의 추산치를 논의할 때 경제 전문가들은 식별되지 않은 생명에 관한 수치라는 점을 강조한다. 동료, 친구, 부모처럼 우리가 아는 사람을 특정하여 다시 질문하면 이러한 산술적 수치는 전혀 의미가 없기 때문이다. 건강에 가치를 매기는 방법을 논의할 때도 마찬가지로, 질문이 개인적인 차원으로 바뀌면 통계적 생명 가치에 관한 논의는 더 이상 의미가 없어진다. 보건 경제학자들이 비용 편익 관점에서 암 치료 신약의 완치율을 계산할 수는 있지만, 본인 내지 사랑하는 사람의 건강을 지키는 데 얼마만큼의 돈을 지불하겠는가를 묻는 질문에는 이런 분석이 무의미하다.

식별 편향은 우리가 생명의 가치를 감정하는 데 가장 큰 영향을 미치는 편견 중 하나이다. 논의의 대상이 통계 수치에서 개별 생명으로 옮겨 가면 생명에 대한 인식 가치가 증가하는 사례는 셀 수 없이 많으며,

이런 사례는 대개 다른 상황이었다면 취하지 않았을 행동을 유발한다. 일례로, 2010년에 전 세계는 33명의 칠레 광부들이 지하 2300피트 갱도에 매몰된 광산 붕괴 사고를 목도하였다. 대략 2000만 달러가 소요된 두 달여 만의 구조 작업 끝에 광부 33명이 전원 구출되었다. TV와 인터넷 매체들은 전 세계 수천만 명의 사람들에게 그들의 성공적인 구조 소식을 즉시 타전했다. 구조 작업 비용은 광산회사와 칠레 정부가 부담한 돈과 개인 기부자들이 낸 성금으로 조달되었다. 칠레 광부 33명이 땅속에 갇혀 있던 69일 동안 전 세계 다른 지역에서도 수백 또는 수천 명의 광부들이 작업 중에 목숨을 잃었다.[6] 그러나 이들의 죽음에 대해 아는 미국인들은 거의 없다. 이들의 죽음은 미디어의 관심을 거의 받지 못했고, 개개인의 이야기가 알려진 바도 없었으며, 이들의 생명을 구하기 위해 쓰인 돈은 33명의 칠레 광부들을 구조하는 데 쓰인 비용에 비해 턱없이 적었다.

2019년 10월을 기준으로 시리아에서는 내전으로 인구의 절반 이상이 죽거나 피난을 갔다.[7] 현재 터키, 레바논, 이라크, 이집트, 요르단과 같은 인접국에는 500만 명이 넘는 시리아 난민들이 살고 있다. 이러한 인도적 위기가 야기한 엄청난 수의 희생자와 파급력에도 불구하고 '시리아 난민'이라는 단어가 미국인들의 머릿속에 불러오는 이미지는 단 하나, 아일란 쿠르디라는 세 살짜리 아이가 터키의 한 해변에 얼굴을 묻은 채 죽어 있는 모습이다.[8] 쿠르디의 사진은 시리아 내전과 시리아 난민에 대한 미국인들의 관심에 큰불을 지피는 계기가 되었다. 통계 수치에 지나지 않았던 사건에 특정한 사람의 이야기가 입혀지면서 내전이라는 비극이 개인의 모습으로 구체화되었기 때문이다.

기부금이나 성금을 모금하는 기관들은 이 식별 편향을 잘 알고 있다. 기부금을 통해 살릴 수 있는 사람들의 수를 언급하는 것은 별로 효과가 없다. 대개는 배를 곯거나 울고 있는 아이의 사진을 보여 주고 그 아이를 후원할 기회를 제공하면서 기부자에게 자신이 돕는 아이와 직접 소통할 수 있는 기회를 제공하는 편이 단순 사실이나 데이터를 알리는 것보다 훨씬 효과적이다.[9]

공감

앞서 이야기했듯이 식별 편향은 생명의 가치를 감정하는 데 영향을 미치는 요인이다. 식별 편향은 타인의 감정을 이해하고 관심을 갖는 능력, 즉 공감 능력에 영향을 준다. 공감 능력은 선입관에 영향을 주므로 우리가 생명의 가치를 매기는 방법에도 영향을 미친다. 폴 블룸의 저서 『공감의 배신』에 따르면 공감은 우리가 생명을 때로는 더 공정하게 때로는 더 불공정하게 평가하는 요인이 된다.[10] 공감은 고정적인 가치가 아니라 개인의 육체적, 정신적, 재정적 상황, 기분, 최근 경험, 사적 관계의 변화에 따라 달라진다.

공감은 일반적인 인간 행위의 근본적 요소로 사회를 결속시켜 사회가 기능하고 인간이 생존할 수 있게 만듦으로써 사회구조의 근간을 이룬다. 가정 안에서 공감은 자연스러운 것, 없어서는 안 되는 것이다. 아기들이 스스로를 돌볼 수 있는 능력이 없다는 사실을 고려하면, 갓 태어난 아기에 대한 공감은 생물학적인 관점에서 필수적이다. 자식을 돌보는 데 대한 관심이나 의지가 없었다면 인류는 이미 멸종했을 것이다. 진화는 어떤 유전자가 후대에 전달되었는가에 달려 있다.[11] 공감이 작용하는 집단의 범위는 직계가족을 넘어 확대가족으로까지 확장된다. 이는 또 부족과 같은 더 넓은 범위의 집단은 물론 혈연관계는 아니지만 유사한 문화, 민족성, 종교, 국적, 특별한 이익 등 인간을 식별하고 분류하는 데 사용되는 여러 특징을 공유하는 사람들로까지 뻗어 나간다. 공감은 나이에 따라서도 달라진다. 일반적으로 우리는 아주 어리거나, 아주 노쇠한 사람들 또는 동년배의 감정에 더 관심을 쏟는 경향이 있다.[12]

사람들은 대개 더 깊이 공감하는 사람의 생명을 더 가치 있게 판단한다. 이 가치는 우리가 그 사람의 삶을 향상시키는 데 들이는 시간, 그 생명에 표하는 관심 그리고 그 생명에 매기는 가격표에 잘 드러난다.

공감의 반대는 무관심, 즉 관심의 부재다. 무관심은 잘 모르는 사람의 생명에 상대적으로 낮은 가치를 매기는 결과를 낳는다. '잘 모르는 사람'에는 유전적 특징이 다른 사람, 친인척 관계가 아닌 사람, 문화, 민족, 종교, 국적, 이해관계 등의 특징이 다른 사람들이 포함된다.

국적은 가장 강력한 형태의 자아 식별 요소로, 한 사람의 생명 가치를 평가하는 데 매우 큰 영향을 미친다. 평온할 때는 국적이 같은 사람들은 한 개인의 생명에 대해 관심과 염려를 보이기도 하지만, 다른 나라 사람들의 생명은 평가절하하거나 보호하지 않는 경우가 많다. 4장에 등장했던 캐나다 국경 근처에 위치한 가상의 화력발전소 ACME를 떠올려 보자. 발전소로 인해 인근 주민들이 위험에 노출되었는데도 비용편익분석에서 캐나다인들의 생명은 간단히 무시되지 않았는가.

　　전시 상황에서는 생명 가치의 평가 방법이 급격히 달라진다. 전쟁이 벌어지는 동안이라면 군인이 적국의 사람을 살해하는 일은 범죄가 되지 않는다. 그것은 정당한 이유에 근거한 살해로 도덕적이라고 평가되며 군인의 본국에서는 대개 명예로운 일로 여겨진다. 민족 간, 국가 간, 집단 간에 발생하는 무력 분쟁은 적국 국민의 생명에 매우 낮은 가치를 부여하는 결과를 초래한다. 전쟁의 목적은 적을 물리치는 것이기에 적국의 군인을 죽이는 일은 윤리적으로 사회적으로 용인될 뿐 아니라 훈장이나 국민적 차원의 치하를 받기도 한다. 적국은 대개 비인간화되고, 적국이 가하는 위협은 과장되거나 전쟁과 그에 따른 살상을 정당화하기 위해 날조되기도 한다. 이처럼 적국의 국민과 군인을 비인간화하는 것은 사람들이 적에게 공감하지 못하도록 하려는 데 그 이유가 있다. 적국의 국민과 군인을 같은 인간으로 여기지 않아야 자국 군대가 그들을 죽일 때 사람들이 죄책감을 덜 느끼게 된다. 이러한 이유로 희생된 미국인들의 죽음은 당연하게 애도되는 반면, 적국에 대해서는 대개 군인은 고사하고 민간인의 죽음마저 미국의 언론과 대중들에게 도외시되는 것이다.

　　자기 방어를 위해 사람을 죽이는 행위는 도덕적으로 정당하다는 관념에 이의를 제기하는 사람은 거의 없다. 정당방위 살인은 자신의 생명이 위태로운 순간에 다른 사람을 살해하는 행위이다. 자기 방어의 목적 이외에도 살인을 통해 무고한 사람들에게 야기될 수 있는 더 큰 피해를 예방했다면 정당방위 살인에 해당한다. 정당방위를 주장하는 것은 아주 오랜 옛날부터 정치인들이 전쟁을 정당화하기 위해 사용해 온 방법이다. 그래야만 전쟁으로 타인의 생명을 앗아 가는 일이 윤리적, 사

회적, 법적으로 용인되는 상황처럼 보이기 때문이다. 이는 미국 역사에
도 해당되는 이야기다. 미국을 어쩔 수 없이 전쟁에 뛰어든 전사에 비유
하는 전략은 미국이 벌이는 거의 모든 분쟁을 자기 방어 또는 인권 보
호를 위해 반드시 필요한 일로 보이게 하려는 시도에서 나온 것이다.

　　과열된 민족주의는 적을 비인간화하면서 자국 방어에 필요한 일이
라는 메시지의 효과적인 정치적 선전을 통해 순식간에 피에 굶주린 광
기로 급변할 수 있다. 일례로, 19세기에 "알라모를 기억하라"**라는 슬
로건을 외치며 멕시코-미국 전쟁(1846~48)을 지지했던 미국인들은 희
생되는 멕시코인들에게 아무런 관심이 없었다. 리오그란데강을 두고
미군과 멕시코 군 사이에 몇 차례의 교전이 벌어지자 미국인들은 자기
방어를 위해 전쟁이 꼭 필요하다고 주장했다. 그러나 이 전쟁에 대한 멕
시코의 시각은 미국과 매우 다르다. 리오그란데강의 북쪽 땅이 역사적
으로 멕시코 땅이었으며, 이 지역에 대해 미국이 끈질기게 영토 확장을
시도했다고 주장한다.

　　반세기 후 미국인들은 스페인과 미국 사이에 벌어진 또 다른 전쟁
(1898)을 지지했는데, 이는 미국 언론들이 "메인호를 기억하라"**라는
선전 구호로 여론을 선동한 결과였다. 폭발의 원인이 완전하게 규명되
지 않았는데도 미국의 언론과 대중은 목숨을 잃은 수백 명의 미군들을

** 알라모 전투-텍사스 독립 전쟁 당시 알라모에서 멕시코 군에 맞서 싸우던 텍사
스 주민 186명이 전사했다.
** 메인호-아바나 혁명 중 자국민을 보호한다는 명목으로 미국이 쿠바에 보낸 전
함. 아바나 항구에 정박 중이던 메인호가 원인 모를 이유로 폭발하여 침몰하면서 미
해군 266명이 사망했다.

위한 보복이 필요하다고 주장했다. 그로부터 약 두 달 후, 미국은 스페인과 전쟁에 돌입했다.

제2차 세계대전에서도 미국은 일본인들을 동물 같은 미개인으로 비인간화하는 엄청난 규모의 선전 활동을 전개했다. 이런 선전 활동은 미국인들에게 두려움을 심어 주면서 일본은 반드시 물리쳐야 하는 위력적인 적이라는 메시지를 전달하기 위해서였다. 이렇듯 일본을 미국에게 위협이 되는 인간 이하의 존재로 묘사함으로써 미국은 자국의 도쿄 대공습과 히로시마, 나가사키 원자 폭탄 투하를 통한 일본군 섬멸 및 민간인 대량 학살에 대한 도덕적 구실을 마련할 수 있었다.[13]

적국의 군인을 살해하는 일은 예상할 수 있는 전쟁의 결과물이며, 미국을 방어하기 위해 싸우는 군인의 의무 중 하나로 여겨진다. 전시에 적군의 생명은 거의 가치를 지니지 않는 것으로 간주되는데, 미국인의 관점에서 이들의 생명은 오히려 마이너스의 값을 갖는다고 평가될 수 있다. 적군을 죽이는 행위는 미국의 승리를 가져오는 데 유익한 일이기 때문이다. 적국의 군인이 아닌 민간인에 대한 대량 학살은 인간 생명의 가치를 깎아내리는 전쟁의 잔혹한 파괴력을 증명한다. 오늘날 대다수의 미국인은 제2차 세계대전을 미국의 '위대한 세대'가 전 세계를 위해 싸운 정당한 전쟁이라고 생각한다.[14] 제2차 세계대전에 대한 이런 정당화는 일본의 진주만 공격과 침략자들의 비인간적인 야만성에 의해 더 확고해진다.

나치 독일의 선전 기구는 유대인을 독일에 대한 위협으로 묘사하는 동시에 유대인을 비인간화하는 전략을 폈다. 아리아인을 다른 민족보다 우월한 민족으로, 유대인을 인간 이하의 존재로 묘사하면서 홀로

코스트와 인간 생명의 대량 살상이 용이해졌다. 강제수용소의 끔찍한 참상 외에도 독일과 일본에게 포획된 전쟁 포로들은 강제 노동을 하다가 죽거나 굶어 죽기 일쑤였다. 나치 독일은 서슴없이 민간인 지역에 폭탄을 투하했고, 이에 연합군도 똑같이 맞서며 드레스덴을 폭격하여 수만 명의 독일 민간인들을 살해했다.[15] 일본의 중국 점령은 무력 충돌을 훨씬 넘어 민간인에 대한 공격으로까지 확대되었다. 수십만 명의 민간인이 살해된 참혹한 사건인 난징 대학살도 그중 하나로, 일본은 아직까지도 이 사건을 완전히 인정하지 않고 있다.[16]

제2차 세계대전 중에 미국이 치른 희생이 칭송 받는 것은 마땅하므로 미국에서는 전쟁에서 목숨을 잃은 42만 명의 미군들을 기린다. 그러나 미국의 역사 교과서들은 미국의 동맹국에서 희생된 그보다 더 많은 수의 사상자에 대해서는 별로 이야기하지 않는다. 당시 소련은 약 1000만 명의 군인과 1400만 명의 민간인을 잃었고, 중국은 300~400만 명에 가까운 군인들이 희생되었다.[17] 전쟁에서 목숨을 잃은 수백만 명의 독일군과 일본군은 물론 두 나라의 민간인들도 미국 미디어와 대중의 관심을 거의 받지 못한다. 적의 생명은 더 낮은 가치 평가를 받기 때문이다.

제2차 세계대전의 엄청난 잔혹성과 파괴력을 목도한 세계에는 전범들을 심판하고 전쟁의 규칙을 성문화해야 한다는 의식이 생겨났다. 1945년에 시작된 뉘른베르크 전범 재판은 나치 전범의 처벌이라는 목적을 지니고 있었다. 전범 재판에는 전쟁 범죄가 무엇이고 전시 중에 용인되는 행위들이 무엇인지에 대한 명확한 정의가 필요했다. 재판은 뉘른베르크 원칙을 통해 전쟁 범죄와 반인도 범죄는 물론 침략 전쟁을 벌이는 것과 같은 평화에 반하는 죄를 명확히 규정했다. 제정된 원칙은 명확했지만 이에 대한 위선도 적나라하게 드러났다. "내가 전쟁의 패자였다면 아마도 전범 재판을 받았을 것이다. 하지만 다행히 우리는 승자였다." 제2차 세계대전 당시 1945년 도쿄 대공습 작전을 지휘한 미국 공군 장성 커티스 르메이가 남긴 이 유명한 말은 이러한 위선의 핵심을 가장 잘 설명해 준다.[18]

그로부터 불과 20년 후인 1964년 8월 7일에 미국 의회는 그 주에 통킹만에서 발생한 북베트남 해군과 미국 해군 간의 교전에 대한 대응으로 통킹만 결의안을 통과시켰다. 양국 해군의 함정 사이에 교전이 발생한 것은 8월 2일이었는데, 미국 의회의 결의안을 촉발시킨 것은 미국 측이 주장하는, 8월 4일에 일어난 미국 함대에 대한 북베트남의 두 번째 공격이었다. 이 두 번째 공격은 훗날 미국의 조작이라는 사실이 밝혀졌으나, 미국 의회가 통과시킨 결의안으로 당시 전쟁은 한층 격화되었다. 자기 방어라는 주장에 도취되고 아시아에 도미노 효과처럼 공산주의 국가가 우후죽순 들어설지도 모른다는 두려움을 느낀 미국 의회와 미국인들은 점점 격화되는 전쟁을 별 문제 없이 받아들였다. 베트남 전쟁은 6만 명가량의 미군 전사자를 낸 후에야 끝이 났고, 이 전쟁으로 시작된 전쟁 실종자 및 포로의 유해 송환 작업은 오늘날까지도 계속되고 있다. 워싱턴 D. C.에 위치한 전쟁 기념비는 이들의 죽음에 대한 국가적 애도를 상징한다. 반면 베트남 전쟁으로 목숨을 잃은 100만이 넘는 베트남인들에 대한 이야기는 찾아보기 힘들다.[19] 미국인들이 베트남 사람들의 생명을 미군의 생명만큼 가치 있게 평가하지 않기 때문이다.

걸프 전쟁(1990~91) 역시 사담 후세인과 그의 군대가 미국의 군사

력으로만 억제될 수 있는 위협적 존재라는 인상을 주려는 대규모 선전
전으로 시작되었다. 이라크의 '백만 군대'에 관한 보고서는 미국 국민
들에게 두려움을 심어 주고 50만 명이 넘는 병력을 이라크에 파병하는
데 대한 여론의 지지를 끌어내기 위함이었다.[20] 당시 조지 H. W. 부시
대통령은 사담 후세인을 히틀러와 동급으로 취급하면서 그의 이름을
언급할 때는 '사탄(Satan, 악마라는 뜻)'의 이름과 유사하게 발음했다. 적
을 악마처럼 묘사하고 이라크가 미국의 위협이라는 날조된 주장을 펌
으로써 국민들이 즉각적으로 이라크인들을 살상하고 미군의 죽음을
감수하는 전쟁을 지지하도록 만들었다. 많은 미국인이 전쟁으로 인해
미군이 위험한 상황에 놓인다는 사실을 우려했으나, 현실적으로는 이
라크의 군사적 열세가 너무나 자명해서 실제 지상전은 며칠 만에 끝나
고 말았다. 오늘날까지도 미국인들은 걸프전을 미국이 국제적 연합군
을 결성하여 싸운, 쿠웨이트인들의 인권을 수호하고 잔학한 독재자였
던 사담 후세인을 패퇴시킨 정당한 전쟁으로 보는 경우가 많다. 걸프전
에서 희생된 300명가량의 미군 전사자들은 아직까지도 미국 대중들의
추모를 받지만, 같은 전쟁에서 목숨을 잃은 수만 명의 이라크인들(대부
분이 민간인)은 미국인들의 관심을 받은 적이 거의 없다.

　자기 방어가 목적이라는 주장은 조지 W. 부시 대통령이 2003년
에 이라크 침공을 이끌 때도 제기되었다. 처음에 부시 정부는 이라크를
9.11 공격과 엮어 보려 했다. 그런 연관성이 있으면 이라크 공격을 더 쉽
게 정당화할 수 있기 때문이었다. 그러나 그 방법이 실패하자 전략을 선
회하여 이번에는 이라크가 미국에 일촉즉발의 위협을 가할 수 있는 대
량 살상 무기를 비축해 두고 있다고 주장했다. 이 주장은 부시 독트린의

틀 안에서 선제공격을 정당화하면서 확고해졌다. 긴급한 선제공격이 필요하다는 미국의 끈질긴 주장은 당시 국무부 장관이었던 콜린 파월의 유엔 연설에서 가장 적나라하게 드러났다. 파월 장관의 연설은 임박한 미국의 이라크 공격이 정당하고 침략 행위가 아니라는 점을 국제사회에 설득시키려는 목적이었다. 당시 이라크가 대량 살상 무기를 가지고 미국을 공격할 의도도 능력도 없었다는 점은 많은 이들이 잘 알고 있었고, 이제는 입증된 사실이기도 하다. 그러나 당시 이라크와 관련된 미국의 격앙된 자국 중심주의는 최고조에 달해 있었다. 미국의 이라크 침공과 이후 계속된 점령으로 미군 약 5000명이 전사하고 수만 명이 다쳤으며 수조 달러의 비용이 들었다.[21] 이라크의 피해는 훨씬 심했다. 전쟁과 2011년까지 지속됐던 미국의 점령으로 목숨을 잃은 사람의 수는 50만 명에 달했는데, 그중 대다수는 민간인이었다.[22] 이라크 쪽 사상자에 대한 이야기가 미국 미디어에서 언급되는 경우는 거의 없으며, 이는 희생된 이라크인들의 생명이 희생된 미국인들의 생명과 동등한 가치를 지니지 않는 것으로 평가된다는 사실을 의미한다.

오늘날 미군은 살상 수단으로 드론 공습을 점점 더 자주 사용하고 있다. 미국의 관점에서 이런 드론 공습은 미국인의 생명을 위태롭게 하지 않아도 된다는 장점이 있다. 그러나 공격을 받는 국가의 관점에서 봤을 때 드론 공습은 자국 영토에 대한 불법 침입을 의미한다. 이러한 드론 공습으로 살해된 사람들 중에는 미국 국경 밖에 있는 외국인들은 물론 미국인들도 포함되어 있다. 어떤 이들은 미국 정부가 정당한 법적 절차 없이 자국민을 살해할 권리가 있는지 묻는다.[23] 또 어떤 이들은 드론 공습은 합법이지만 미국 국민에 대한 드론 공습은 미국 땅에서 발생해서는 안 된다고 주장한다. 그러나 미국이 외국인을 암살할 법적 권리가 있는지, 그런 행위가 국제법 위반은 아닌지에 대해 의문을 제기하는 정치인들은 거의 없다. 이러한 정치적 논의가 없다는 사실은 미국인들의 눈에 외국인은 미국인의 생명만큼 가치 있고 보호 받아야 하는 존재로 보이지 않는다는 사실을 나타낸다. 게다가 드론 공습으로 목숨을 잃는 사람들의 상당수가 때마침 그 자리를 지나던 무고한 사람들이라는 사실에 우려를 표하는 정치인들도 거의 없다.[24,25] 정치 분석가들은 이런 무고한 희생자들을 미국이 자기 방어라는 공식적인 목적을 성취하는 과정 중에 발생한 부수적 피해라고 여긴다.

미국의 이러한 자국 중심주의적 관점과 외국 민간인 살상에 대한 우려의 부재는 미국이 전 세계적으로 군사력에서 지배적인 위치를 차지하고 있다는 믿음에 근거한 것이다. 어떤 나라가 미국 영토에 드론을 띄우고 간혹 미사일을 터뜨려 평온하게 지내던 민간인들을 죽였다고 상상해 보자. 그 국가는 곧바로 분노에 찬 미국의 강력한 군사력을 맛보게 될 것이다.[26]

정부가 외국인보다는 자국민을 보호하는 데 더 큰 의무를 지닌다는 견해에 이견을 제기할 사람은 거의 없다. 이는 소속 국가에 대한 자기 규명은 물론 현금 흐름을 반영하는 것이다. 세금은 국민들에게서 나오고, 국민들은 정부가 세수의 대부분을 자신들에게 쓸 것이라 기대한다. 어느 국가나 헌법은 자국민의 권리를 명시하지 외국인의 권리를 논의하지는 않는다. 국가가 국적이나 거주지와 상관없이 전 세계 모든 사람에게 서비스와 보호를 제공하고자 한다면 그 국가는 재정적으로 제대로 기능할 수 없다. 자국민을 중점에 두는 것은 정부가 생존하기 위해 필요한 일이다.

　자국 중심주의가 생명 가치를 평가하는 데 어떤 영향을 주는지 알 수 있는 또 다른 방법은 국가들이 포로를 교환하는 방식을 살펴보는 것이다. 만약 모든 국가가 모든 포로의 생명을 동등하게 평가한다면, 일반적으로 동수의 포로 교환이 이루어질 것이다. 그러나 현실은 그렇지 않다. 교환이 동등하게 이루어지는 경우는 거의 없고, 오히려 교환을 통해 포로들의 상대적 가치와 정치적 환경이 드러난다. 미군 병사 보우 버그달의 석방을 조건으로 관타나모에 수감 중이던 다섯 명의 탈레반 포로들을 풀어 준 일을 떠올려 보자.[27] 버그달은 미국에 돌아오자마자 탈영 혐의로 기소되었는데, 그 때문에 미국 정부가 왜 그렇게 불공평한 포로 교환을 결정했는지에 대해 의문을 제기하는 사람들이 많았다.[28] 하지만 이것은 길라드 샬리트라는 자국 병사를 송환하기 위해 내린 이스라엘의 결정에 비하면 아무것도 아니었다. 국경을 넘는 습격 중에 팔레스타인에 붙잡힌 샬리트는 5년간 억류되어 있었다. 지원 단체 및 시민 단체들의 노력으로 샬리트의 피랍 사실은 그가 억류되어 있던 내내 지속적으로 이스라엘 국민들과 해외 미디어의 주목을 받았다. 이스라엘 정부는 샬리트의 석방에 대한 대가로 1027명의 재소자들을 풀어 주었는데, 그중 300명가량은 테러 공격을 계획했거나 자행한 혐의로 무기징역을 선고 받고 형을 살던 이들이었다.[29] 지나치게 불균형한 이 포로 교환에 대한 평가는 팔레스타인 측의 협상이 대성공을 거두었다고 보는 쪽과 이스라엘 정부에게 반드시 필요한 정치적 행동이었다는 쪽으로 양분되었다. 이 사건을 생명 가치 평가의 렌즈로 바라보면, 이스라엘 정부가 다른 재소자들의 생명에 비해 샬리트의 생명에 극도로 높은 가치를 매긴 것이라는 매우 다른 결론에 도달할 수 있다.

　　미국인으로서 느끼는 동질감이 유대감을 형성해 준다는 사실이 분쟁 상황에만 국한되는 것은 아니다. 이러한 유대감은 법과 사회화, 우리가 사는 동안 받는 많은 메시지를 통해 형성된다. 그리고 학교에서, 미디어를 통해, 국기에 대한 맹세를 복창하거나 국가를 부르는 것과 같은 행위를 통해 강화된다. 이러한 민족주의적 감정의 결과가 바로 미국인이 미국인의 생명을 다른 국가 국민의 생명보다 더 소중하다고 여기는 현상이다.

　　이런 민족주의적 감정이 두려움을 촉발할 때도 있다. 2014년 에볼라 발생 사건을 떠올려 보자. 에볼라는 2014년 1/4분기에 처음 시작되어 같은 해 8월 말경 1000여 명의 사망자를 냈다.[30] 에볼라가 완전히 억제될 때까지 1만 1000명이 넘는 사람들이 죽었는데, 희생자 대부분은 기니, 시에라리온, 라이베리아 사람들이었다.[31] 미국에서 에볼라 치료를 받은 최초의 환자는 2014년 8월 라이베리아에서 감염된 채 귀국한 켄트 브랜틀리 박사였다. 한 달 후, 미국 첫 국내 감염 사례가 확인되었다. 미국 정부는 2014년 9월이 되어서야 이 치명적인 전염병에 적극적으로 대응하기 시작했다. 그러나 때는 이미 바이러스가 미국 땅에 퍼진 후였으며, 미국 정부는 그제야 군대와 그 밖의 물자를 대거 투입하기 시작했다. 정부의 적극적 대응이 에볼라 확산을 확인한 후에야 이루어진 것은 이해할 만하다. 에볼라가 신문 헤드라인을 장식하는 사건도 아니었거니와, 미국에서 전염병이 확산될지도 모른다는 두려움이 퍼지기 전까지는 에볼라를 진지하게 우려한 미국인들도 많지 않았다.[32] 게다가 미국인들은 다른 대륙에 있는, 미국인들이 관광지로도 잘 찾지 않는 나라들에서 발생한 위기보다 브랜틀리 박사나 다른 미국인들의 불행에 더 쉽게 공감했다.[33] 당연한 일이다. 전 세계의 보건을 걱정하고 책임지는 일이 미국 정부의 헌법적 책임은 아니다. 그렇지만 첫 국내 사례가 발생한 후 에볼라 확산에 대한 미국 정부와 대중의 반응이 급격하게 변했다는 점은 대개 이타심이 아니라 자신의 생명에 대한 두려움과 이웃에 대한 공감이 인간의 행동을 좌우한다는 사실을 보여 준다.

다른 내집단

공감은 동일한 국적 집단으로 국한되지 않고 다른 내집단(in-groups)까지도 확장되는데, 그중 가장 강력한 사례가 바로 종교 집단이다. 오랜 옛날부터 오늘날에 이르기까지 인간 사회에는 종교적 차이로 인한 전쟁이 빈번히 발생했다. 기독교, 이슬람교, 유대교, 힌두교, 몰몬교 등 다양한 종교들이 서로 전쟁을 일으켰다. 가장 유명한 종교 간 전쟁에는 십자군 전쟁, 수단과 나이지리아의 내전이 있다. 종교 간 전쟁 외에도 같은 종교 집단 내에서 종파 간에 벌어지는 전쟁도 있는데, 가톨릭과 프로테스탄트가 싸운 30년 전쟁, 무슬림 시아파와 수니파의 갈등이 대표적인 예다.

종교 전쟁은 같은 종교를 믿는 사람들의 생명은 매우 높은 평가를 매기고 다른 종교의 사람들은 적으로 분류하여 상대적으로 낮은 가치를 부여하거나 0 또는 마이너스의 가치를 갖는다고 판단하는, 불균형한 공감을 발생시키는 극단적인 사례다. 종교는 올바른 행동과 도덕에 대한 길잡이 역할을 하기도 하지만, 그동안 인류 역사에서 분쟁을 야기하는 도화선이 된 경우도 적지 않았다. "이 세상에 내가 목숨을 바칠 만한 대의는 많지만, 살상을 할 만한 대의는 단 하나도 없다." 마하트마 간디가 했다고 알려진 이 말은 종교 전쟁과 대척점에 있다고 할 수 있다.

인종도 공감과 생명 가치 평가에 영향을 미치는 내집단이다. 다른 사람으로부터 인종차별을 느낄 수는 있어도 실제 자신이 인종차별주의자라고 스스로 인정하는 사람은 거의 없듯이 사회에 만연해 있는 인종주의는 미묘하고 위험한 문제다. 공개적으로 자신의 인종이 더 우월하다거나 같은 인종의 사람들에게 더 큰 신뢰와 애정을 느낀다고 말하는 미국인을 만나기는 쉽지 않다. 배심원에 소환된 미국인들은 대부분 자신들이 사건의 본안에 근거하여 판결을 내리지 피고나 피해자의 인종에 영향을 받지 않는다고 주장한다. 사람들이 스스로를 인종에 대한 편견이 없다고 평가하는 것과는 달리, 우리가 3장에서 논의했던 것처럼 인종은 형사재판과 민사재판에서 중요한 요인으로 작용한다. 유사한 범죄에 대해 흑인이 백인보다 더 무거운 처벌을 받을 가능성이 높고, 차량에 의한 과실치사와 같은 범죄에서 피해자가 흑인이면 처벌 수준이 더 낮은 것이 그 증거다.

개인적 경험

공감은 대개 개인적 경험과도 관련이 있다. 어떤 나라에 여행을 가본 적이 있다거나 그 지역 또는 문화권의 사람과 긍정적인 인간관계를 맺고 있다면, 그 나라 사람들에게 더 많은 공감을 보일 가능성이 높다. 개인적 경험이 공감에 미치는 영향은 굉장히 크며, 대부분의 경우 친숙함은 올바른 인식, 이해, 존중, 공감을 낳는다.

2015년 11월에 프랑스 파리에서 테러 공격이 발생하여 130명이 목숨을 잃었을 때 미국인들은 큰 충격을 받았다.[34] 프랑스인들의 아픔에 공감한다는 내용과 파리 시민들과의 연대와 지지를 구하는 요구가 소셜 미디어와 언론, 정치인들이 내놓는 성명을 통해 쏟아져 나왔다. 반면 그 전날 레바논 베이루트에서 발생한 테러 공격으로 약 90명이 목숨을 잃은 사건에 주목하는 미국 언론이나 대중은 거의 없었다. 두 사건에 대한 반응이 매우 극명한 차이를 보였다는 것은 미국 대중이 베이루트의 테러 공격보다 파리의 테러 공격에 훨씬 더 큰 관심과 우려를 보였다는 사실을 나타낸다. 그렇다면 프랑스인에 대한 공감 수준이 레바논인에 대한 공감 수준보다 왜 더 높았던 걸까? 첫 번째 이유는 레바논보다 프랑스에 대한 직간접적 경험이 있는 미국인들이 더 많다는 사실에 있다. 프랑스는 미국인들이 가장 많이 찾는 5대 관광국 중 하나인 반면, 레바논은 30위 안에도 들지 않는다.[35] 프랑스를 여행해 본 미국인들 외에도, 프랑스에 다녀온 친척이나 친구를 둔 사람들이 레바논에 다녀온 지인을 둔 사람보다 훨씬 많다. 여행뿐만 아니라 미국에는 1000만 명가량의 사람들이 프랑스 혈통의 선조를 두고 있는 반면, 레바논계 미국인은 그보다 수가 적다.[36] 프랑스는 부유하고 정치적으로 안정된 국가로, 그 정도 규모의 테러 공격을 받아 본 적도 없거니와 제2차 세계대전 이후로 외국의 침략을 받아 본 적도 없었다. 그러나 중간 소득 국가인 레바논은 지난 몇십 년간 외국과의 전쟁과 내전에 시달리고 있었다. 미국이 파리 테러에 더 큰 공감을 보인 것은 유사한 사건이 미국 땅에서도 발생할지 모른다는 미국인들의 두려움을 나타내기도 한다. 반면 베이루트의 테러 공격은 머나먼 남의 일처럼 보여서 많은 미국인에게 그다지 충격적이지 않았을 것이다.

　아시아에서 있었던 두 차례의 자연재해, 2004년에 남아시아와 동남아시아에서 발생한 쓰나미와 2008년 미얀마에서 발생한 사이클론에 대한 미국의 대조적인 반응도 이와 유사하다고 할 수 있다. 2004년 12월에 발생한 쓰나미는 20만 명 이상의 사망자를 발생시켰고 인도네시아, 스리랑카, 인도, 태국에서 가장 많은 사망자가 나왔다. 국제사회의 지원이 쏟아지면서 총 140억 달러에 달하는 돈이 모금되어 피해 지역의 복구를 도왔다. 그로부터 4년도 채 지나지 않은 2008년 5월에 미얀마에서 발생한 사이클론은 15만 명에 가까운 사람들의 목숨을 앗아갔다. 그러나 국제사회의 반응은 전보다 훨씬 조용했다. 지원을 약속하는 국가나 단체도 2004년 쓰나미 때에 비해 훨씬 적었다. 미얀마의 재난에 대한 관심이 더 적었던 이유는 쓰나미 피해를 입은 국가들의 문화보다 미얀마의 문화에 직간접적인 경험이 있는 미국인이나 유럽인이 훨씬 적다는 사실에 있다.[37]

　제임스 브래디, 크리스토퍼 리브, 존 월시의 사례도 생각해 보자. 이 세 인물은 개인적 경험이 개인의 우선순위를 어떻게 변화시키고 시간을 어디에 어떻게 쓰는지에 어떤 영향을 미치는지 잘 보여 준다. 제임스 브래디는 로널드 레이건 정부 당시 백악관 대변인이었다. 브래디는 보수적인 공화당원이었으나, 1990년대에 통과된 총기 규제법 중 가장 핵심적인 법률인 일명 '브래디 빌'(신원 조회를 거친 사람에게만 총기를 판매하도록 규정)로 유명한 인물이다. 그가 총기 규제법을 지지하게 된 것은 레이건 암살 미수 사건 당시 총에 맞아 장애를 갖게 되었기 때문이었다. 크리스토퍼 리브는 슈퍼맨을 연기한 것으로 유명한 배우였는데, 1995년에 낙마 사고로 심각한 부상을 입었다. 리브는 1996년 애틀랜타 장애인 올림픽의 사회를 맡고 크리스토퍼-대나 리브 재단을 설립하는 등 자신의 유명세를 활용하여 대중에게 척수 장애를 알리는 데 힘썼다. 존 월시는 플로리다주의 한 호텔 직원이었는데, 1981년에 여섯 살 난 아들 애덤이 유괴되어 살해되는 불행을 겪었다. 존과 그의 아내는 애덤 월시 아동 지원 센터를 설립하였고, 그들의 활동은 1982년 실종 아동법, 1984년 실종 아동 지원법, 2006년 애덤 월시 아동 보호 및 안전법의 탄생으로 이어졌다. 월시는 1988년부터 2011년까지 미국에서 방영된 「지명수배자(*America's Most Wanted*)」라는 범죄 수사 프로그램에서 진행을 맡기도 했다.

세 인물의 이야기의 핵심은 세 사람 모두 직접 죽음에 가까운 경험을 했거나 사랑하는 사람의 죽음을 경험한 인물이라는 점이다. 제임스 브래디가 총에 맞지 않았거나 크리스토퍼 리브가 전신마비라는 장애를 얻지 않았다면, 두 사람은 총기 규제나 척수 장애에 대한 인식 개선이라는 대의에 여생을 바치지 않았을 것이다. 아들 애덤이 백화점에서 실종되는 일이 없었더라면, 월시 역시 실종 아동을 돕는 열정적인 시민 운동가가 되지는 않았을 것이다.

개인적인 경험과 유대감이 공감에 영향을 주기는 하지만, 인간이 사회화할 수 있는 집단의 수에는 실질적인 한계가 있다. '던바의 수'라고 알려진 이것은 한 사람이 일정 정도 수준의 관계를 유지할 수 있는 사람의 대략적인 수를 의미한다.[38] 지인이라 부를 수 있는 정도의 사람의 수는 대개 500명에서 1500명 정도로 상당히 많다. 가벼운 친구 관계(친척 포함)에 해당하는 사람들을 따지면 그 수가 대개 100~200명가량으로 줄어든다. 그중 가까운 사이여서 자주 보긴 하지만 매우 사적인 문제까지 털어놓지는 않는 사람은 50명 정도이다. 그 50명의 사람들 중 공감과 지지를 구할 수 있는 사람은 3분의 1정도이며, 그중에서 가장 의지하는 지지 집단은 대여섯 명가량 된다. 이 수가 절대적인 것은 아니지만, 이 수를 통해 관계 집단의 규모에 관한 경향을 알 수는 있다.

대략 100~200명인 가벼운 친구 관계 집단의 규모는 현대 수렵, 채집 사회나 일반적인 육군 중대 내의 표준 집단과 같은 다른 사회적 집단의 규모와 일치한다. 우리는 그동안 페이스북, 트위터, 링크트인과 같은 소셜 네트워크를 통해 지인이라 부를 수 있는 사람의 수를 대폭 늘릴 수 있었다. 이로써 공감할 수 있는 집단의 규모를 확대할 수 있는 가능성도 함께 높아졌다. 문화, 배경, 민족성이 다른 사람들과 직접적으로 교류할 기회가 많으면 타인에 대한 이해와 인식을 개선할 수 있는 기회도 많아진다. 이렇게 되면 다른 사람들의 생명 가치에도 더 높은 평가를 부여하게 된다. 유대 관계가 없는 사람들도 더 이상 낯선 이가 아니기 때문이다. 그들은 우리가 소식을 들어 봤거나, 편지를 써 봤거나, 이야기를 나누어 봤거나, 정보를 교환한 경험이 있는 사람들이다. 하지만 안타깝게도 인터넷이 더 넓은 의미의 글로벌 커뮤니티를 구축할 것이라는 이런 견해는 일반 대중의 의식과 달랐다. 대개 인터넷에서도 사람들이 사회적으로 다른 집단과 스스로를 분리하는 현실 세계의 현상이 그대로 반복되어 자신과 유사한 생각을 가진 사람들의 의견에만 귀를 기울인다.

공감은 위기에 대한 대응과 지지나 자책의 표현에서 드러난다. 우리가 느끼는 공감의 수준은 대개 연령, 성, 계급에 관한 편견은 물론 자립성에 대한 문화적 인식의 영향을 받는다. 대부분의 사람들은 건강해 보이는 외모의 20대 중반 남성이 음식을 구걸하는 것보다 갓난아기를 안은 앙상한 외모의 여성이 음식을 구걸하는 모습에 더 큰 연민을 느낀다. 어린아이들은 육체적으로, 정신적으로, 경제적으로 스스로를 보살필 수 없으므로 우리는 스스로를 돌볼 수 있을 것으로 기대되는 사람들보다는 어린아이들에게 본능적으로 더 공감하게 된다. 오랜 구조 구호인 '여성과 아이 먼저'는 단순한 상투적 문구가 아니다. 타이타닉 호의 기록을 보면 누가 구명보트에 올랐고 누가 죽었는지 예측해 보는 데 성별과 나이가 중요한 요인으로 작용했다는 사실을 알 수 있다.[39] 남성 승객은 20퍼센트만 생존한 데 반해, 여성 승객은 74퍼센트, 어린아이 승객은 50퍼센트가 생존했다. 신분 역시 생존을 결정하는 중요한 요인이었는데, 일등석 승객은 62퍼센트가 생존한 반면, 일반석 승객은 41퍼센트, 삼등석 승객은 25퍼센트만 살아남았다.[40]

인지 오류

우리가 식별 편향이나 확실성 효과의 영향을 받지 않고 혈통, 국적, 종교, 민족, 성, 인종과 상관없이 모든 인간에게 똑같이 공감한다고 상상해 보자. 이런 세상에서도 우리는 한 생명의 가치를 다른 생명의 가치보다 더 높게 판단하는 상황을 피할 수 없다. 이는 인간의 두뇌가 확률과 결과를 정확하고 객관적으로 계산하여 데이터에 기반한 논리적인 결정을 내리는 무결점의 의사 결정 도구가 아니기 때문이다. 우리는 우리의 의사 결정에 영향을 미치는 수많은 인지 오류를 경험한다. 이는 우리의 뇌가 정보를 분석할 때 지름길을 찾으려 하기 때문이다. 이러한 인지 오류로 인해 인간은 때로 비이성적인 결정을 내리는데, 이것이 우리의 생명 가치 평가에 영향을 주기도 한다.

인지 오류에 관한 데이터의 상당수는 비무작위 인구 표본에게 가상의 질문을 묻는 조사에서 도출된 것이어서 결과 분석을 할 때 신중을 기해야 한다. 이런 방법론적 한계점이 있는데도 우리는 사람들이 선호한다고 진술한 것과 실제 선호하는 것이 어느 정도 일치한다고 생각한다. 그러나 시장-거래 행동과 같은 다양한 비조사기법의 데이터소스에서 얻은 정보를 보면 인간은 완벽하게 위험을 계산하는 존재가 아니라는 사실을 확인할 수 있다.

인간은 일반적으로 손실에 있어 위험을 감수하는 경향이 높다. 평균적으로 동일한 수준의 가치라면 확실한 상황에서의 손실을 불확실한 상황에서의 손실보다 훨씬 안 좋은 것으로 간주한다. 두 가지 상황을 상상해 보자. 하나는 50명의 사람들이 확실하게 죽는 경우이고, 다른 하나는 아무도 죽지 않을 확률 50퍼센트, 100명이 죽을 확률 50퍼센트인 경우이다. 대부분의 사람들은 첫 번째 경우보다 두 번째 경우를 선호할 것이다. 그러나 사람이 죽는 것이 아니라 사람이 살 수 있는 경우라고 표현을 바꾸면 결과가 달라진다. 이렇게 표현이 바뀌면 50명을 확실하게 살릴 수 있는 쪽을 택하는 사람이 더 많아진다.[41] 인간이 이런 프레이밍 효과(framing effect)의 영향을 받는다는 사실, 즉 살릴 수 있는 사람들에 주목하는지, 죽는 사람들에 주목하는지에 따라 우리의 선호가 바뀐다는 사실은 우리가 선호에 관한 설문 조사를 과대 해석해서는 안 된다는 점을 다시금 일깨워 준다. 손님들이 어떤 물건에 어떤 가치를 매기는지 조사하는 설문 조사도 이와 비슷하다. 손님이 특정 상품을 구매할 때 기꺼이 지불하려는 금액은 그 상품을 포기하는 대가로 받고자 하는 돈의 액수와 상당히 다른 경우가 많다.[42]

인지 오류가 발생하는 또 다른 사례는 확률적 우위가 존재하는 경우다. 사람들은 투자에 대한 회수 그 자체보다는 사건이 일어날 확률을 더 중요하게 여긴다. 새로운 공항 안전 규제를 찬성하는지 묻는 설문 조사에서 구체적으로 확인되지 않은 위험에 노출된 150명의 생명을 구하는 규제안과 확실한 위험에 노출된 150명 중 일정 비율의 생명을 구할 수 있는 규제안 중 어떤 것을 선호하는지 응답자에게 물었다. 논리적으로 보면 모든 응답자가 150명의 생명을 구하는 쪽이 150명보다 적은 수의 생명을 구하는 쪽보다 낫다고 대답해야 한다. 그러나 이 설문조사의 결과는 완전히 반대였다. 응답자들은 구체적으로 확인되지 않은 위험에 노출된 생명 150명 전부를 구하는 것보다 확실한 위험에 노출된 생명의 98퍼센트, 95퍼센트, 90퍼센트, 85퍼센트를 구하는 쪽을 선택했다.[43] 이러한 결과를 통해 우리는 사람들이 더 많은 생명을 살리지만 성공 확률이 특정되지 않은 경우보다 성공할 것으로 예측되는 방법(위험에 노출된 95퍼센트의 생명을 구하는 방법)을 더 지지하는 경향이 있다는 사실을 알 수 있다.

범위 둔감성 또한 인지 오류 유형의 하나다. 범위 둔감성이란 준거

집단이 부재한 상황에서 사람들이 큰 수에 둔감해지는 것을 말한다. 한 생명이 특정 수준의 가치를 지니면 두 생명을 살리는 일은 그 가치의 두 배가 되고, 10만 명의 생명을 살리면 그 가치의 10만 배가 되는 것이 논리적인 계산이다. 그러나 인간의 두뇌에서 이루어지는 계산은 이것과 다른 경우가 많다. 범위 둔감성은 흔히 사람들이 어떤 대의를 위해 돈을 내려는 의사를 감정에 의해 결정하고 개입의 영향을 받는 사람의 수와는 관계없이 고정된 금액으로 귀결된다는 사실을 보면 알 수 있다.[44] 이와 유사하게 민사재판에서도 징벌적 손해배상금이 해당 범법 행위가 야기한 피해 결과에 그다지 부합하지 않는 경우가 있다.[45] 이는 징벌적 손해배상에 대한 결정이 배심원단이 해당 사건에 얼마나 감정이입을 하느냐에 더 큰 영향을 받을 수 있기 때문이다.

가용성 추단법도 인지 오류에 속한다. 가용성 추단법은 객관적인 사실이 아니라 쉽게 떠올릴 수 있는 예시가 몇 개냐에 따라 얼마나 빈번히 일어나는 문제인지 판단하는 축약적 사고를 말한다.[46] 폭력 범죄가 증가하고 있다는 미국인들의 생각이 바로 이러한 가용성 추단법의 좋은 예인데, 이는 언론 보도의 왜곡된 샘플링으로 야기된 것이다. 언론사들은 독자나 시청자 수를 극대화하기 위해 대중의 관심을 사로잡을 수 있는 과장된 이야기를 집중 조명한다. 이런 이야기들은 대개 폭력적인 특성이 있어서 많은 사람에게 미국이 더욱 폭력적이고 위험한 사회가 되어 가고 있다는 잘못된 결론에 이르게 한다. 뉴스의 헤드라인을 장식하는 것은 살인, 테러, 전쟁이지만 미국은 사실 몇십 년 전보다 전반적으로 훨씬 더 안전한 나라가 되었다.[47] 폭행, 강간, 살인 등 강력 범죄의 평균 발생률은 모두 몇십 년 전보다 훨씬 낮다. 제2차 세계대전 이후 그에 버금가는 사망자를 낸 전쟁은 한 차례도 없었으며, 시민들의 삶 역시 눈에 띄게 더 평화로워졌다. 이렇게 폭력성이 감소하고 있는 추세가 분명한데도 많은 사람들은 이런 사실을 믿기 어려워한다. 이런 추세가 미래에도 반드시 지속될 것이라는 보장은 없지만, 이런 사실이 국가 안보와 개인 안전에 대한 우려가 끊임없이 반복되는 듯한 현실에서 사람들에게 일말의 안도감을 주는 것은 분명하다.

트롤리 딜레마

인간의 의사 결정 능력에 영향을 미치는 인지 오류와 공감 편향을 포함한 몇 가지 요인을 검토해 볼 수 있는 방법에는 '트롤리 딜레마'라는 가정에 입각한 유명한 실험이 있다.[48] 이 실험의 가상 시나리오에는 폭주 열차가 등장하는데, 이 열차는 오직 한쪽 선로에서 다른 선로로 방향만 전환할 수 있다. 이 열차가 폭주 중인 선로에는 다섯 사람이 서 있고, 다른 쪽 선로에는 한 사람만 있다. 열차가 지나는 선로 위에 서 있는 사람들은 모두 죽게 된다. 한 사람을 구할 것인가 다섯 사람을 구할 것인가를 선택해야 하는 상황이다. 어느 쪽을 선택하든 열차를 운전한 사람은 선택한 선로 위에 있던 사람 또는 사람들의 죽음을 야기한 것이 된다. 각 선로에 몇 명이 서 있는지에 대한 정보 외에 다른 정보가 없는 상태라면, 대부분의 사람들은 한 사람의 생명을 희생하여 다섯 명의 목숨을 살리는 쪽을 택할 것이다.

그러나 이 선로 위의 사람들에게 정체성을 부여하면 대부분의 경우 결과는 달라진다. 선로 위에 있는 사람들에 대한 자세한 정보를 알게 되는 순간, 우리는 의사 결정 과정에서 공감의 영향을 더 크게 받는다. 첫 번째 선로에 서 있는 다섯 명이 나이 많은 노인들이고, 두 번째 선로에 서 있는 한 사람이 어린아이라면 어떻게 될까? 노인들의 기대 여명의 총합이 아이 한 명의 기대 여명보다 낮더라도, 어린아이를 포기하고 노인 다섯 명의 생명을 살리는 편이 그래도 합리적인 선택일까? 첫 번째 선로에 서 있는 사람들이 유죄 선고를 받은 살인자들이고, 두 번째 선로에 서 있는 사람이 교도관인 경우는 어떠한가?

물론 친숙함이 작동하는 특별한 경우도 있다. 다섯 명은 모르는 사람인 반면, 한 명은 자신의 친구라면? 다섯 명은 모르는 사람이고, 한 명은 자신의 자녀라면? 다섯 명은 자신의 친구이고, 한 명은 자신의 자녀라면? 조사 결과, 예상대로 두 번째 선로 위에 있는 한 사람이 가족이나 연인인 경우 그 사람을 구하겠다고 대답한 응답자가 더 많았다.[49]

전시 상황에서는 이런 종류의 의사 결정이 더욱 복잡하고 어려워진다. 다섯 사람이 군인이고 한 사람이 민간인인 경우, 어떤 사람들은 민간인을 구하겠다고 할 것이다. 이렇게 주장하는 사람들은 군인이 자기 목숨을 거는 일은 당연하지만 민간인은 그렇지 않다는 점을 이유로 든다. 만약 선택을 하는 사람 역시 군인이고 다섯 명은 아군인 반면, 한 명의 민간인은 적국의 국민이면 어떨까? 어떤 선택(이를테면 모두 군인이고 다섯 명은 적군, 한 명은 우군인 경우)은 간단한 반면에 이런 선택은 결정하기 매우 어려운 문제다.

이 실험의 핵심은 모든 사람이 동의하는 근본적 도덕 원칙이 있다는 사실을 보여 주려는 것이 아니다. 그것은 분명 아니다. 오히려 이 실험의 핵심은 모든 질문이 개인의 도덕적 신념에 강하게 호소한다는 사실과 모두가 익명의 사람일 때 확실한 선택이 무엇인지 자문하게 한다는 점이다. 선로 위에 있는 사람들의 신원과 특징이 전혀 알려지지 않은 경우, 합리적인 사람이라면 한 명을 희생하여 다섯 명을 살리는 선택을 할 것이다. 그러나 개인에 대한 정보가 주어지면 선택은 달라질 수 있다. 선로 위의 한 사람이 자기 자녀라면 사람들은 자기 자녀를 선택할 것이다. 하지만 모든 사람은 누군가의 자녀가 아닌가?

마지막으로 선로 위에 서 있는 한 명이 자기 자신이라면 당신은 어떤 선택을 하겠는가?

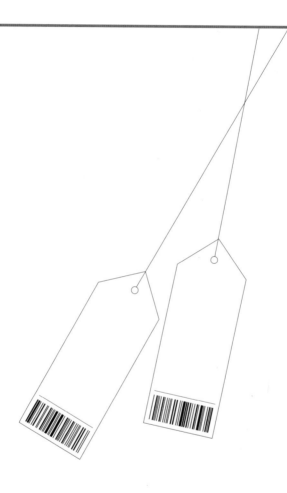

10장 이제 우리는 무엇을 해야 하는가?

ULTIMATE PRICE
The Value We Place on Life

우리의 생명에는 태어나는 순간부터 죽는 순간까지 가격표가 매겨진다. 철학자들이 생명의 가치 평가 방법이나 자원의 공정한 배분을 설명하는 고상한 개념을 만들어 냈지만, 이런 개념들은 현실 세계의 생명 가격표와 매일같이 충돌을 일으킨다. 현실 세계의 생명 가격표는 자동차 안전 규제에 대한 비용편익분석을 하는 비즈니스 분석가들, 수질 오염 물질의 허용 수준을 결정하는 규제 기관, 보장 의약품을 결정하는 보험회사, 손해배상금을 결정하는 배심원과 같은 이들이 결정한다. 현실 세계의 생명 가격표로부터 큰 가치를 부여 받지 못한 생명은 더 많은 위험에 노출되는 반면, 더 큰 가치를 부여 받은 생명은 더 강력한 보호를 받는다.

누가 어떤 가치를 매기든 생명 가격표는 우리의 삶에 큰 영향을 미친다. 하지만 그 가격이 늘 공정한 것은 아니다. 생명 가격표는 우리의 건강, 권리, 안전, 재정 상태, 수명을 좌우하기도 한다. 생명 가격표에 상당한 불공정성이 존재한다는 점을 고려할 때, 우리는 이러한 가치 평가와 그 뒤에 숨겨진 가치 체계가 우리의 삶에 어떤 영향을 주는지 이해할 필요가 있다. 또 가능하다면 항상 그 속에 내재된 불공정에 맞서고 그것으로 인한 부정적인 결과를 최소화해야 한다.

이 책은 '인간의 생명은 얼마인가?'라는 언뜻 간단해 보이는 질문으로 시작되었다. 그러나 실제로 이것은 매우 대답하기 복잡한 문제이며, 그 이유는 생명 가격표를 결정하는 방법이 우리가 무엇을 가장 중요하게 여기는지에 대한 아주 많은 진실을 담고 있다는 사실에 있다. 생명 가격표와 가격 결정 방법은 사회의 가치를 나타내고 경제, 윤리, 종교, 인권, 법의 영향을 받는다.

관념적으로 생각해 보면 생명 가치 평가 방법에 대해 대부분의 사람들이 동의할 수 있는 명백한 해답이 어딘가 있을 것 같다. 그러나 그런 해답은 존재하지 않는다. 영국의 철학자 아이제이아 벌린(Isaiah Berlin)의 주장에 따르면 인간은 존재하지도 않는 불멸의 진리를 찾고자 하는 깊고 형이상학적인 불치의 욕구가 있다. 그러나 우리는 이 세상에는 상충하는 많은 진리가 존재한다는 사실과 가치의 다양성을 인정해야 한다.[1] 생명에 가치를 매기는 일에도 상충하는 많은 진리가 있다. 그리고 명확한 정답도 없다. 독자들은 이 책이 인간 생명의 가치가 어떻게 매겨지는지에 관한 중요한 교훈이나 요점 정리로 끝나지 않는다는 사실에 실망할지 모르지만, 이처럼 복잡한 주제는 대부분의 이해 당사자들을 만족시킬 수 있는 명쾌하고 간결한 해법으로 귀결되지 않는 경우가 많다.

어떤 이들은 인간 생명이 값을 매길 수 없을 만큼 귀중하다는 철학적 관점을 취하기도 한다.[2] 이러한 관점을 견지한 사람들은 '인간 생명의 가치는 얼마인가?'라는 질문이 무의미하다거나 대답할 수 없는 문제라고 주장한다. 비록 이성적으로는 만족스러운 이야기일지 모르지만, 이런 관점은 인간 생명이 끊임없이 금전으로 환산되는 현실, 그래서 이것이 공정한 방법으로 이루어지도록 해야 한다는 사실을 외면한다.

이 책은 실용적인 접근법을 취하여 현실 세계에서 생명 가치가 매겨지는 방법과 그 방법들이 야기하는 결과 및 한계점에 주목했다. 생명 가격표는 가치 평가를 하는 주체, 평가에 사용되는 방법, 평가 목적 그리고 (많은 경우) 평가 대상에 따라 달라진다.

모든 생명에 동일한 가치 평가를 내리는 것은 직관적으로 논리적이며 명쾌한 해답이다. 이는 많은 사람들의 공식적인 관점일 뿐만 아니라 굳이 생명에 가치를 매겨야 한다면 어느 누구도 특별한 대우를 받아서는 안 된다는 관점과도 일맥상통한다. 모든 생명을 동일하게 평가하자는 이런 관념은 이상주의나 평등주의로의 회귀라기보다 그저 많은 사람들이 공감하는 철학일 뿐이다. 억만장자 마크 저커버그와 프리실라 챈 부부를 떠올려 보자. 그들은 갓 태어난 딸에게 쓴 공개편지에 이렇게 적었다. "우리는 모든 생명이 동등한 가치를 지닌다고 믿으며, 여기에는 현재뿐 아니라 다음 세대를 살아갈 더 많은 이들이 포함된다."[3] 이러한 견해는 "모든 생명은 동일한 가치를 지닌다."라고 선언한 빌-멀린다 게이츠 재단의 철학에도 나타난다.[4]

평등에 관한 이러한 발언은 비록 고결하고 감동적이긴 하나, 현실 세계는 물론 이 말을 한 당사자들의 상황과도 모순된다. 일상적으로 사람들의 생명 가치가 다르게 평가된다는 사실은 이 책을 통해 충분히 입증되었다. 이런 불공정함은 모든 생명이 동일하게 보호받지 못한다는 결과를 낳는다. 저커버그 부부와 게이츠 부부가 개인적으로 다른 나라에 사는 익명의 생명을 살리기 위해 자기 부모나 자녀 또는 자기 자신을 살려야 할 때만큼의 돈을 쓰지는 않을 것이라는 사실은 분명하다.

9.11 희생자 보상 기금의 보상금은 본래 민사소송의 손해배상금 제도와 유사하게 만들어졌다. 보상금은 25만 달러부터 700만 달러에 이르기까지 개인마다 금액의 차이가 매우 컸으며, 대개는 경제적 고려 사항을 바탕으로 결정되었다. 그럼에도 특별 단장이었던 케네스 파인버그는 보상금 지급이 불평등하게 이루어지는 것을 최소화하기 위해 애썼다. 그는 보상금 지급액의 하한선과 상한선을 설정했다. 희생자 유가족들에게는 최소한의 보상금이 보장되었고, 최고액에 한도가 정해져 있어 수백 만 달러를 벌었던 희생자의 유가족들이 수천 만 달러에 이르는 보상금을 받는 일은 일어나지 않았다. 훗날 파인버그는 모든 희생자의 생명이 동일한 가치 평가를 받았어야 했다고 주장했다. 그랬더라면 이 책의 다양한 사례에서 언급되었던 가상 인물 릭, 짐, 애니타, 서배스천의 유가족들은 모두 같은 금액의 보상금을 지급받았을 것이다. 같은 금액을 지급했다면 보상금 집행이 더 쉬웠을 뿐만 아니라 논쟁도 적고 대중들도 더 납득하기 쉬웠을 것이다.

민사소송의 손해배상금은 경제적 손실 등의 요소에 근거하여 결정한다는 사실을 상기해 보자. 민사재판에서 높은 금액의 배상금을 지급 받는 사람들은 생명의 가치를 높게 평가 받은 사람들이다. 피해자의 갑작스런 사망이 유가족들에게 경제적으로 득이 되면 배심원단이 때로는 배상금 지급이 필요 없다고 결정한다는 사실도 기억할 것이다. 그러나 파인버그는 9.11 희생자 보상 기금에 인명 손실에 대한 최소한의 가치를 지정해 두었다. 이 최소한의 가치는 해당인의 소득과 무관하게 생명은 그 자체로 일정 정도의 내재적 가치를 지녀서 얼마를 벌었는지 상관없이 모든 사망자가 보상금을 지급 받을 자격이 있다는 뜻이었다. 이 최소한의 가치라는 개념은 인명을 동산(動産)보다 못한 존재로 격하시키는 비인간적인 결정을 예방할 수 있다는 점에서 합리적이고 공정해 보인다. 더 일반적인 문제는 생명의 가치를 평가하는 과정에 소득이 사용될 때마다 불평등한 인종 간 또는 남녀 소득 격차가 투입 변수에 반영된다는 사실이다. 이 때문에 배상금을 결정하는 데 인종과 성에 기초한 조정이 이루어지지 않으면 보통 여성과 소수 민족의 생명 가치가 백인 남성보다 낮게 평가되는 결과가 발생한다.

　재판은 편견에 치우치지 않고 공정해야 하지만, 형사 제도가 어떤 생명 가치를 다른 생명 가치보다 더 높게 평가하는 일은 허다하다. 모든 살인범이 같은 처벌을 받지는 않는다는 사실이 이를 말해 준다. 살해된 피해자가 백인이고 살인범이 흑인이라면 살인범은 사형을 받을 확률이 높다. 차량에 의한 과실치사 사건에 선고되는 형을 보더라도 피해자가 흑인 또는 남성, 무직인 경우 운전자에게 더 가벼운 처벌이 주어진다는 점에서 모든 생명이 동등한 가치를 부여받지도 똑같이 보호받지도 못한다는 사실을 확인할 수 있다. 또 경찰과 같은 공무원이나 국회의원의 생명은 더 중시되는 한편, 이들이 범하는 폭력 행위는 처벌을 받는 경우가 매우 적다. 기소와 양형에 존재하는 불평등은 더 공정한 사회를 이룩하기 위해 반드시 시정되어야 한다.

규제 기관들도 일상적으로 인간 생명에 가격표를 부여한다. 규제 기관이 책정하는 생명 가격표는 기관마다 다르지만, 한 기관에서는 살아 있는 모든 생명에 동일한 가치를 부여한다.(적어도 이 책이 쓰인 시점에는 그렇다.) 과거, 미국 환경보호국이 노인의 생명을 젊은 사람들의 생명보다 더 낮게 책정한 일이 있었다. 시민들이 이에 항의하자 환경보호국은 모든 생명에 동일한 가치를 부여하는 방법으로 선회했다. 그러나 질 보정 수명과 같은 보건 경제학의 통계는 여전히 젊은이의 생명을 노인의 생명보다 더 가치 있는 것으로 평가한다. 규제 기관들은 분석에 할인을 사용하므로 현 세대의 생명 가치를 미래 세대의 생명 가치보다 더 높게 평가한다. 할인율이 높을수록 현 세대와 미래 세대의 생명 가치 사이의 격차는 커진다. 이런 가정에 대한 결과의 민감도를 검사하는 방법이 존재하므로 민감 분석은 반드시 늘 이루어져야 한다.

기업들 역시 항상 사람들의 생명에 다양한 가격표를 매긴다. 직원들의 보수는 교육 수준, 기술, 경력, 산업군, 노조 가입 여부, 인종, 성, 때로는 직업상의 위험에 따라 달라진다. 이 중 몇 가지 요소들은 해당 직원이 회사의 수익에 얼마만큼의 가치를 기여할 수 있는지에 따라 정당화될 수 있다. 어쨌거나 CEO가 일반 생산직 직원보다 더 많은 보수를 받는 것은 합당하다. 문제는 얼마나 더 받아야 하는가이다. 미국 기업의 CEO들이 일반 노동자보다 300배 이상의 보수를 받는 것은 정당하다고 말하기 어렵다. 이런 불평등한 비율은 다른 선진국에서는 볼 수 없으며, 과거 미국에서도 없었던 일이다. 다른 선진국들은 보수에 대한 더욱 공정한 처리 방식을 실현시켰다. 미국도 가능하리라 믿는다.

경영에 관한 의사 결정을 내릴 때 기업은 다른 종류의 생명 가격표를 사용한다. 기업들은 언제나 비용편익분석을 수행하여 예방 가능한 사망과 부상 사고를 피하기 위한 제품 안전성을 개선하는 데 얼마를 투자할 것인가를 결정한다. 이 분석에 사용되는 비용에는 민사소송에서 패했을 때 지불해야 할 금액의 추산가가 포함된다. 이는 가난한 사람일수록 생명 가치가 더 낮게 평가되고 그만큼 보호도 받지 못하게 된다는 의미다.

건강과 생명을 지키는 일에서 민간 또는 공공 보험이 제공하는 보장에는 한계가 있다. 어떤 치료를 보장해 줄 것인가에 대한 제한이 없으면 어떤 의료 시스템도 재정적으로 살아남지 못한다. 개인은 의료보험으로 보장되지 않는 비용이 발생하면 자비로 부담해야 한다. 이 말인즉슨 부유한 사람들은 더 나은 의료 서비스를 사용할 수 있어 건강상의 이익을 누릴 가능성이 높다는 뜻이다. 이런 현상은 의료 서비스가 거대 영리 산업이고 건강보험이 없거나 부족한 사람이 수천만 명에 이르는 미국에서 가장 두드러지게 나타난다. 이는 기초 의료 보장 제도를 권리로 보장하는 다른 선진국과 극명한 대조를 보인다.[5] 이런 기초 의료 보장과 건강보험의 결핍은 미국이 공동으로 초안을 작성하고 서명했으며 모든 사람에게 기본 의료와 사회복지 서비스에 대한 권리가 있다고 명시한 1948년 세계 인권 선언과도 어긋난다.[6] 평등이라는 개념은 모든 인간에게 기본 의료 서비스에 대한 권리가 있다는 원칙을 뒷받침하지만, 많은 미국인은 여전히 자신의 건강을 지키는 데 너무나 많은 돈이 들 뿐 아니라 자신과 가족을 위한 의식주를 해결하기 급급하여 건강을 지키는 데 쓰는 돈은 뒷전으로 밀리는 경우가 많다. 모든 이를 위한 기초 의료 보장의 가격표를 낮추는 조치가 반드시 이루어져야 하는 이유다.

생명 가격표는 출생 이전에도 부여된다. 부모들은 아이에 대한 계획을 세우거나 아이를 키울 때 종종 생명 가치를 판단한다. 부모들은 대개 양육비뿐만 아니라 훗날 아이들이 부모에게 제공해 줄 이익까지 신중히 따져 본다. 성별 선택 임신 중단이 이루어진다는 것은 그 사회에 남아 선호 사상이 있다는 뜻이다. 일부 문화권에서 이런 남아 선호 사상은 아들이 딸보다 더 나은 재정적 투자라는 신념에 뿌리를 두고 있다. 장애 선택 임신 중단은 예비 부모가 선천적 장애를 가진 아이를 키우는 어려움을 각오하고 비용을 부담하기보다 태아를 낙태하는 쪽을 선택할 때 발생한다. 부모가 태아로 야기될 재정적 전망에 어느 정도 근거하여 임신 중단을 결정하는 데 따르는 결과는 그 사회적 여파가 매우 클 뿐만 아니라 참혹하기까지 하다. 우리는 윤리, 과학, 정치를 총동원하여 유전자 편집, 선택적 수정, 선택적 임신 중단, 선택적 영아 살해가 동시에 일어나고 있는 세계가 인류에 미칠 장기적 영향을 정확히 이해하고 이에 대한 공정한 윤리적, 법적 규제를 정립해야 한다.

누군가는 생명에 가격을 부여할 수 없다고 하고, 누군가는 모든 생명이 동등한 가치를 부여받아야 한다고 주장하지만, 우리는 그와는 정반대의 세계를 살고 있다. 인간 사회에는 어떤 이들의 생명이 다른 이들보다 더 높은 가치 평가를 받아야 한다는 또 다른 통념이 있다. 사람들은 대개 어떤 이들의 생명이 다른 이들보다 더 가치 있다고 판단하는 것은 당연하고 합당한 일이라고 여긴다. 유죄 선고를 받은 연쇄살인마와 용감한 경찰 중 한쪽을 선택하여 구해야 한다면, 대부분의 사람들은 경찰을 구하겠다고 할 것이다. 더 개인적인 수준에서 보면 우리는 공감이라는 감정 때문에 우리와 가까운 사람들의 생명을 모르는 사람들의 생명보다 더 소중하게 여긴다. 낯선 사람의 생명을 구하는 일과 자기 아이의 생명을 구하는 일 중 한쪽을 선택해야 하는 상황이라면 누구나 자기 아이를 구할 것이다. 우리는 또 유사한 문화, 종교, 민족성, 국적, 언어, 개인적 경험을 지닌 사람들에게 대체적으로 더 크게 공감한다. 생명의 가치를 판단하는 방법에 대한 여러 견해가 서로 엇갈린다는 점을 고려할 때, 우리가 해야 할 일은 무엇일까? 생명에 가치를 매길 때 해야 할 일과 하지 말아야 할 일에 대한 견해가 상이하다는 사실은 차치하더라도, 생명 가격표가 일상적으로 매겨지는 것은 현실이므로 우리는 생명 가치의 평가 방법을 반드시 직접 결정해야 한다.

경제 전문가들의 딜레마

생명에 가격표를 부여하는 골치 아픈 과제와 씨름해 온 것은 다수의 유능한 경제학자들이었다. 경제학자들은 이 일을 비용편익분석에 가장 중요한 투입 변수를 생성하기 위해 반드시 필요한 일이라고 본다. 사람의 생명을 돈으로 환산하는 일은 생명이 매우 귀중해서 가격을 매길 수 없다는 사람들의 주장에 정면으로 맞서는 것이며, 인간의 생명을 사고파는 개방된 자유 시장은 없다는 주장과도 모순된다. 경제학자들이 생명 가격표의 추산가를 산출하기 위해서는 가정을 만들어야 하는데, 여기에 사용되는 산술법이 복잡하다는 점을 감안하더라도 추산가의 근간을 이루는 (경제학자들이 만든) 주요 가정들은 단순할 뿐만 아니라 안타깝게도 한계와 오류가 많다.

　　현실성이 부족한 가설에 근거한 질문의 설문 조사를 사용하는 방법들은 그 산출 결과에 항상 의문이 따르기 마련이다. 설문 조사가 대표성이 부족한 모집단 표본을 대상으로 진행된다는 사실도 문제다. 사전에 결정된 수용 가능 범위를 벗어난 응답을 제외하는 추가적 조치는 이런 문제를 더욱 악화시킨다. 설문 조사를 사용하는 방법들은 분명 이론적으로도 현실적으로도 의심의 여지가 많다. 그러나 이런 방법들은 엄연히 존재하고 우리 삶과 관련된 의사 결정에 영향을 미치는 중요한 투입 변수를 생성하는 데 사용되고 있다. 철학적 논의들과는 달리 이런 방법과 그 결과 들은 검토하기도 쉽고 더 공정한 결과를 산출하도록 조정할 수 있다. 설문 조사가 지닌 문제점을 축소하려면 표본 편향이 더 많은 수의 모집단을 반영하도록 수정해야 하고, 응답에 제약을 두지 말아야 하며, 매우 큰 값을 사용하여 생명의 가치에 가격을 매길 수 없다고 답하는 사람들의 의견을 반영하도록 해야 한다.

　　현실 세계와 관련된 결정을 사용하는 방법들은 사회가 생명을 어떻게 평가하는가에 더 강력한 기반을 둔다고 할 수 있지만, 이 방법들 역시 이론적으로나 현실적으로 문제가 있다. 이런 방법들은 위험한 업무를 맡는 데 돈을 얼마나 더 받아야 하는지에 대한 문제나 사망 사고 위험을 줄이는 안전 조치에 얼마만큼의 돈을 지불할 의사가 있는지에 대한 문제를 고찰한다. 이런 방법의 문제는 사람들이 자신들의 결정이 의미하는 바를 잘 알고 있고 다른 선택권이 있다고 가정한다는 것이다. 조사 대상자가 다른 선택권이나 협상에 필요한 수단이 없고 수반되는 위험에 대해 잘 모르는 경우가 많다는 점에서, 이 방법을 통해 산출된 통계적 생명 가치의 추정치는 편향되었다고 할 수 있다. 하지만 명백한 이론적, 실질적 한계점에도 불구하고 이 측정치는 여전히 현실 세계에 영향을 미치는 계산법에 사용된다.

이처럼 생명의 가치를 추산하는 방법에 한계가 많은 현실에서 우리가 할 수 있는 선택은 그리 많지 않다. 이 책을 통해 우리는 인간 생명에 끊임없이 가격표가 매겨진다는 사실을 확인하였다. 우리가 평등을 중요하게 여긴다면, 생명 가격표라는 추산가 뒤에 숨겨진 과학이 과대평가되지 않도록 경계하고 비용편익분석이 수행될 때 반드시 공정성이 고려되도록 해야 한다.

정부가 정책 결정 과정에서 비용편익분석에 의존하지 않는 것이 한 가지 방법이 될 수 있다. 급진적인 방법처럼 들릴 수는 있겠지만 미국 정부가 수백 년간 생명 가치를 금전으로 환산하는 일 없이도 정책 결정을 내렸다는 사실을 상기해 보자. 또 국방과 같은 분야에서는 비용편익분석이나 생명을 돈으로 환산하는 작업을 지속적으로 간과해 왔다는 사실도 있다. 군사비나 방위비를 설명하는 데 얼마나 많은 생명을 구할 것인가 또는 구해야 하는가를 고려하는 경우는 거의 없다. 그러나 비용편익분석을 하지 말라는 것은 과도한 규제로 국가 경제에 악영향을 주지 않으면서도 인간의 생명을 보호해야 하는 대부분의 정부 기관에게 설득력 있어 보이는 선택지는 아니다.

좀 더 포괄적인 접근법은 규제 계획 단계에서 비용편익분석을 그저 수많은 고려 사항 중 하나로만 여기는 것이다. 영국의 국립보건임상연구소나 태국의 보건의료개입 기술평가 프로그램과 같은 국립 보건 기구들이 이와 유사한 접근법을 취한다. 이 기관들은 경제적 요소는 물론 윤리, 정치, 공정성과 같은 요소들도 모두 반영한다.

　　이런 포괄적인 접근법은 영리 추구가 목적인 세계에서도 쓰인 적이 있다. 과거 미국의 제약 회사 머크는 아프리카에서 흔히 발병하는 회선사상충증**의 치료약인 멕티잔을 대량 생산하여 아프리카 지역에 기부했다.[7] 머크의 이 사회 공헌 사업은 훗날 다른 기업들에게 귀감이 되었을 뿐만 아니라 수백만 명의 아프리카인의 건강을 개선했고, 직원들의 사기를 진작시켰으며, 기업 이미지에도 긍정적인 영향을 미쳤다.[8] 그러나 기업들이 비용-편익분석을 간과하기란 거의 불가능하다. 경영상의 문제에 대한 결정을 내릴 때 그 결정이 가져올 재무적 결과를 잘 알고 있어야 하기 때문이다. 그러나 비용-편익분석에 더 많은 요인을 고려하게 되면 기업은 일반적인 분석을 넘어 사회는 물론 자사의 향후 수익에도 긍정적인 결과를 가져다주는 기회를 맞을 수 있다. 기업의 사회적 책임을 다한 머크의 사례처럼 말이다.

정의 수호를 위해

　　인간 생명의 가치를 추산한 값들은 불공정성이 짙다. 이런 사실은 민사재판, 형사 사건에 대한 양형, 노동자의 보수, 선택적 임신 중단, 인구 계획과 같이 생명의 가치를 판단하는 모든 경우에서 나타난다. 불평

** 아프리카의 열대 지역 저지대 강 유역이나 중남미 고산지대에서 주로 발생하는 기생충증의 일종. 먹파리가 매개체이며 질병이 진행되면 실명한다.

등은 이 세상에 언제나 있었고 앞으로도 있을 것이다. 우리는 가능한 한 이런 불평등을 최소화하기 위해 노력해야 한다. 그러기 위해서는 부당함이 발생할 때마다, 특히 생명의 가치가 불공정하게 매겨질 때마다 반드시 문제를 제기해야 한다.

과학에 한계가 있다는 점을 고려하면, 우리는 경제 전문가들이 매기는 생명의 가치가 실제 가치라는 생각을 거부하고 생명 가치 산출 방법에 의문을 제기해야 한다. 무언가를 계산하기 위해 생명에 가격을 매기는 일이 불가피하다는 사실을 인정하면서 우리는 이러한 생명 가격표를 산출하는 데 쓰이는 방법이 절대적으로 객관적이지도 않을 뿐만 아니라 오히려 매우 주관적이라는 사실을 깨달아야 한다. 이는 이 분야를 연구하는 경제 전문가들의 능력을 폄하하는 것이 아니라 인간의 생명처럼 추상적인 것을 정량화하는 데 따르는 한계를 대하는 당연한 태도다. 생명의 가치를 추정하는 데에 불확실성과 한계점이 있다는 사실은 어떤 분석에서도 반드시 숙고되어야 한다.

우리는 생명 가격표가 어떻게 매겨지든 그 금액이 인간의 생명을 적절하게 보호할 수 있는 수준일 것을 요구해야 한다. 우리는 생명의 가치를 판단하는 데 영향을 주는 불평등한 (인종 간 또는 남녀) 임금격차를 해소할 것을 요구해야 한다. 우리는 생명 가격표를 매기는 데 소득이 사용되는 경우, 가장 빈곤한 사람들, 은퇴한 사람들, 실업자들, 자신의 시간을 무보수 노동에 쓰는 사람들의 생명을 적절하게 보호하고 이들이 정부나 각종 기관, 기업의 변덕에 쉽게 타격을 입지 않도록 하는 조치를 취할 것을 요구해야 한다.

어떤 경우에도 사망 사건 판결에서 피해자가 사망한 덕분에 '돈이

굳었다.'라는 이유로 배상금을 받을 자격이 없다고 결정하는 일은 없어야 한다. 어떤 경우에도 억만장자 한 사람의 죽음이 평범한 사람 100명의 죽음보다 가치가 높다고 판단하는 일은 없어야 한다. 어떤 경우에도 기업이나 정부가 고작 몇 푼을 아끼느라 사람의 생명을 불필요하게 위험에 빠뜨리는 일은 없어야 한다. 어떤 경우에도 생명 가치를 불공평하게 판단하여 기본 인권을 부정하는 일은 없어야 한다.

　　모든 생명은 소중하지만, 소중하다고 해서 가격이 매겨지지 않는 것은 아니다. 오히려 생명에는 매일같이, 끊임없이 가격표가 부여된다. 생명 가격표는 대개 불공정하다. 생명에 가격이 매겨질 때, 우리는 반드시 그 가격표가 공정하게 매겨지도록, 그래서 인권과 생명이 언제나 보호되도록 애써야 한다.

주

1장 돈이냐, 생명이냐?

1   이 책은 인간이 인간의 생명에 매기는 가치를 중점적으로 다루고 있다. 이 개념을 확장하면 인간이 지각이 있는 모든 생명체, 모든 동물 또는 생물에 매기는 가치를 검토하는 데까지도 사용할 수 있다. 그런 의미에서 이 책이 지구상의 생명체 중에 인간만을 다루고 있다는 사실은 다음 세대의 비판을 피하기 어려울지 모른다.

2   Lexico.com, s.v. "price tag," www.oxford dictionaries.com/us/definition/american_english/price-tag(접속 날짜 2019년 9월 29일).

3   Lexico.com, s.v. "value," www.oxforddictionaries.com/us/definition/american_english/value(접속 날짜 2019년 9월 29일).

4   Arthur D. Little International, "Public Finance Balance of Smoking in the Czech Republic, Report to: Philip Morris CR," November 28, 2000, www.tobaccofreekids.org/assets/content/what_we_do/industry_watch/philip_morris_czech/pmczechstudy.pdf; Greg Gardner, Alisa Priddle, and Brent Snavely, "GM Could Settle DOJ Criminal Investigation This Summer," *Detroit Free Press*, May 23, 2015, www.freep.com/story/money/2015/05/22/general-motors-justice-department-ignition-switch-deaths/27820247; Sanjoy Hazarika, "Bhopal Payments by Union Carbide Set at $470 Million," *New York Times*, February 15, 1989, www.nytimes.com/1989/02/15/business/bhopal-payments-by-union-carbide-set-at-470-million.html.

5   September 11th Victim Compensation Fund, "Frequently Asked Questions," last updated September 6, 2019, www.vcf.gov/faq.html#geni.

6   Katharine Q. Seelye and John Tierney, "E.P.A. Drops Age-Based Cost Studies," *New York Times*, May 8, 2003, www.nytimes.com/2003/05/08/us/epa-drops-age-based-cost-studies.html.

2장 쌍둥이 타워가 무너지던 날

1 2003년 3월 16일 「Meet the Press」 팀 러서트의 딕 체니 부통령 인터뷰, www.nbcnews.com/id/3080244/ns/meet_the_press/t/transcript-sept/#. XZIFpUZKIUk. 이 인터뷰는 2003년 3월 19일에 시작된 이라크 침공을 3일 앞두고 이루어졌다. 이 인터뷰에서 전쟁으로 야기될 인명 피해와 소요될 비용에 대한 이야기는 충분히 논의되지 않았고 거의 무시되었다. 2003년 10월 2일에 미국 국방부에서 열린 기자 회견에서 당시 국방부 장관이었던 도널드 럼즈펠드는 "이라크 재건 비용의 대부분은 이라크 측에서 부담할 것이다."라고 말했다. ProCon.org, "Will the Revenue from Iraqi Oil Production Pay for Reconstruction?," last updated January 23, 2009, http://usiraq.procon.org/view.answers.php?questionID=000946.

2 Linda J. Bilmes and Joseph E. Stiglitz, *The Three Trillion Dollar War: The True Cost of the Iraq Conflict* (New York: W.W. Norton, 2008).

3 다우존스 산업평균지수 종가 기준, 구글 파이낸스 참고, www.google.com/finance.

4 미국 노동부 노동통계국 자료 "Labor Force Statistics from the Current Population Survey," http://data.bls.gov/timeseries/LNS14000000(접속 날짜 2019년 9월 30일).

5 Air Transportation Safety and System Stabilization Act, United States Government Publishing Office, September 22, 2001, www.gpo.gov/fdsys/pkg/PLAW107publ42/html/PLAW-107publ42.htm.

6 September 11th Victim Compensation Fund, "Frequently Asked Questions," last updated September 6, 2019, www.vcf.gov/faq.html#gen1.

7 Kenneth R. Feinberg, *Who Gets What?* (New York: Public Affairs, 2012), 42

8 Fred Andrews, "Finding the Price of Fairness," *New York Times*, August 2, 2012, www.nytimes.com/2012/08/05/business/kenneth-feinbergs-new-look-at-fairnesss-price-review.html.

9 희생자의 절반가량(직접 피해자 2996명 중 약 1459명)이 자녀를 둔 부모였다. Andrea Elliot, "Growing Up Grieving, with Constant Reminders of 9.11," *New York Times*, September 11, 2004, www.nytimes.com/2004/09.11/

nyregion/iikids.html.

10 Kenneth R. Feinberg, *What Is Life Worth?* (New York: Public Affairs, 2005), 202.

11 "American Flight 77 Victims at a Glance," *USA Today*, September 25, 2011, http://usatoday30.usatoday.com/news/nation/2001/09/12/victim-capsule-flight77.htm.

12 Julia Talanova, "Cantor Fitzgerald, American Airlines Settle 9.11 lawsuit for $135 Million," *CNN News*, December 17, 2013, www.cnn.com/2013/12/17/us/new-york-cantor-fitzgerald-american-settlement.

13 Feinberg, *What Is Life Worth?*, 70.

14 Feinberg, *What Is Life Worth?*, 42.

15 Feinberg, *What Is Life Worth?*, 51.

16 Gretchen Livingston, "Stay-at-Home Moms and Dads Account for About One-in-Five U.S. Parents," Pew Research Center, September 24, 2018, www.pewresearch.org/fact-tank/2018/09/24/stay-at-home-moms-and-dads-account-for-about-one-in-five-u-s-parents.

17 National Alliance for Caregiving and AARP, *Caregiving in the U.S. 2009* (Washington, DC: National Alliance for Caregiving, 2009), www.caregiving.org/pdf/research/Caregiving_in_the_US_2009_full_report.pdf.

18 다음에 근거하여 계산. Feinberg, *What Is Life Worth?*, 195.

19 U.S. Department of Education, *Status and Trends in the Education of Racial and Ethnic Groups*, July 2010, http://nces.ed.gov/pubs2010/2010015.pdf.

20 남녀 임금격차를 주제로 한 문헌은 아주 많다. 남녀 임금격차에 대한 개괄적인 설명이 필요하다면 다음의 글을 참고할 것. Natalia Kolesnikova and Yang Liu, "Gender Wage Gap May Be Much Smaller Than Most Think," *Regional Economist* 19, no. 4 (October 2011): 14-15, www.stlouisfed.org/-/media/Files/PDFs/publications/pub_assets/pdf/re/2011/d/gender_wage_gap.

21 September 11th Victim Compensation Fund, "Frequently Asked Questions."

22 다음에 근거하여 계산. Feinberg, *What Is Life Worth?*, 195, 202.

23 Feinberg, *What Is Life Worth?*, 202.

24 Kenneth Feinberg, "What Have We Learned about Compensating Victims

of Terrorism?" *Rand Review* 28, no. 2 (Summer 2004): 33-34, www.rand. org /pubs/periodicals/rand-review/issues/summer2004/33.html.

25 Feinberg, *What Is Life Worth?*, 185.

26 Patrick Mackin, Richard Parodi, and David Purcell, "Chapter 12: Review of Survivor Benefits," in *Eleventh Quadrennial Review of Military Compensation*, June 2012, https://militarypay.defense.gov/Portals/3/ Documents/Reports/11th_QRMC_Supporting_Research_Papers_(932pp) Linked.pdf.

27 킵 비스쿠시, 제임스 해미트 등 다수의 연구자들이 통계적 생명 가치 산출 연구에 공헌해 왔다. 이들의 대표적인 연구를 소개하면 다음과 같다. Thomas J. Kniesner, W. Kip Viscusi, Christopher Woock, and James P. Ziliak, "The Value of a Statistical Life: Evidence from Panel Data," *Review of Economics and Statistics 94*, no. 1 (2012): 74-87; Joseph E. Aldy and W. Kip Viscusi, "Adjusting the value of a Statistical Life for Age and Cohort Effects," *Review of Economics and Statistics 90* (2008): 573-81; James Hammitt, "Extrapolating the Value per Statistical Life between Populations: Theoretical Implications," *Journal of Benefit-Cost Analysis* 8, no. 2 (2017): 215-25; and James Hammitt and Lisa Robinson, "The Income Elasticity of the Value per Statistical Life: Transferring Estimates between High and Low Income Populations," *Journal of Benefit Cost Analysis* 2, no. 1 (2011): 1-29.

28 Bert Metz, Ogunlade Davidson, Rob Swart, and Jiahua Pan, eds., *Climate Change 2001: Mitigation; Contribution of Working Group III to the Third Assessment Report of the Intergovernmental Panel on Climate Change* (Cambridge: Cambridge University Press, 2001), section 7.4.4.2.

29 World Bank Database, "GDP per Capita (Current US$)," http://data. worldbank.org/indicator/NY.GDP.PCAP.CD(접속 날짜 2019년 9월 30일).

30 Karin Stenberg, Henrik Axelson, Peter Sheehan, Ian Anderson, A. Metin Gülmezoglu, Marleen Temmerman, Elizabeth Mason,et al., "Advancing Social and Economic Development by Investing in Women's and Children's Health: A New Global Investment Framework," *The Lancet 383*, no. 9925 (2014): 1333-54; Peter Sheehan, Kim Sweeny, Bruce Rasmussen,

Annababette Wils, Howard S. Friedman, Jacqueline Mahon, George C. Patton, et al., "Building the Foundations for Sustainable Development: A Case for Global Investment in the Capabilities of Adolescents," *The Lancet* *390*, no. 10104 (2017): 1792-806. 이 논문들은 비경제적 가치를 '경제적 편익'과 구분하기 위해 '사회적 편익'이라고 부르고 있다.

31 Katharine Q. Seelye and John Tierney, "E.P.A. Drops Age-Based Cost Studies," *New York Times*, May 8, 2003, www.nytimes.com/2003/05/08/us/epa-drops-age-based-cost-studies.html.

32 W. Kip Viscusi, *Pricing Lives* (Princeton, NJ: Princeton University Press, 2018), 20.

33 Binyamin Appelbaum, "As US Agencies Put More Value on a Life, Businesses Fret," *New York Times*, February 16, 2011, www.nytimes.com/2011/02/17/business/economy/17regulation.html; Viscusi, *Pricing Lives*, 35-36. 지난 몇 년간 다른 미국 정부 기관에서 사용한 가치는 비스쿠시의 저서에 정리되어 있다.

34 미래 소득의 현재 가치는 5장에서 논의된다. 5장은 1970년대에 미국 도로교통안전국이 자동차 안전 규제에 관한 비용-편익분석을 시행할 때 미래 소득을 생명 가치 추산치로 사용할 것을 권고한 내용을 다루고 있다.

35 Viscusi, *Pricing Lives*. 33.

36 Discussed in detail in Cass Sunstein, *Valuing Life: Humanizing the Regulatory State* (Chicago: University of Chicago Press, 2014).

37 Daniel Kahneman and Amos Tversky, "Choices, Values, and Frames," *American Psychologist* 39, no. 4 (April 1984): 342-47.

38 J. K. Horowitz and K. E. McConnell, "A Review of WTA/WTP Studies," *Journal of Environmental Economics and Management* 44 (2002): 426-47.

39 Janusz Mrozek and Laura Taylor, "What Determines the Value of Life? A Meta-Analysis," *Journal of Policy Analysis and Management* 21, no. 2 (Spring 2002): 253-70.

40 Frank Ackerman and Lisa Heinzerling, Priceless: *On Knowing The Price Of Everything and the Value Of Nothing* (New York: New Press, 2005), 61-90.

41 John D. Leeth and John Ruser, "Compensating Wage Differentials for Fatal and Non-Fatal Risk by Gender and Race," *Journal of Risk and*

Uncertainty 27, no. 3 (December 2003): 257-77.

42 Viscusi, Pricing Lives. 28-29; W.K. Viscusi and C. Masterman, "Anchoring Biases in International Estimates of the Value of a Statistical Life," *Journal of Risk and Uncertainty* 54, no. 2 (2017): 103-28.

43 Viscusi, *Pricing Lives*. 39-40; Viscusi and Masterman, "Anchoring Biases."

44 U.S. Department of Homeland Security, "About DHS," last updated July 5, 2019, www.dhs.gov/about-dhs.

45 이 문구의 해석은 가리키는 대상에 따라 다르지만, 대개는 잘못되었거나 신뢰할 수 없는 투입 변수를 수식에 넣으면 잘못되었거나 신뢰할 수 없는 결과 값이 나온다는 것을 의미한다.

46 Amanda Ripley, "WTC Victims: What's A Life Worth?," *Time*, February 6 2002, http://content.time.com/time/nation/article/0,8599,198866-3,00.html.

47 Federal Bureau of Investigation, "Crime in the United States 2001," accessed September 30, 2019, https://ucr.fbi.gov/crime-in-the-u.s/2001.

48 James Oliphant, "Why Boston Bombing Victims Get Millions When Wounded Soldiers Only Get Thousands," *National Journal*, August 3, 2013, http://qz.com/111285/why-boston-bombing-victims-get-millions-when-wounded-soldiers-only-get-thousands.

3장 '법 앞의 평등'은 없다

1 Massimo Calabresi, "Why a Medical Examiner Called Eric Garner's Death a 'Homicide'", *Time*, December 4, 2014, http://time.com/3618279/eric-garner-chokehold-crime-staten-island-daniel-pantaleo.

2 Rene Stutzman, "Trayvon Martin's Parents Settle Wrongful-Death Claim," *Orlando Sentinel*, April 5, 2013, http://articles.orlandosentinel.com/2013-04-05/news/os-trayvon-martin-settlement-20130405_1_trayvon-martin-benjamin-crump-george-zimmerman.

3 Deborah R. Hensler, "Money Talks: Searching for Justice through Compensation for Personal Injury and Death," *DePaul Law Review* 53, no.2 (2013): 417-56, http://via.library.depaul.edu/law-review/vol53/iss2/9.

4 Andrew Jay McClurg, "Dead Sorrow: A Story about Loss and a New Theory of Wrongful Death Damages," *Boston University Law Review* 85 (2005): 1-51.

5 과실에 의해 또는 의도적으로 정서적 피해를 야기한 불법행위를 인정하는 주의 경우, 사망을 야기한 행위를 목격하여 피해를 입은 범주에 속하는 사람(대개 가까운 가족)은 보상의 대상이 될 수 있다.

6 Nolo Law for All, "Damages in a Wrongful Death Lawsuit," www.nolo.com/legal-encyclopedia/wrongful-death-claim-soverview-30141-2.html(접속 날짜 2019년 9월 30일).

7 Hensler, "Money Talks," 417-56. 대부분의 정부 기관을 포함한 일부 기관들은 징벌적 손해배상의 의무를 지지 않는다는 사실에 유념할 것. (U.S. Equal Employment Opportunity Commission, "Enforcement Guidance: Compensatory and Punitive Damages Available under §102 of the Civil Rights Act of 1991," July 14, 1992, www.eeoc.gov/policy/docs/damages.html). 9.11 희생자 보상 기금에는 징벌적 손해배상이 없었다.

8 Exxon Shipping Co. et al. v. Baker et al., 554 U.S. 471 (2008), www.law.cornell.edu/supct/html/07-219.ZS.html; BMW of North America, Inc., v. Gore, 517 U.S. 559 (1996), www.law.cornell.edu/supct/html/94-896.ZO.html.

9 Adam Davidson, "Working Stiffs," *Harper's Magazine* 303, no. 1815 (August 2001): 48-54, https://adamdavidson.com/harpers-magazine-working-stiffs.

10 Baker v. Bolton. 1 Campbell 493, 170 Eng. Rep. 1033, 1033 (K.B. 1808).

11 Peter Handford, "Lord Campbell and the Fatal Accidents Act," *Law Quarterly Review* 420 (2013): http://ssrn.com/abstract=2333018.

12 Stuart M. Speiser and Stuart S. Malawer, "American Tragedy: Damages for Mental Anguish of Bereaved Relatives in Wrongful Death Actions," *Tulane Law Review* 51, no. 1(1976): 1-32.

13 Ibid.

14 Leonard Decof, "Damages in Actions for Wrongful Death of Children," *Notre Dame Law Review* 47, no. 2 (1971): 197-229.

15 Ibid.

16 Michael L. Brookshire and Frank L. Slesnick, "Self-Consumption in

Wrongful Death Cases: Decedent or Family Income?," *Journal of Forensic Economics* 21, no. 1 (December 2009): 35-53.

17   David Paul Horowitz, "The Value of Life," *New York State Bar Association Journal 85*, no. 9 (2013): 14-16.

18   Thurston v. The State of New York, New York State Court of Claims, claim number 117361 (2013), http://vertumnus.courts.state.ny.us/claims/wp-html/2013-031-019.htm

19   Meredith A. Wegener, "Purposeful Uniformity: Wrongful Death Damages for Unmarried, Childless Adults," *South Texas Law Review 51*, no. 339 (2009): 339-67.

20   Michael L. Brookshire and Frank L. Slesnick, "Self-Consumption in Wrongful Death Cases: Decedent or Family Income?," *Journal of Forensic Economics* 21, no. 1 (December 2009): 35-53.

21   Davidson, "Working Stiffs," 48-54.

22   C.J. Sullivan, "$3.25M Settlement in Sean Bell Shooting an Eerie Birthday Gift," *New York Post*, July 28, 2010, http://nypost.com/2010/07/28/3-25m-settlement-in-sean-bell-shooting-an-eerie-birthday-gift.

23   총격에 가담했던 다섯 명의 경찰관 중 세 명이 대배심에 의해 기소되었다. 이들은 배심 재판이 아닌 판사 재판을 받았고, 아서 J. 쿠퍼맨 판사는 이들에게 무죄를 선고했다.

24   Frank Donnelly, "Misdemeanor Cases over Alleged Untaxed Cigarettes Preceded Fatal Police Incident with Eric Garner," *Staten Island Live*, July 18, 2014, www.silive.com/northshore/index.ssf/2014/07/eric_garner_who_died_in_police.html.

25   Faith Karimi, Kim Berryman, and Dana Ford, "Who Was Freddie Gray, Whose Death Has Reignited Protests Against Police?," *CNN*, May 2, 2015, www.cnn.com/2015/05/01/us/freddie-gray-who-is-he.

26   John Bacon, "Freddie Gray Settlement 'Obscene,' Police Union Chief Says," *USA TODAY*, September 9, 2015, www.usatoday.com/story/news/nation/2015/09/09/baltimore-panel-approves-freddie-gray-settlement/71928226.

27   B. Drummond Ayres, Jr., "Jury Decides Simpson Must Pay $25 Million

in Punitive Award," *New York Times*, February 11, 1997, www.nytimes.com/1997/02/11/us/jury-decides-simpson-must-pay-25-million-in-punitive-award.html.

28 The Innocence Project, "Compensating The Wrongly Convicted," December 11, 2018, www.innocenceproject.org/compensating-wrongly-convicted; Editorial Board, "Paying for Years Lost Behind Bars," *New York Times*, May 18, 2016, www.nytimes.com/2016/05/18/opinion/paying-for-years-lost-behind-bars.html.

29 The Innocence Project, "Compensation Statutes: A National Overview," 2017, www.innocenceproject.org/wp-content/uploads/2017/09/Adeles_Compensation-Chart_Version-2017.pdf.

30 A. G. Sulzberger and Tim Stelloh, "Bell Case Underlines Limits of Wrongful-Death Payouts," *New York Times*, July 28, 2010, www.nytimes.com/2010/07/29/nyregion/29bell.html.

31 Eliot McLaughlin, "He Spent 39 Years in Prison for a Double Murder He Didn't Commit. Now, He's Getting $21 Million," *CNN*, February 25, 2019, www.cnn.com/2015/02/24/us/craig-coley-simi-valley-21-million-wrongful-conviction/index.html.

32 Jonathan M. Katz, "2 Men Awarded $750,000 for Wrongful Convictions in 1983 Murder," *New York Times*, September 2, 2015, www.nytimes.com/2015/09/03/us/2-men-awarded-750000-for-wrongful-convictions-in-1983-murder.html.

33 Kenneth R. Feinberg, *What Is Life Worth?* (New York: Public Affairs, 2005), 202

34 United States Courts, "Criminal Cases," United States Courts, www.uscourts.gov/about-federal-courts/types-cases/criminal cases.

35 World Bank, "Intentional Homicides (per 100,000 People)," http://data.worldbank.org/indicator/VC.IHR.PSRC.P5(접속 날짜 2019년 9월 30일).

36 Federal Bureau of Investigation, "Crime in the United States 2011: Expanded Homicide Data Table 8," www.fbi.gov/about-us/cjis/ucr/crime-in-the-u.s/2011/crime-in-the-u.s.-2011/tables/expanded-homicide-data-table-8(접속 날짜 2019년 9월 30일).

37 Centers for Disease Control and Prevention, "QuickStats: Suicide and Homicide Rates, by Age Group-United States, 2009," July 20, 2012, www. cdc.gov/mmwr/preview/mmwrhtml/mm6128a8.htm(접속 날짜 2019년 9월 30일); Federal Bureau of Investigation, "Expanded Homicide Data Table 1: Murder Victims by Race and Sex, 2010," www.fbi.gov/about-us/cjis/ucr/crime-in-the-u.s/2010/crime-in-the-u.s.-2010/tables/10shrtbl01.xls(접속 날짜 2019년 9월 30일).

38 Jillian Boyce and Adam Cotter, "Homicide in Canada, 2012,"Canadian Centre for Justice Statistics, December 19, 2013, www.statcan.gc.ca/pub/85-002-x/2013001/article/11882-eng.htm; OECD, "Better Life Index," www. oecdbetterlifeindex.org/topics/safety(접속 날짜 2019년 9월 30일).

39 Nate Silver, "Black Americans Are killed at 12 Times the Rate of People in Other Developed Countries," *FiveThirtyEight*, June 18, 2015, http://fivethirtyeight.com/datalab/black-americans-are-killed-at-12-times-the-rate-of-people-in-other-developed-countries.

40 다음에 근거하여 계산. Federal Bureau of Investigation, "Expanded Homicide Data Table 1."

41 Federal Bureau of Investigation, "Expanded Homicide Data Table 10: Murder Circumstances by Relationship, 2010," www.fbi.gov/about-us/cjis/ucr/crime-in-the-u.s/2010/crime-in-the-u.s.-2010/tables/10shrtbl10.xls(접속 날짜 2019년 9월 30일).

42 B. Page, "Bible Says It's Okay to Beat Your Slave, As Long As They Don't Die? Exodus 21:20-21?," Revelation.co, June 9, 2013, www.revelation. co/2013/06/09/bible-says-its-okay-to-beat-your-slave-as-long-as-they-dont-die-exodus-2120-21.

43 Murder, 18 U.S. Code § 1111, www.law.cornell.edu/uscode/text/18/1111.

44 Cornell Law School, "Manslaughter," Legal Information Institute, www. law.cornell.edu/wex/manslaughter(접속 날짜 2019년 10월 21일).

45 Murder or Manslaughter of Foreign Officials, Official Guests, or Internationally Protected Persons, 18 U.S. Code § 1116, www.law.cornell. edu/uscode/text/18/1116.

46 John Blume, Theodore Eisenberg, and Martin T. Wells. "Explaining Death

Row's Population and Racial Composition," *Journal of Empirical Legal Studies* 1, no. 1 (2004): 165-207; Death Penalty Information Center, "States with and without the Death Penalty," https://deathpenaltyinfo.org/state-and-federal-info/state-by-state(접속 날짜 2019년 10월 21일).

47 J. L. Lauritsen, R. J. Sampson, and J.H. Laub, "The Link between Offending and Victimization among Adolescents," *Criminology* 29, no. (1991): 265-92.

48 T. Bynum, G. Cordner, and J. Greene, "Victim and Offense Characteristics: Impact on Police Investigative Decision-Making," *Criminology* 20, no. 3 (1982): 301-18.

49 Shila R. Hawk and Dean A. Dabney, "Are All Cases Treated Equal? Using Goffman's Frame Analysis to Understand How Homicide Detectives Orient to Their Work," *British Journal of Criminology* 54 (2014): 1129-47.

50 Ibid.

51 Jason Rydberg and Jesenia M. Pizarro, "Victim Lifestyle as a Correlate of Homicide Clearance," *Homicide Studies* 18, no. 4 (2014): 342-62.

52 Jan Ransom and Ashley Southall, "'Race-Biased Dragnet': DNA from 360 Black Men Was Collected to Solve Vetrano Murder, Defense Lawyers Say," *New York Times*, March 31, 2019, www.nytimes.com/2019/03/31/nyregion/karina-vetrano-trial.html.

53 커리나 베트라노에 관한 이 문단의 내용 대부분은 한 뉴욕 시경과의 기밀 대화를 종합한 것이다.

54 Edward L. Glaeser and Bruce Sacerdote, "Sentencing in Homicide Cases and the Role of Vengeance," *Journal of Legal Studies* 32 (2003): 363-82

55 Death Penalty Information Center, "Abolitionist and Retentionist Countries," last updated December 31, 2017, www.deathpenaltyinfo.org/abolitionist-and-retentionist-countries.

56 *Death Sentences and Executions* 2017 (London: Amnesty International, 2018), www.amnesty.org/download/Documents/ACT5079552018ENGLISH.PDF.

57 Peter A. Collins, Robert C. Boruchowitz, Matthew J. Hickman, and Mark A. Larranaga, *An Analysis of the Economic Costs of seeking the Death Penalty in Washington* (Seattle: Seattle University School of Law 2015), http://

digitalcommons,law,seattleu,edu/faculty/616; Paul V. Townsend, *Performance Audit: Fiscal Costs of the Death Penalty*, 2014 (Carson City, NV: State of Nevada, 2014), www.leg.state.nv.us/audit/Full/BE2014/Costs%20of%20 Death%20Penalty,%20LA14-25,%20Full.pdf; Arthur L. Alarcón and Paula M. Mitchell, "Costs of Capital Punishment in California: Will Voters Choose Reform this November?," special issue, *Loyola Law Review* 46, no. 0 (2012).

58 Death Penalty Information Center, "Death Penalty for Offenses Other Than Murder," https://deathpenaltyinfo,org/facts-and-research/crimes-punishable-by-death/death-penalty-for-offenses-other-than-murder(접속 날짜 2019년 10월 21일).

59 Karen F. Parker, Mari A. DeWees, and Michael L. Radelet, "Race, the Death Penalty, and Wrongful Convictions," *Criminal Justice* 18, no. 49 (2003): 48-54; Hugo Adam Bedau, "Racism, Wrongful Convictions, and the Death Penalty," *Tennessee Law Review* 76, no. 615 (2009): 615-24; Samuel Sommers and Phoebe Ellsworth, "White Juror Bias: An Investigation of Prejudice Against Black Defendants in the American Courtroom," *Psychology, Public Policy and Law* 7, no. 1 (2001): 201-29, www.ase.tufts.edu/psychology/sommerslab/documents/ raceRealSommersEllsworth 2001.pdf.

60 John Blume, Theodore Eisenberg, and Martin T. Wells, "Explaining Death Row's Population and Racial Composition," *Journal of Empirical Legal Studies* 1, no. 1 (2004): 165-207, http://scholarship,law,cornell,edu/cgi/ viewcontent,cgi?article=1240&context=facpub.

61 Scott Phillips, "Racial Disparities in the Capital of Capital Punishment," *Houston Law Review* 45 (208): 807-40.

62 Death Penalty Information Center, "Number of Executions by State and Region since 1976," www.deathpenaltyinfo,org/number-executions-state-and-region-1976(접속 날짜 2019년 10월 21일).

63 Death Penalty Information Center, "Executions by Country," www. deathpenaltyinfo,org/executions-county#overall(접속 날짜 2019년 10월 21 일).

64 Phillips, "Racial Disparities."

65 Marian R. Williams and Jefferson E. Holcomb, "The Interactive Effects of Victim Race and Gender on Death Sentence Disparity Findings," *Homicide Studies* 8, no. 4 (2004): 350-76.

66 Lane Kirkland Gillespie, Thomas A. Loughran, Dwayne M. Smith, Sondra J. Fogel, and Beth Bjerregaard, "Exploring the Role of Victim Sex, Victim Conduct, and Victim-Defendant Relationship in Capital Punishment Sentencing," *Homicide Studies* 18, no. 2 (2014): 175-95, http://dx.doi. org/10.1177/1088767913485747.

67 Samuel R. Gross, Maurice Possley, and Klara Stephens, *Race and Wrongful Convictions in the United States* (Irvine, CA: National Registry of Exonera tions, March 7, 2017), www.law.umich.edu/special/exoneration/Documents /Race_and_Wrongful_Convictions.pdf.

68 Cal. Pen. Code § 187-199, https://leginfo.legislature.ca.gov/faces/codes_ displayText.xhtml?lawCode=PEN&division=&title=8.&part=1.&chapt er-1.&article; Veronica Rose, "Killing a Police Officer," OLR Research Report, May 23, 2000, www.cga.ct.gov/2000/rpt/2000-R-0564.htm.

69 *Washington Post*, "Fatal Force," www.washingtonpost.com/graphics/2018/ national/police-shootings-2018(접속 날짜 2019년 9월 30일).《워싱턴 포 스트》가 발표한 직무 수행 중인 경찰에 의해 매년 살해된 사람들의 수(2018 년 한 해에만 992명이 총에 맞아 살해됨)는 FBI가 발표한 수치(약 400명)의 두 배가 넘는다. 다음의 자료를 참고할 것. Federal Bureau of Investigation, "Expanded Homicide Data Table 14: Justifiable Homicide by Weapon, Law Enforcement, 2008-2012," www.fbi.gov/about-us/cjis/ucr/crime-in- the-u.s/2012/crime-in-the-u.s.-2012/offenses-known-to-law-enforcement expanded-homicide/expanded_homicide_data_table_14_justifiable_homicide_ by_weapon_law_enforcement_2008-2012.xls(접속 날짜 2019년 9월 30일).

70 Human Rights Watch, "Local Criminal Prosecution," www.hrw.org/legacy/ reports98/police/uspo31.htm(접속 날짜 2019년 9월 30일).

71 Mapping Police Violence, "Unarmed Victims," http://mappingpoliceviolence. org/unarmed(접속 날짜 2019년 9월 30일).

72 Human Rights Watch, "Local Criminal Prosecution," www.hrw.org/legacy/

reports98/police/uspo31.htm(접속 날짜 2019년 9월 30일).

73 Calabresi, "Why a Medical Examiner Called Eric Garner's Death a 'Homicide.'"

74 United States Census Bureau, "Income, Poverty and Health Insurance Coverage in the United States: 2014," release number CB15-157, September 16, 2015, www.census.gov/newsroom/press-releases/2015/cb15-157.html; Rakesh Kochhar and Richard Fry, "Wealth Inequality Has Widened along Racial, Ethnic Lines since End of Great Recession," Pew Research Center, December 12, 2014, www.pewresearch.org/fact-tank/2014/12/12/racial-wealth-gaps-great-recession.

4장 생명 가격표가 수돗물의 수질을 결정한다?

1 이 장의 논의는 연방 규제에 초점을 맞추고 있다. 주 정부나 지방 정부의 규제는 비용편익분석을 거치지 않는 경우가 많다. 연방 정부 기관 목록은 다음의 웹사이트에서 확인할 수 있다. www.federalregister.gov/agencies.

2 Paperwork Reduction Act, Public Law 96-511, 96th Congress (1980) www.congress.gov/bill/96th-congress/house-bill/6410; Exec. Order No. 13563, 76 Fed. Reg. 3821 (January 18, 2011) www.gpo.gov/fdsys/pkg/FR-2011-01-21/pdf/2011-1385.pdf.

3 Exec. Order No. 12291, 46 Fed. Reg. 13193 (February 17, 1981) www.archives.gov/federal-register/codification/executive-order/12291.html; Exec. Order No. 12866, 58 Fed. Reg. 190 (September 30, 1993) www.reginfo.gov/public/jsp/Utilities/EO_12866.pdf; Exec. Order No. 13563.

4 Flood Control Act of 1939, Public Law 76-396, 76th Congress (1939) www.legisworks.org/congress/76/publaw-396.pdf.

5 개괄적인 설명은 다음을 참고할 것. Anthony Boardman, David Greenberg, Aidan Vining, and David Weimer, *Cost-Benefit Analysis Concepts and Practice*, 4th ed., Pearson Series in Economics (Upper Saddle River, NJ: Prentice Hall, 2010).

6 Winston Harrington, Richard Morgenstern, and Peter Nelson,

"How Accurate Are Regulatory Cost Estimates?" *Resources for the Future*, March 5, 2010, https://grist.files.wordpress.com/2010/10/ harringtonmorgensternnelson_regulatory_estimates.pdf; Winston Harrington, "Grading Estimates of the Benefits and Costs of Federal Regulation: A Review of Reviews" (discussion paper 06-39, Resources for the Future, Washington, DC, 2006), https://ideas.repec.org/p/rff/ dpaper /dp-06-39.html; Winston Harrington, Richard D. Morgenstern, and Peter Nelson, "On the Accuracy of Regulatory Cost Estimates," *Journal of Policy Analysis and Management* 19, no. 2 (2000): 297-322, https://onlinelibrary.wiley.com/doi/abs/10.1002/%28SICI%291520- 6688%28200021%2919%3A2%3C297%3A%3AAIDPAM7%3E3.0.CO%3 B2-X.

7   Noel Brinkerhoff, "Many of Largest U.S. Corporations Paid More for Lobbying Than for Federal Income Taxes," Allgov.com, January 27, 2012, www.allgov.com/Top_Stories/ViewNews/Many_of_Largest_ US_Corporations_Paid_More_for_Lobbying_than_for_Federal_Income_ Taxes_120127.

8   Alex Blumberg, "Forget Stocks or Bonds, Invest in a Lobbyist," National Public Radio, January 6, 2012, www.npr.org/sections/ money/2012/01/06/144737864/forget-stocks-or-bonds-invest-in-a- lobbyist.

9   Cass Sunstein, *Valuing Life* (Chicago: University of Chicago Press, 2014), 74.

10   Lisa Heinzerling, "The Rights of Statistical People," *Harvard Environmental Law Review* 189, no. 24 (2000): 203-6, http://scholarship.law.georgetown. edu/cgi/viewcontent.cgi?article=1322&context=facpub.

11   "Economic Analysis of Federal Regulations under Executive Order 12866," (Report of Interagency Group Chaired by a Member of the Council of Economic Advisors, January 11, 1996), part III.B.5(a), https://georgewbush- whitehouse.archives.gov/omb/inforeg/riaguide.html.

12   W. Kip Viscusi, *Pricing Lives* (Princeton: Princeton University Press, 2018), 35-36.

13 Frank Ackerman and Lisa Heinzerling, "If It Exists, It's Getting Bigger: Revising the Value of a Statistical Life," (Global Development and Environment Institute Working Paper No. 01-06, Tufts University, Medford, MA, October 2001), http://frankackerman.com/publications/costbenefit/Value_Statistical_Life.pdf.

14 Sunstein, *Valuing Life*, 52.

15 Katharine Q. Seelye and John Tierney, "E.P.A. Drops Age-Based Cost Studies," *New York Times*, May 8, 2003, www.nytimes.com/2003/05/08/us/epa-drops-age-based-cost-studies.html; Frank Ackerman and Lisa Heinzerling, Priceless: *On Knowing the Price of Everything and the Value of Nothing* (New York: New Press, 2005), 61-90; Bert Metz, Ogunlade Davidson, Rob Swart, and Jiahua Pan, *Climate Change 2001: Mitigation* (Cambridge: Cambridge University Press, 2001), section 7.4.4.2.

16 Clean Air Task Force, "The Toll from Coal: An Updated Assessment of Death and Disease from America's Dirtiest Energy Source," September 2010, www.catf.us/resources/publications/files/The_Toll_from_Coal.pdf; Abt Associates, "Technical Support Document for the Powerplant Impact Estimator Software Tool," July 2010, www.catf.us/resources/publications/files/Abt-Technical_Support_Document_for_the_Powerplant_Impact_Estimator_Software_Tool.pdf.

17 Cass R. Sunstein, *The Cost-Benefit Revolution* (Cambridge, MA: MIT Press, 2018), 74, 80, 142, 170.

18 설문 조사 결과를 연령으로 구분하여 살핌으로써 가치가 연령 집단에 따라 변하는지 확인할 수 있지만, 이 방법은 지불 능력과 같은 다른 많은 요인들이 개입될 여지가 있다.

19 할인과 복리에 관한 자세한 내용이 알고 싶다면 다음의 책을 추천한다. Boardman et al., *Cost-Benefit Analysis Concepts and Practices*.

20 Boardman et al., *Cost-Benefit Analysis Concepts and Practices*, 247.

21 사용하기에 적절한 할인율은 얼마인가에 대한 본질적인 논의는 있다. 자주 사용되는 할인율에는 민간투자 사업의 한계 수익률, 한계 사회적 시간 선호율, 정부의 장기 실질 차입 이자율 등이 있다.

22 생명 가치의 예상 증가분이 할인율과 동일하게 설정되는 경우, 적용된 할인율

이 0이 아니더라도 순할인율은 0이다.

23 사람들이 미래 세대의 생명에 할인율을 적용한다는 사실을 보여 주는 연구도 있다. (다음을 참고할 것. Maureen L. Cropper, Sema K. Aydede, and Paul R. Portney, "Rates of Time Preference for Saving Lives, *American Economic Review* 82, no. 2 (May 1992): 469-72). 이런 연구들은 이런 특성의 모든 연구들이 지니는 표본 편향 문제와 더불어 사용되는 할인율이 얼마나 먼 미래를 전망하느냐에 따라 달라진다는 문제가 있다.

24 관련 문제점에 관한 개략적인 설명은 "Economic Analysis of Federal Regulations under Executive Order 12866," part III.B.5(a)의 세대 간 회계 면(面)에서 찾아볼 수 있다.

25 T. Tan-Torres Edejer, R. Baltussen, T. Adam, R. Hutubessy, A. Acharya, D. B. Evans, and C.J.L. Murray, eds., "WHO Guide to Cost-Effectiveness Analysis," (Geneva: World Health Organization, 2003), 70, www.who.int/choice/publications/p_2003_generalised_cea.pdf.

26 Stephanie Riegg Cellini and James Edwin Kee, "Cost-Effectiveness and Cost-Benefit Analysis," in *Handbook of Practical Program Evaluation*, 3rd ed., ed. Joseph S. Wholey, Harry P. Hatry, and Kathryn E. Newcomer (San Francisco: Jossey-Bass, 2010), 493-530.

27 Clean Air Task Force, "Toll from Coal."

28 Adam Liptak and Coral Davenport, "Supreme Court Blocks Obama's Limits on Power Plants," *New York Times*, June 29, 2015, www.nytimes.com/2015/06/30/us/supreme-court-blocks-obamas-limits-on-power-plants.html.

29 Michigan et al. v. Environmental Protection Agency et al., 135 S. Ct. 2699 (2015), www.supremecourt.gov/opinions/14pdf/14-46_bqmc.pdf.

30 규제 포획에 관한 더 자세한 논의가 알고 싶다면 다음을 참고할 것. Ernesto Dal Bó, "Regulatory Capture: A Review," *Oxford Review of Economic Policy* 22 no. 2 (2006): 203-25, http://faculty.haas.berkeley.edu/dalbo/Regulatory_Capture_Published.pdf.

31 Laurie Garrett, "EPA Misled Public on 9.11 Pollution / White House Ordered False Assurances on Air Quality, Report Says," *Newsday*, August 23, 2003, www.sfgate.com/news/article/EPA-misled-public-on-9-11-

pollution-White-House-2560252.php

32 Jennifer Lee, "White House Sway Is Seen in E.P.A. Response to 9.11," *New York Times*, August 9, 2003, www.nytimes.com/2003/08/09/nyregion/white-house-sway-is-seen-in-epa-response-to-9-11.html

33 행정절차법(the Administrative Procedures Act, Public Law 79-404, 79th Congress (1946))에 따라 일반 대중도 의견을 개진할 수 있다.

34 Exec. Order No. 13563.

35 Dwight D. Eisenhower, "Military-Industrial Complex Speech," 1961, https://avalon.law.yale.edu/20th_century/eisenhower001.asp.

5장 기업은 인간의 생명으로 이윤을 극대화한다?

1 E.S. Grush and C. S. Saunby, "Fatalities Associated with Crash Induced Fuel Leakage and Fires," 1973, http://lawprofessors.typepad.com/tortsprof/files/FordMemo.pdf. 이 문서는 '포드 핀토 문서'라고도 불린다.

2 Gary T. Schwartz, "The Myth of the Ford Pinto Case," *Rutgers Law Review* 43, no. 1013 (1991): 1013-68, www.pointoflaw.com/articles/The_Myth_of_the_Ford_Pinto_Case.pdf.

3 저자는 모의재판을 돕는 통계 전문가로 일한 경험이 있다.

4 William H. Shaw and Vincent Barry, *Moral Issues in Business*, 8th ed. (Belmont, CA: Wadsworth Publishing, 2001), 83-86.

5 Mark Dowie, "Pinto Madness," *Mother Jones*, September/October 1977, www.motherjones.com/politics/1977/09/pinto-madness.

6 Grimshaw v. Ford Motor Co., 119 Cal. 3d 757 (1981), http://online.ceb.com/calcases/CA3/119CA3d757.htm. 이 역사적인 판례에서 결정된 손해배상금 250만 달러를 지난 30년간의 생계비 조정으로 조정하면 현재 규제 기관이 사용하는 가치와 비슷한 수준의 금액이 나온다는 점은 주목할 만하다. 이 계산법은 1978년에 결정되고 1981년에 재확인된 배상금을 바탕으로 사회보장청의 '2010 통계적 생명 가치'를 위한 생계비 조정(www.ssa.gov/oact/cola/colaseries.html)을 사용하고 있다.

7 History, "This Day in History: July 13 1978; Henry Ford II Fires Lee

Iacocca," January 27, 2010, www.history.com/this-day-in-history/henry-ford-ii-fires-lee-iacocca.

8   Greg Gardner, Alisa Priddle, and Brent Snavely, "GM Could Settle DOJ Criminal Investigation This Summer," *Detroit Free Press*, May 23, 2015, www.freep.com/story/money/2015/05/22/general-motors-justice-department-ignition-switch-deaths/27820247.

9   Bill Vlasic and Matt Apuzzo, "Toyota Is Fined $1.2 Billion for Concealing Safety Defects," *New York Times*, March 19, 2014, www.nytimes.com/2014/03/20/business/toyota-reaches-1-2-billion-settlement-in-criminal-inquiry.html.

10   "A Scandal in the Motor Industry: Dirty Secrets," *The Economist*, September 26, 2015, www.economist.com/news/leaders/21666226-volkswagens-falsification-pollution-tests-opens-door-very-different-car.

11   Ralph Nader, *Breaking Though Power* (San Francisco: City Lights Books, 2016), 61.

12   Subodh Varma, "Arbitrary? 92% of All Injuries Termed Minor," *The Times of India*, June 20, 2010, http://timesofindia.indiatimes.com/india/Arbitrary-92-of-all-injuries-termed-minor/articleshow/6069528.cms.

13   Sanjoy Hazarika, "Bhopal Payments by Union Carbide Set at $470 Million," *New York Times*, February 15, 1989, www.nytimes.com/1989/02/15/business/bhopal-payments-by-union-carbide-set-at-470-million.html.

14   1989년에 미국 1인당 GDP 대비 인도 1인당 GDP의 비율은 20.9(명목), 64.9(구매력 평가)였다. World Bank, "GDP per capita (Current US$)," http://data.worldbank.org/indicator/NY.GDP.PCAP.CD(접속 날짜 2019년 9월 30일); World Bank, "GDP per Capita, PPP (Current International $)," http://data.worldbank.org/indicator/NY.GDP.PCAP.PP.CD(접속 날짜 2019년 9월 30일).

15   "Compensation Fund for Bangladesh Factory Victims Reaches US$30m Target," *Channel News Asia*, June 9, 2015, www.channelnewsasia.com/news/asiapacific/compensation-fund-for/1902092.html.

16   Arthur D. Little International, "Public Finance Balance of Smoking in the

Czech Republic, Report to: Philip Morris CR," November 28, 2000, www.no-smoke.org/pdf/pmczechstudy.pdf.

17 A. Raynauld and J. Vidal, "Smoker's Burden on Society: Myth and Reality in Canada," *Canadian Public Policy* 18, no. 3 (1992): 300-317; G. Stoddart, R. LaBelle, M. Barer, and R. Evans, "Tobacco Taxes and Health Care Costs: Do Canadian Smokers Pay Their Way?," *Journal of Health Economics* 5, no. 1 (1986): 63-80; J. Prabhat and F.J. Chaloupka, *Curbing the Epidemic: Governments and the Economics of Tobacco Control*, (Washington, DC: World Bank, 1999).

18 "Smoking Can Help Czech Economy, Philip Morris-Little Report Says," *Wall Street Journal*, July 16, 2001, www.wsj.com/articles/SB995230746855683470.

19 "Philip Morris Issues Apology for Czech Study on Smoking," *New York Times*, July 27, 2001, www.nytimes.com/2001/07/27/business/philip-morris-issues-apology-for-czech-study-on-smoking.html.

20 Samuel H. Williamson and Louis P. Cain, "Slavery in 2011 Dollars," MeasuringWorth, 2019, www.measuringworth.com/slavery.php.

21 Slavery Convention, September 25, 1926, 60 L.N.T.S. 254, www.ohchr.org/Documents/ProfessionalInterest/slavery.pdf; Supplementary Convention on the Abolition of Slavery, the Slave Trade and Institutions and Practices Similar to Slavery, September 7, 1956, 266 U.N.T.S. 3, www.ohchr.org/Documents/ProfessionalInterest/slaverytrade.pdf; *The Global Slavery Index 2014* (Australia: Hope for Children Organization, 2014) https://reporterbrasil.org.br/wp-content/uploads/2014/11/GlobalSlavery_2014_LR-FINAL.pdf.

22 *Global Slavery Index 2014*; Adam Withnall, "Isis Releases 'Abhorrent' Sex Slaves Pamphlet with 27 Tips for Militants on Taking, Punishing and Raping Female Captives," *Independent*, December 10, 2014, www.independent.co.uk/news/world/middle-east/isis-releases-abhorrent-sex-slaves-pamphlet-with-27-tips-for-militants-on-taking-punishing-and-raping-female-captives-9915913.html.

23 Doug Bolton, "Isis 'Price List' for Child Slaves Confirmed as Genuine

by UN Official Zainab Bangura," *Independent*, August 4, 2015, www.independent.co.uk/news/world/middle-east/isis-price-list-for-child-slaves-confirmed-as-genuine-by-unofficial-zainab-bangura-10437348.html.

24 Eric Foner, *Give Me Liberty* (New York: W.W. Norton, 2004).

25 United Nations Office on Drugs and Crime, "Factsheet on Human Trafficking," www.unodc.org/documents/humantrafficking/UNVTF_fs_HT_EN.pdf(접속 날짜 2019년 9월 30일).

26 U.S. General Accounting Office, "Alien Smuggling: Management and Operational Improvements Needed to Address Growing Problem," (Washington, DC: U.S. Government Printing Office, 2000), www.gao.gov/assets/230/229061.pdf.

27 "Walk Tall: Why It Pays to Be a Lanky Teenager," *The Economist*, April 25 2002, www.economist.com/node/1099333.

28 Carol Peckham, "Medscape Radiologist Compensation Report 2015," Medscape, April 21, 2015, www.medscape.com/features/slideshow/compensation/2015/radiology. 이를 산출하기 위해 저자는 주 근로시간을 44시간으로, 휴가를 4주로 계산하였다.

29 Milton Friedman, *Capitalism and Freedom* (Chicago: University Of Chicago Press, 2002).

30 Thomas Friedman, *The World Is Flat* (New York: Farrar, Straus, and Giroux, 2005).

31 Elizabeth Olson, "Welcome to Your First Year as a Lawyer. Your Salary Is $160,000," *New York Times*, April 16, 2015, www.nytimes.com/2015/04/17/business/dealbook/welcome-to-your-first-year-as-a-lawyer-your-salary-is-160000-a-year.html; Association of American Medical Colleges, "Starting Salaries for Physicians," https://www.aamc.org/services/first/first_factsheets/399572/compensation.html(접속 날짜 2019년 1월 10일).

32 New York City Fire Department, "Firefighter Benefits and Salaries," www1.nyc.gov/site/fdny/jobs/career-paths/firefighter-salary-guide.page(접속 날짜 2019년 9월 30일).

33 Howard Steven Friedman, *Measure of a Nation* (New York: Prometheus Books, 2012).

34 시간당 7.25달러, 주당 40시간, 50주로 계산하면 1만 4500달러라는 봉급이 나온다. 한편 2017년 미국의 1인당 GDP는 약 5만 9531달러였다. 다음의 자료를 참고할 것. World Bank, GDP per capita (Current US$); Organisation for Economic Co-operation and Development, "Focus on Minimum Wages after the Crisis: Making Them Pay," May 2015, www.oecd.org/social/Focus-on-Minimum-Wages-after-the-crisis-2015.pdf.

35 Bureau of Labor and Statistics, "United States Department of Labor," www.bls.gov/emp/chart-unemployment-earnings-education.htm(접속 날짜 2019년 9월 30일).

36 "Is Your Degree Worth It? It Depends What You Study, Not Where," *The Economist*, March 12, 2015, www.economist.com/news/united-states/21646220-it-depends-what-you-study-not-where.

37 United Nations International Civil Service Commission, "Danger Pay," https://icsc.un.org/Home/DangerPay(접속 날짜 2019년 9월 30일).

38 Hanna Rosin, "The Gender Wage Gap Lie," *Slate Magazine*, August 30, 2013, www.slate.com/articles/double_x/doublex/2013/08/gender_pay_gap_the_familiar_line_that_women_make_77_cents_to_every_man_s.html.

39 Francine D. Blau and Lawrence M. Kahn, "The Gender Pay Gap: Have Women Gone as far as They Can?," *Academy of Managed Perspectives* 21, no. 1(2007): 7–23, http://web.stanford.edu/group/sespi/_media/pdf/key_issues/gender_research.pdf.

40 Joanne Lipman, "Let's Expose the Gender Pay Gap," *New York Times*, August13, 2015, www.nytimes.com/2015/08/13/opinion/lets-expose-the-gender-pay-gap.html.

41 Deborah Ashton, "Does Race or Gender Matter More to Your Paycheck?," *Harvard Business Review*, November 4, 2016, https://hbr.org/2014/06/does-race-or-gender-matter-more-to-your-paycheck.

42 Susan Aud, Mary Ann Fox, Angelina Kewal Ramani, *Status and Trends in the Education of Racial and Ethnic Groups*, (Washington, DC: U.S. Department of Education, July 2010), http://nces.ed.gov/pubs2010/2010015.pdf.

43 비공식 부문이란 일반적으로 과세도 되지 않고 어떤 형태의 정부 감독도 받지

않는 경제 부분을 가리킨다. '비공식 경제'의 정의에 관한 논의는 다음의 자료에서 확인할 수 있다. Friedrich Schneider, "Size and Measurement of the Informal Economy in 110 Countries around the World," (2002년 7월 17일 호주 캔버라에서 열린 호주 국세청 워크숍에서 발표된 논문), www.amnet. co.il/attachments/informal_economy110.pdf.

44 Prison Policy Initiative, "Section III: The Prison Economy," www. prisonpolicy.org/blog/2017/04/10/wages(접속 날짜 2019년 9월 30일); Peter Wagner, *The Prison Index: Taking the Pulse of the Crime Control Industry* (Northampton MA: Western Prison Project and the Prison Policy Initiative, 2003).

45 Chuck Collins, *Economic Apartheid in America: A Primer on Economic Inequality and Security* (New York: New Press, 2000), 111.

46 Lawrence Mishel and Jessica Schieder, "CEO Compensation Surged in 2017 Report," *Economic Policy Institute*, August 16, 2018, www.epi.org/ publication/ceo-compensation-surged-in-2017.

47 Gretchen Gavett, "CEOs Get Paid Too Much, According to Pretty Much Everyone in the World," *Harvard Business Review*, September 23, 2014, https://hbr.org/2014/09/cos-get-paid-too-much-according-to-pretty-much-everyone-in-the-world.

6장 나도 할아버지처럼 죽을래요

1 *2014 Life Insurance and Annuity Industry Outlook: Transforming for Growth; Getting Back on Track, Deloitte Center for Financial Services*, 2014, www2. deloitte.com/content/dam/Deloitte/global/Documents/Financial Services/ dttl-fsi-us-Life-Insurance-Outlook-2014-01.pdf.

2 World Bank, "GDP (Current US$)," http://data.worldbank.org/indicator/ NY.GDP.MKTP.CD(접속 날짜 2019년 9월 30일).

3 *ACLI 2017 Fact Book* (Washington, DC: American Council of Life Insurers, 2017), chapter 7, www.acli.com/-/media/ACLI/Files/Fact-Books-Public/FB17CH7.ashx?.

4 Computed based on population estimates of Americans. United States Census Bureau, data tables, www.census.gov/popclock/data_tables.php?component=growth(접속 날짜 2019년 9월 30일).

5 Jennifer Rudden, "Total Number of Life Insurance Policies in Force in the United States from 2008 to 2017 (In Millions)," Statistica, last edited July 17, 2019, www.statista.com/statistics/207651/us-life-insurance-policies-in-force.

6 정기 생명보험은 일정 기간 동안만 보장해 주는 보험이다. 보험 기간에 사망하면 보험회사는 보험 수혜자에게 보험금을 지불하지만, 보험 기간에 사망하지 않으면 보험금을 지불하지 않는다. 이와 달리 종신형 생명보험은 만료 기한이 없다. 종신 보험에 가입한 고객은 보험회사에 보험료를 지불하고, 보험 계약자의 사망 시에 보험 수혜자에게 일정 금액의 보험금을 지불할 것을 보장받는다. 생명보험의 종류에 대해 더 알고 싶다면 다음의 자료를 참고할 것. Khan Academy, www.khanacademy.org/economics-finance-domain/core-finance/investment-vehicles-tutorial/life-insurance/v/term-life-insurance-and-death-probability.

7 *ACLI 2017 Fact Book*, chapter 7.

8 Ashley Durham, "2015 Insurance Barometer Study," (LL Global, 2015), www.orgcorp.com/wp-content/uploads/2015-Insurance-Barometer.pdf.

9 First Symetra National Life Insurance Company of New York, "Uniformed Firefighters Association of Greater New York: Summary Plan Description," Uniformed Firefighters Association, revised October 1, 2017, www.ufanyc.org/pdf/ufa_life_insurance_doc.pdf.

10 Centers for Disease Control and Prevention, "Infant Mortality," page last reviewed March 27, 2019, www.cdc.gov/reproductivehealth/MaternalInfantHealth/InfantMortality.htm; Marian F. MacDorman, T.J. Mathews, Ashna D. Mohangoo, and Jennifer Zeitlin, "International Comparisons of Infant Mortality and Related Factors: United States and Europe, 2010," *National Vital Statistics Reports* 63, no. 5 (2014), www.cdc.gov/nchs/data/nvsr/nvsr63/nvsr63_05.pdf.

11 Elizabeth Arias, Melonie Heron, and Jiaquan Xu, "United States Life Tables, 2013," *National Vital Statistics Reports* 66, no. 3 (2017), www.cdc.

gov/nchs/data/nvsr/nvsr66/nvsr66_03.pdf.

12　World Health Organization, "Life Expectancy by Country," last updated April 6, 2018, http://apps.who.int/gho/data/node.main.688?lang=en.

13　Arias, Heron, and Xu, "United States Life Tables, 2013."

14　"Life Insurance: Smoker vs. Non-Smoker," ProFam.com, www.profam.com/smoker-vs-non-smoker.asp(접속 날짜 2019년 9월 30일).

15　Jiaquan Xu, Sherry L. Murphy, Kenneth D. Kochanek, Brigham Bastian, and Elizabeth Arias, "Deaths: Final Data for 2016," *National Vital Statistics Reports* 67, no. 5 (2018), www.cdc.gov/nchs/data/nvsr/nvsr67/nvsr67_05.pdf.

16　보험회사에 대한 규제의 바탕이 되는 논리를 알고 싶다면, 다음의 자료를 참고할 것. Ronen Avraham, Kyle D. Logue, and Daniel Benjamin Schwarcz, "Explaining Variation in Insurance Anti-Discrimination Laws," *Law & Economics Working Papers 82* (2013), http://repository.law.umich.edu/law_econ_current/82.

17　Will Kenton, "Definition of 'Regulatory Capture'", Investopedia, last updated March 28, 2019, www.investopedia.com/terms/t/regulatory-capture.asp.

18　Ronen Avraham, Kyle D. Logue, and Daniel Benjamin Schwarcz, "Understanding Insurance Anti-Discrimination Laws," *Law & Economics Working Papers 52* (2013), http://repository.law.umich.edu/law_econ_current/52.

19　Calculation based on the data in Jiaquan Xu, Sherry L. Murphy, Kenneth D. Kochanek, and Brigham A. Bastian, "Deaths: Final Data for 2013," *National Vital Statistics Reports* 64, no. 2 (2016), table 18, www.cdc.gov/nchs/data/nvsr/nvsr64/nvsr64_02.pdf.

20　Avraham, Logue, and Schwarcz, "Understanding Insurance Anti-Discrimination Laws," 52.

21　Mary L. Heen, "Ending Jim Crow Life Insurance Rates," *Northwestern Journal of Law and Social Policy 4*, no. 2 (2009): 360-99, http://scholarlycommons.law.northwestern.edu/njlsp/vol4/iss2/3.

22　Businessdictionary.com, s.v. "cross subsidization," www.businessdictionary.com/definition/cross-subsidization.html(접속 날짜 2019년 9월 30일).

23 Ashley Durham, "2014 Insurance Barometer Study: Supplemental Data," LIMRA, table 19: 27.

24 Ibid.

25 Michael J. Sandel, *What Money Can't Buy: The Moral Limits of Markets* (New York: Farrar, Straus, and Giroux, 2013), 134

7장 생명 가격표와 삶의 질

1 *CNN*, "Law Background on the Schiavo Case," March 25, 2005, www.cnn. com/2005/LAW/03/25/schiavo.qa(접속 날짜 2018년 1월 10일).

2 Jonathan Weisman and Ceci Connolly, "Schiavo Case Puts Face on Rising Medical Costs; GOP Leaders Try to Cut Spending as They Fight to Save One of Program's Patients," *Washington Post*, March 23, 2005, www. washingtonpost.com/wp-dyn/articles/A58069-2005Mar22.html.

3 건강에 대한 광의의 정의도 존재한다. 예를 들어 세계보건기구는 건강을 "단지 질병이 없는 상태를 의미하는 것이 아니라 신체적, 정신적, 사회적으로 완전한 상태"라고 정의했다. Preamble to the Constitution of the World Health Organization, signed at the International Health Conference, New York, July 22, 1946, www.who.int/governance/eb/who_constitution_en.pdf.

4 건강하게 사는 법은 다음의 웹사이트에 잘 나와 있다. The Centers for Disease Control and Prevention, "Tips for a Safe and Healthy Life," www. cdc.gov/family/tips.

5 The United States President's Emergency Plan for AIDS Relief, "United States Government Global Health Initiative Strategy Document," www. state.gov/pepfar(접속 날짜 2019년 10월 7일).

6 World Bank, *World Development Report 1993: Investing in Health* (New York: Oxford University Press, 1993), https://openknowledge.worldbank.org /handle/10986/5976.

7 Karin Stenberg Henrik Axelson, Peter Sheehan, Ian Anderson, A. Metin Gülmezoglu, Marleen Temmerman, Elizabeth Mason, et al., "Advancing Social and Economic Development by Investing in Women's and Children's

Health: A New Global Investment Framework," *The Lancet* 383, no. 9925 (2014): 1333-54.

8   Agency for Toxic Substances and Disease Registry, "Arsenic Toxicity: What Are the Physiologic Effects of Arsenic Exposure?," last updated January 15, 2010, www.atsdr.cdc.gov/csem/csem.asp?csem=1&po=11.

9   United States Environmental Protection Agency, "Sulfur Dioxide (SO2) Pollution," www.epa.gov/s02-pollution(접속 날짜 2019년 10월 7일).

10   질 보정 수명 외에 장애 보정 수명도 인구 집단 건강을 측정하는 지표로 자주 사용된다. 장애 보정 수명은 기대 여명보다 조기에 사망하여 손실되는 생존 연수와 질병의 이환이나 그 결과로 인해 손실되는 건강 연수의 합이다. 장애 보정 수명 1년은 조기 사망이나 질환 및 장애가 야기한 삶의 질 저하로 손실되는 삶이 1년이라는 의미다. 질 보정 수명과 마찬가지로 장애 보정 수명도 질 환과 조기 사망을 합하여 한 자리 수로 표기하며, 1은 죽음을, 0은 완전히 건강한 상태를 나타낸다.

11   World Health Organization, "Health Statistics and Information Systems: Disability Weights, Discounting and Age Weighting of DALYS,"www.who.int/healthinfo/global_burden_disease/daly_disability_weight/en(접속 날짜 2019년 10월 7일).

12   Joshua A. Salomon, Juanita A. Haagsma, Adrian Davis, Charline Maertens de Noordhout, Suzanne Polinder, Arie H. Havelaar, Alessandro Cassini, et al., "Disability Weights for the Global Burden of Disease 2013 Study," *The Lancet Global Health* 3, no. 11 (2015): e712-23.

13   Centers for Medicare and Medicaid Services, "U.S. Personal Health Care Spending by Age and Gender: 2010 Highlights," www.cms.gov/Research-Statistics-Data-and-Systems/Statistics-Trends-and-Reports/NationalHealthExpendData/Downloads/2010AgeandGenderHighlights.pdf (접속 날짜 2019년 10월 7일).

14   V. Fuchs, "Provide, Provide: The Economics of Aging" (NBER working paper no. 6642, National Bureau of Economic Research, Cambridge, MA, 1998).

15   Christopher Hogan, June Lunney, Jon Gabel and Joanne Lynn, "Medicare Beneficiaries' Costs of Care in the Last Year of Life," *Health Affairs* 20, no.

4 (July 2001): 188-95.

16 질 보정 수명이나 다른 보건 경제학의 기본 개념이 알고 싶다면 다음의 자료를 참고할 것. M.F. Drummond, M.J. Sculpher, G. W. Torrance, B. J. O'Brien, and G. L. Stoddart, *Methods for the Economic Evaluation of Health Care Programmes* (Oxford: Oxford University Press, 2005).

17 보건 경제학자들이 죽음보다 더 나쁜 것으로 간주하는 건강 문제들은 음(-)의 질 보정 수명 값을 갖는다.

18 National Institute for Health and Care Excellence, Glossary, s.v. "quality-adjusted life year," www.nice.org.uk/glossary?letter=q.(접속 날짜 2019년 10월 7일).

19 EuroQol, "EQ-5D User Guide Version 2.0," 2009, https://euroqol.org/wp-content/uploads/2019/09/EQ-5D-5L-English-User-Guide_version-3.0-Sept-2019-secured.pdf(접속 날짜 2019년 10월 7일).

20 M.C. Weinstein, G. Torrance, and A. McGuire, "QALYS: The Basics," in "Moving the QALY Forward: Building a Pragmatic Road," special issue, *Value in Health* 12, no. S1 (2009): S5-9, http://onlinelibrary.wiley.com/doi/10.1111/j.1524-4733.2009.00515.x/epdf.

21 E. Nord, J.L. Pinto, J. Richardson, P. Menzel, and P. Ubel, "Incorporating Societal Concerns for Fairness in Numerical Valuations of Health Programmes," *Health Economics* 8, no. 1 (1999): 25-39; J. Coast, "Is Economic Evaluation in Touch with Society's Health Values?," *BMJ* 329 (2004): 1233-36, www.med.mcgill.ca/epidemiology/courses/EPIB654/Summer2010/Policy/Coast%20BMJ%202004.pdf.

22 M. L. Berger, K. Bingefors, E.C. Hedblom, C. L. Pashos, and G.W. Torrance, *Health Care Cost, Quality, and Outcomes: ISPOR Book of Terms* (Lawrenceville, NJ: ISPOR, 2003).

23 K. Arrow, R. Solow, P. R. Portney, E.E. Leamer, R. Radner, and H. Schuman, "Report of the NOAA Panel on Contingent Valuation," *Federal Register* 58, no. 10 (1993): 4601-14, www.economia.unimib.it/DATA/moduli/7_6067/materiale/noaa%20report.pdf.

24 Centers for Disease Control and Prevention, "National Health Expenditures Fact Sheet," last modified April 26, 2019, www.cms.gov/

research-statistics-data-and-systems/statistics-trends-and-reports/
nationalhealthexpenddata/nhe-fact-sheet.html.

25 OECD, "Health Spending," 2017, https://data.oecd.org/healthres/health-spending.htm 국가가 부유할수록 의료 관련 지출이 국가 경제에서 차지하는 비율도 크다는 점을 주지할 필요가 있다. 다음의 자료를 참고할 것. William Baumol, *The Cost Disease* (New Haven CT: Yale University Press, 2013).

26 *Fortune*, "Fortune 500," http://fortune.com/fortune500.

27 Henry J. Kaiser Family Foundation, "Key Facts about the Uninsured Population," December 12, 2018, www.kff.org/uninsured/fact-sheet/key-facts-about-the-uninsured-population.

28 OECD, "Measuring Health Coverage," www.oecd.org/els/health-systems/measuring-health-coverage.htm(접속 날짜 2019년 10월 7일).

29 OECD, "Social Expenditure Update," November 2014, www.oecd.org/els/soc/OECD2014-Social-Expenditure-Update-Nov2014-8pages.pdf.

30 OECD, "Life Expectancy at Birth," https://data.oecd.org/healthstat/life-expectancy-at-birth.htm(접속 날짜 2019년 10월 7일).

31 Ibid.

32 World Bank, "Maternal Mortality Ratio (Modeled Estimate, per 100,000 Live Births),"http://data.worldbank.org/indicator/SH .STA. MMRT?order=wbapi_data_value_2015+wbapi_data_value+wbapi_data_value-last&sort=asc(접속 날짜 2019년 10월 7일).

33 Christopher J.L. Murray, Sandeep C. Kulkarni, Catherine Michaud, Niels Tomijima, Maria T. Bulzacchelli, and Terrell J. Iandiorio, Majid Ezzati, "Eight Americas: Investigating Mortality Disparities across Races, Counties, and RaceCounties in the United States," *PLOS Medicine* 3, no. 9 (2006): e260, http://journals.plos.org/plosmedicine/article?id=10.1371/journal.pmed.0030260.

34 더 자세한 논의가 알고 싶다면 다음의 자료를 참고할 것. Howard Steven Friedman, *Measure of a Nation* (New York: Prometheus Books, 2012)

35 T. J. Mathews and M.F. MacDorman, "Infant Mortality Statistics from the 2010 Period Linked Birth/Infant Death Data Set," *National Vital Statistics Reports* 62, no. 8 (2013), www.cdc.gov/mmwr/preview/mmwrhtml/

mm6301a9.htm; Centers for Disease Prevention and Control, "Pregnancy Mortality Surveillance System," last reviewed June 4, 2019, www.cdc.gov/reproductivehealth/maternalinfanthealth/pmss.html.

36 McKinsey Global Institute, "Accounting for the Cost of U.S. Healthcare: A New Look at Why Americans Spend More," December 2008, www.mckinsey.com/mgi/publications/us_healthcare/index.asp.

37 Laura D. Hermer and Howard Brody, "Defensive Medicine, Cost Containment, and Reform," *Journal of General Internal Medicine* 25, no. 5 (2010): 47073. www.ncbi.nlm.nih.gov/pmc/articles/PMC2855004.

38 건강보험 개혁법에 대해 더 알고 싶다면 다음을 참고할 것. U.S. Department of Health and Human Services, "Health Care," www.hhs.gov/healthcare/about-the-aca/index.html(접속 날짜 2019년 10월 7일).

39 H.A. Glick, S. McElligott, M.V. Pauly, R.J. Willke, H. Bergquist, J. Doshi, L.A. Fleisher et al., "Comparative Effectiveness and Cost-Effectiveness Analyses Frequently Agree on Value," *Health Affairs* 34, no. 5 (2015 May): 805-11.

40 Persad Govind, "Priority Setting, Cost-Effectiveness, and the Affordable Care Act," *American Journal of Law and Medicine* 41, no. 1 (2015): 119-66, http://scholarship.law.georgetown.edu/cgi/viewcontent.cgi?article=2521&context=facpub.

41 Soneji Samir and Yang JaeWon, "New Analysis Reexamines the Value of Cancer Care in the United States Compared to Western Europe," *Health Affairs (Project Hope)* 34 no. 3 (2015): 390-97.

42 National Institute for Health and Care Excellence, "The Guidelines Manual: Process and Methods; 7 Assessing Cost Effectiveness," November 2012, www.nice.org.uk/article/pmg6/chapter/7-assessing-cost-effectiveness.

43 Usa Chaikledkaew and Kankamon Kittrongsiri, "Guidelines for Health Technology Assessment in Thailand (Second Edition)-The Development Process," *Journal of the Medical Association of Thailand* 97, suppl. 5 (2014): S4-9.

44 World Health Organization, "Tracking Universal Health Coverage: First Global Monitoring Report," 2015, http://apps.who.int/iris/bitstre

am/10665/174536/1/9789241564977_eng.pdf.

45 Avik Roy, "Conservative Think Tank: 10 Countries with Universal Health Care Have Freer Economies Than the U.S.," *Forbes*, January 27, 2015, www. forbes.com/sites/theapothecary/2015/01/27/conservative-think-tank-10-countries-with-universal-health-care-are-economically-freer-than-the-u-s.

46 Healthcare.gov, "Essential Health Benefits,"www.healthcare.gov/glossary/essential-health-benefits(접속 날짜 2019년 10월 7일).

47 David U. Himmelstein, Deborah Thorne, Elizabeth Warren, and Steffie Woolhandler, "Medical Bankruptcy in the United States, 2007: Results of a National Study," *American Journal of Medicine* 122, no. 8 (2009): 741-46, www.pnhp.org/new_bankruptcy_study/Bankruptcy-2009.pdf.

48 Henry J. Kaiser Family Foundation, "Key Facts."

49 Zack Cooper, Stuart Craig, Martin Gaynor, and John Van Reenen, "The Price Ain't Right? Hospital Prices and Health Spending on the Privately Insured," (NBER working paper no. 21815, National Bureau of Economic Research, Cambridge, MA, December 2015), www.healthcarepricingproject .org/sites/default/files/pricing_variation_manuscript_0.pdf.

50 Yosuke Shimazono, "The State of the International Organ Trade: A Provisional Picture Based on Integration of Available Information," *Bulletin of the World Health* Organization 85, no. 12 (December 2007): 955-62, www.who.int/bulletin/volumes/85/12/06-039370/en.

8장 아이를 낳아도 될까?

1 Mark Lino, "Expenditures on Children by Families, 2013," United States Department of Agriculture, Center for Nutrition Policy and Promotion, Miscellaneous Publication No. 1528-2003, April 2004, https://fns-prod. azureedge.net/sites/default/files/expenditures_on_children_by_families/crc2003.pdf. 중산층 가정이란 세전 소득이 6만 1530달러~10만 6540달러에 속하는 가구를 말한다.

2 대표적인 예외 사례는 가족 농장에서 일하는 50만 명가량의 미국 아동들이다. 가족 농장의 경우, 아동 노동에 관한 규제가 약하다. United States Department of Labor, "Youth and Labor: Agricultural Employment," www.dol.gov/dol/topic/youthlabor/agricultural employment.htm (접속 날짜 2019년 10월 7일); United States Department of Labor, "Agricultural Operations," Occupational Safety and Health Administration, www.osha.gov/dsg/topics/agriculturaloperations(접속 날짜 2019년 10월 7일).

3 University of Iowa Labor Center, "Child Labor Public Education Project: Child Labor in U.S. History," https://laborcenter.uiowa.edu/special-projects/child-labor-public-education-project/about-child-labor/child-labor-us-history(접속 날짜 2019년 10월 7일).

4 미국에서 중요한 전환점이 된 것은 '공정근로기준법(1938)'의 제정으로, 이 법으로 아동이 합법적으로 노동할 수 있는 근로시간이 규정되었다. 아동의 권리에 관한 이러한 변화는 미성년자의 시민적, 정치적, 경제적, 사회적, 문화적 권리를 규정한 유엔 인권 협약인 아동권리협약(1989)이 탄생하면서 세계적으로 공식화되었다. Convention on the Rights of the Child, 1577 U.N.T.S. 3 (1989), www.ohchr.org/en/professionalinterest/pages/crc.aspx. 2016년 기준으로 미국을 제외한 모든 유엔 회원국이 이 협약에 가입되어 있다. 다음을 참고할 것. United Nations Human Rights Office of the High Commissioner, "Convention on the Rights of the Child," www.ohchr.org/en/professionalinterest/pages/crc.aspx(접속 날짜 2019년 10월 7일).

5 불임 치료는 30대 후반~40대 초반 여성이 받는 경우가 가장 흔하다. 여성이 가임 연령대 후반에 이를수록 불임률이 급상승하기 때문이다. American Society for Reproductive Medicine, "Age and Fertility: A Guide for Patients," 2012, www.reproductivefacts.org/globalassets/rf/news-and-publications/bookletsfact-sheets/english-fact-sheets-and-info-booklets/Age_and_Fertility.pdf.

6 시험관 시술 비용은 1회 수정 주기에 평균적으로 약 1만 2000달러에 이르는데, 여기에 약물 치료가 필요하면 최대 5000달러, 착상 전 유전자 진단에는 6000달러가 추가로 든다. Jennifer Gerson Uffalussy, "The Cost of IVF: 4 Things I Learned While Battling Infertility," *Forbes Personal Finance*, February 6, 2014, www.forbes.com/sites/learnvest/2014/02/06/the-cost-of-

ivf-4-things-i-learned-while-battling-infertility.

7 대리모는 대개 이 금액의 절반도 받지 못한다. 수익의 대부분은 업체가 가져가 거나 법무 관련 비용으로 쓰인다. West Coast Surrogacy, "Surrogate Mother Costs, www.westcoastsurrogacy.com/surrogate-program-for-intended-parents/surrogate-mother-cost(접속 날짜 2019년 10월 7일); WebMD, "Using a Surrogate Mother: What You Need to Know," www.webmd.com/infertility-and-reproduction/guide/using-surrogate-mother?page=2(접속 날짜 2019년 10월 7일).

8 Michael Sandel, *Justice: What's the Right Thing to Do?* (New York: Farrar, Straus, and Giroux, 2008).

9 U.S. Department of Health and Human Services, Child Welfare Information Gateway, "Foster Care Statistics 2017," www.childwelfare.gov/pubPDFs/foster.pdf(접속 날짜 2019년 10월 7일).

10 U.S. Department of Health and Human Services, Centers for Disease Control and Prevention, "Effectiveness of Family Planning Methods," www.cdc.gov/reproductivehealth/unintendedpregnancy/pdf/contraceptive_methods_508.pdf(접속 날짜 2019년 10월 7일).

11 William C. Shiel Jr., "Medical Definition of Spontaneous Abortion," Medicinenet, reviewed December 11, 2018, www.medicinenet.com/script/main/art.asp?articlekey=17774.

12 Center for Reproductive Rights, "The World's Abortion Laws," last updated April 26, 2019, http://worldabortionlaws.com.

13 산모의 생명이 위험하거나 강간으로 임신이 된 경우 임신 중단을 허가한 주는 한 곳이었다.

14 Rachel Benson Gold, "Lessons from before Roe: Will Past Be Prologue?," *Guttmacher Report on Public Policy* 6, no. 1 (March 2003): 8-11, www.guttmacher.org/pubs/tgr/06/1/gr060108.html.

15 Roe v. Wade, 410 U.S. 113 (1973), www.law.cornell.edu/supremecourt/text/410/113.

16 I. Seri and J. Evans, "Limits of Viability: Definition of the Gray Zone," in "Proceedings of the 4th Annual Conference 'Evidence vs Experience in Neonatal Practice,'" supplement, *Journal of Perinatology* 28 no. Si (May

2008): S4-8.

17 H. C. Glass, A. T. Costarino, S. A. Stayer, C. M. Brett, F. Cladis, and P. J. Davis, "Outcomes for Extremely Premature Infants," *Anesthesia & Analgesia* 120, no. 6 (2015): 1337-51.

18 Canwest News Service, "Miracle Child," February 11, 2006.

19 Lydia Saad, "Trimesters Still Key to U.S. Abortion Views," Gallup Politics, June 13, 2018, https://news.gallup.com/poll/235469/trimesters-key-abortion-views.aspx.

20 Guttmacher Institute, "State Policies in Brief: Abortion Bans in Cases of Sex or Race Selection or Genetic Anomaly," last updated October 1, 2019, www.guttmacher.org/state-policy/explore/abortion-bans-cases-sex-or-race-selection-or-genetic-anomaly.

21 FindLaw, "Aggravated Assault," http://criminal.findlaw.com/criminal-charges/aggravated-assault.html(접속 날짜 2019년 10월 7일).

22 National Conference of State Legislators, "State Laws on Fetal Homicide and Penalty-Enhancement for Crimes Against Pregnant Women," May 1, 2018, www.ncsl.org/research/health/fetal-homicide-state-laws.aspx.

23 Cal. Pen. Code § 187-199, https://leginfo.legislature.ca.gov/faces/codes_displayText.xhtml?lawCode-PEN&division=&title=8.&part=1.&chapter-1.&article.

24 R.I. Gen. Laws § 11-23-5, http://webserver.rilin.state.ri.us/Statutes/title11/11-23/11-23-5.htm.

25 Webster v. Reproductive Health Services, 492 US 490 (1989), www.law.cornell.edu/supremecourt/text/492/490.

26 Jaime L. Natoli, Deborah L. Ackerman, Suzanne McDermott, Janice G. Edwards, "Prenatal Diagnosis of Down Syndrome: A Systematic Review of Termination Rates (1995-2011)," *Prenatal Diagnosis* 32, no. 2 (2012): 142-53; Centers for Disease Control and Prevention, "Reproductive Health Data and Statistics," last reviewed September 24, 2019, www.cdc.gov/reproductivehealth/data_stats.

27 David Plotz, "The 'Genius Babies,' and How They Grew," *Slate*, February 8, 2001, www.slate.com/articles/life/seed/2001/02/the_genius_babies_and_how_

they_grew.html.

28 Addgene, "CRISPR Guide," www.addgene.org/CRISPR/guide(접속 날짜 2019년 10월 7일).

29 Julia Belluz, "Is the CRISPR Baby Controversy the Start of a Terrifying New Chapter in Gene Editing?," *Vox*, December 3, 2018, www.vox.com/science-and-health/2018/11/30/18119589/crispr-technology-he-jiankui.

30 일부 문화권에서는 아들보다 딸을 선호하기도 하지만, 여아에 대한 선택적 임신 중단이 훨씬 만연한 현상이기 때문에 이 논의에서는 남아 선호를 집중적으로 다룬다.

31 Woojin Chung and Monica Das Gupta, "Why Is Son Preference Declining in South Korea?" (World Bank Policy Research Working Paper No. 4373, World Bank Development Research Group, Human Development and Public Services Team, October 2007); Klaus Deininger, Aparajita Goyal, and Hari Nagarajan, "Inheritance Law Reform and Women's Access to Capital: Evidence from India's Hindu Succession Act" (World Bank Policy Research Working Paper No. 5338, June 1, 2010).

32 World Bank, "Fertility Rate, Total (Births per Woman)," http://data.worldbank.org/indicator/SP.DYN.TFRT.IN(접속 날짜 2019년 10월 7일).

33 성별 선택과 과도한 여아 살해가 미치는 영향에 대한 전반적인 논의가 궁금하다면 다음의 자료를 참고할 것. John Bongaarts and Christophe Z. Guilmoto, "How Many More Missing Women? Excess Female Mortality and Prenatal Sex Selection, 1970-2050," *Population and Development Review* 41, no. 2 (June 2015): 241-69, http://onlinelibrary.wiley.com/doi/10.1111/j.1728-4457.2015.00046.x/pdf.

34 L.S. Vishwanath, "Female Infanticide, Property and the Colonial State," in *Sex-Selective Abortion in India: Gender, Society and New Reproductive Technologies*, ed. Tulsi Patel, 269-85 (New Delhi, India: SAGE Publications India, 2007); D.E. Mungello, Drowning Girls in China: Female Infanticide in China since 1650 (Lanham, MD: Rowman & Littlefield, 2008).

35 Shuzhuo Li, "Imbalanced Sex Ratio at Birth and Comprehensive Intervention in China" (report presented at the 4th Asia Pacific Conference on Reproductive and Sexual Health and Rights, October 29-31, 2007,

Hyderabad, India), www.unfpa.org/gender/docs/studies/china.pdf.

36 Ministry of Health of the Socialist Republic of Vietnam and the United Nations Population Fund, "Report of the International Workshop on Skewed Sex Ratios at Birth: Addressing the Issue and the Way Forward" (2011년 10월 5,6일에 베트남 하노이에서 열린 유엔인구기금의 '왜곡된 출생 성비에 관한 국제 워크숍'에서 발표된 보고서) www.unfpa.org/webdav/site/global/shared/documents/publications/2012/Report_SexRatios_2012.pdf.

37 동유럽 국가에서 여성 대비 남성의 성비가 급증하는 현상은 타국으로 이주한 남성들을 대체하거나 병역을 수행할 남성을 더 낳아야 하는 필요로 인해 나타나기도 한다.

38 World Bank, "Sex Ratio at Birth, (Male Births per Female Births)," https://data.worldbank.org/indicator/SP.POP.BRTH.MF(접속 날짜 2019년 10월 7일).

39 중국에서 공식적으로 발표되는 출생 성비는 다소 왜곡되었을 가능성이 있다. '한 자녀 정책' 위반에 대한 벌금을 내지 않기 위해 부모들이 자녀의 수를 실제보다 적게 신고하는 경우가 있기 때문이다. 누락된 수나 그에 따른 영향은 확인된 바 없다.

40 Christophe Guilmoto, "Characteristics of Sex-Ratio Imbalance in India and Future Scenarios" (2007년 10월 29~31일에 인도 하이데라바드에서 열린 '제4차 생식 및 성 건강과 권리에 관한 아시아태평양 콘퍼런스'에서 발표된 보고서), www.unfpa.org/gender/docs/studies/india.pdf. 펀자브 지역의 1인당 GDP는 인도 전국 평균보다 아주 약간 높다.

41 Shuzhuo Li, "Imbalanced Sex Ratio at Birth and Comprehensive Intervention in China" (2007년 10월 29~31일에 인도 하이데라바드에서 열린 '제4차 생식 및 성 건강과 권리에 관한 아시아태평양 콘퍼런스'에서 발표된 보고서), www.unfpa.org/gender/docs/studies/china.pdf.

42 Chung and Gupta, "Why Is Son Preference Declining in South Korea?"

43 Ministry of Health of the Socialist Republic of Vietnam and the United Nations Population Fund, "Report of the International Workshop on Skewed Sex Ratios at Birth."

44 W. C. Tse, K. Y. Leung, and Beatrice K. M. Hung, "Trend of Sex Ratio at Birth in a Public Hospital in Hong Kong from 2001 to 2010," *Hong*

Kong Medical Journal 19, no. 4 (2013): 305-10, www.hkmj.org/system/files/ hkm1308P305.pdf; Sex Ratio at Birth: Imbalances in Vietnam (Hanoi: UNFPA Viet Nam, 2010), https://vietnam.unfpa.org/en/publications/sex-ratio-birth-imbalances-viet-nam.

45   James F. X. Egan, Winston A. Campbell, Audrey Chapman, Alireza A. Shamshirsaz, Padmalatha Gurram, and Peter A. Ben, "Distortions of Sex Ratios at Birth in the United States; Evidence for Prenatal Gender Selection," *Prenatal Diagnosis* 31 (2011): 560-65, www.nrlc.org/uploads/ sexselectionabortion/UofCT-PrenatalDiagnosisStudy.pdf.

46   Lisa Wong Macabasco, "Many Asian American Women Accept Abortion as a Practical Way out of an Unwanted Situation," *Hyphen*, April 16, 2010, www.hyphenmagazine.com/magazine/issue-20-insideout/choice-made.

47   Christophe Z. Guilmoto, "The Sex Ratio Transition in Asia," *Population and Development Review* 35, no. 3 (September 2009): 519-49.

48   Ministry of Health of the Socialist Republic of Vietnam and the United Nations Population Fund, "Report of the International Workshop on Skewed Sex Ratios at Birth."

49   Pre-Natal Diagnostic Techniques (Regulation and Prevention of Misuse) Act, 1994, Act No. 57 of 1994, http://chdslsa.gov.in/right_menu/act/pdf/ PNDT.pdf.

50   성별 선택 임신 중단을 금지한 주는 애리조나, 아칸소, 캔자스, 미주리, 노스캐롤라이나, 노스다코타, 오클라호마, 펜실베이니아, 사우스다코타이다. National Asian Pacific American Women's Forum, "Race and Sex Selective Abortion Bans: Wolves in Sheep's Clothing," July 2013, https://aapr. hkspublications.org/2014/06/03/wolves-in-sheeps-clothing-the-impact-of-sex-selective-abortion-bans-on-asian-american-and-pacific-islander-women.

51   John Bongaarts, "The Implementation of Preferences for Male Offspring," *Population and Development Review* 39, no. 2 (June 2013): 185-208.

52   Ibid.

53   Mara Hvistendahl, *Unnatural Selection: Choosing Boys over Girls, and the Consequences of a World Full of Men* (New York: Public Affairs, 2012), 225.

54 Danièle Bélanger and Hong-Zen Wang, "Transnationalism from Below: Evidence from Vietnam-Taiwan Cross-Border Marriages," *Asian and Pacific Migration Journal* 21, no. 3 (2012): 291-316.

55 United Nations, "We Can End Poverty: Millennium Development Goals and Beyond 2015," www.un.org/millenniumgoals/gender.shtml(접속 날짜 2019년 10월 21일).

56 John Bongaarts, "The Causes of Educational Differences in Fertility in Sub-Saharan Africa," *Education and Demography* 8 (2010), 31-50; Anrudh K. Jain, "The Effect of Female Education on Fertility: A Simple Explanation," *Demography* 18, no. 4 (November 1981): 577-95. 전국 수준의 합계 출산율(Central Intelligence Agency, "World Factbook," www.cia.gov/library/publications/the-world-factbook/rankorder/2127rank.html(접속 날짜 2019년 1월 10일))과 전국 수준의 기대 교육 연수(United Nations, "International Human Development Indicators," http://hdr.undp.org/en/data(접속 날짜 2019년 1월 10일)) 사이의 피어슨 상관계수는 -0.72이었다.

57 United Nations Population Division, "World Population Prospects 2017," https://population.un.org/wpp/Publications/Files/WPP2017_DataBooklet.pdf(접속 날짜 2019년 10월 7일).

9장 고장 난 계산기

1 Institute for Health Metrics and Evaluation, "GBD Compare," http://vizhub.healthdata.org/gbd-compare(접속 날짜 2019년 10월 10일).

2 Daniel Kahneman and Amos Tversky, "Prospect Theory: An Analysis of Decision under Risk," *Econometrica* 47, no. 2 (March 1979): 263-91, www.its.caltech.edu/~camerer/Ec101/ProspectTheory.pdf.

3 National Research Council, *Improving Risk Communication* (Washington, DC: National Academy Press, 1989); D. A. Small, and G. Loewenstein, "Helping the Victim or Helping a Victim: Altruism and Identifiability," *Journal of Risk and Uncertainty* 26, no. 1 (2003): 5-16.

4 Quote Investigator, "A Single Death is a Tragedy; a Million Deaths is a

Statistic," May 21, 2010, http://quoteinvestigator.com/2010/05/21/death-statistic.

5   Paul Slovic, "If I Look at the Mass I Will Never Act: Psychic Numbing and Genocide," *Judgment and Decision Making* 2, no. 2 (2007): 79-95.

6   Computed based on the International Labor Organization's estimation of approximately twelve thousand annual mining deaths, cited in Olivia Lang, "The Dangers of Mining around the World," *BBC News*, October 14, 2010, www.bbc.com/news/world-latin-america-11533349.

7   *CNN*, "Syrian Civil War Fast Facts," May 3, 2018, www.cnn.com/2013/08/27/world/meast/syria-civil-war-fast-facts/index.html.

8   Helena Smith, "Shocking Images of Drowned Syrian Boy Show Tragic Plight of Refugees," *Guardian*, September 2, 2015, www.theguardian.com/world/2015/sep/02/shocking-image-of-drowned-syrian-boy-shows-tragic-plight-of-refugees.

9   다큐멘터리 「전쟁의 안개(*Fog of War: Eleven Lessons from the Life of Robert S. McNamara*)」(에롤 모리스 감독, 2003년 5월 21일 개봉)에서 인용, www.errolmorris.com/film/fow_transcript.html.(대본 접속 날짜 2019년 10월 10일)

10   통계를 단순히 나열하는 방식에서 개별 인간을 드러내는 방식으로의 전환이 가져온 효과는 미디어가 9.11 사건을 다루는 방식에서도 확인되었다. 9.11 희생자들은 사랑하는 가족과 친구들이 있고 꿈이 있는 사람들이었다. 《뉴욕 타임스》는 전 세계가 이들의 죽음을 애도할 수 있도록 희생자 개개인의 이야기를 다룬 시리즈 '슬픔의 초상'을 연재했다. "9.11: The Reckoning," *New York Times*, www.nytimes.com/interactive/us/sept-11-reckoning/portraits-of-grief.html(접속 날짜 2019년 10월 10일).

11   Paul Bloom, *Against Empathy* (New York: HarperCollins, 2016)

12   For more, see Richard Dawkins, *The Selfish Gene*, 30th anniversary ed. (Oxford: Oxford University Press, 2006).

13   어떤 이들은 도덕적 진보가 외부 세계로의 관심을 지속적으로 확장하여 현재 살고 있는 인간은 물론 앞으로 태어날 인간들에게까지 관심을 기울이는 것을 포함한다고 주장한다. 미래 세계에는 이러한 관심이 더 나아가 인간을 넘어 감각을 지닌 모든 존재, 모든 동물, 심지어 모든 생명체에까지 확장될 가능성도 있다. Jeremy Rifkin, *The Empathic Civilization: The Race to*

Global Consciousness in a World in Crisis (New York: Penguin, 2009); Paul R. Ehrlich and Robert E. Ornstein, *Humanity on a Tightrope* (New York: Rowman and Littlefield, 2010).

14 제2차 세계대전 동안 미국에서는 수만 명의 일본계 미국인이 강제수용소에 수감되었다.

15 Tom Brokaw, *The Greatest Generation* (New York: Random House, 1998).

16 History.com, "Bombing of Dresden," November 9, 2009, www.history.com/topics/world-war-ii/battle-of-dresden.

17 Iris Chang, *The Rape of Nanking: The Forgotten Holocaust of World War II* (New York: Basic Books, 1997). 중국 난징에 위치한 난징대학살 기념관에 가 보면 당시 일본 장성들이 누가 중국인의 목을 가장 많이 베었는지를 두고 경쟁한 일을 일본 언론이 어떻게 보도했는지 알 수 있다.

18 National World War II Museum, "Research Starters: Worldwide Deaths in World War II," www.nationalww2museum.org/learn/education/for-students/ww2-history/ww2-by-the-numbers/world-wide-deaths.html(접속 날짜 2019년 10월 10일).

19 Charles Hirshman, Samuel Preston, and Vu Mahn Loi, "Vietnamese Casualties during the American War: A New Estimate," *Population and Development Review* 21, no. 4 (December 1995): 783–812, https://faculty.washington.edu/charles/new%20PUBS/A77.pdf. 1995년에 베트남 측이 발표한 공식 추정치에 따르면 사망자 수는 310만 명이었다.(군인 110만 명, 민간인 200만 명)(출처 - Philip Shenon, "20 Years after Victory, Vietnamese Communists Ponder How to Celebrate," *New York Times*, April 23, 1995, www.nytimes.com/1995/04/23/world/20-years-after-victory-vietnamese-communists-ponder-how-to-celebrate.html)

20 Theodore H. Draper, "The True History of the Gulf War," *New York Review of Books*, January 30, 1992, www.nybooks.com/articles/1992/01/30/the-true-history-of-the-gulf-war.

21 Joseph Stiglitz and Linda Bilmes, *The Three Trillion Dollar War* (New York: W. W. Norton, 2008).

22 A. Hagopian, A. D. Flaxman, T. K. Takaro, A. I. Esa, S.A. Shatari, J. Rajaratnam, S. Becker, et al., "Mortality in Iraq Associated with the 2003-

2011 War and Occupation: Findings from a National Cluster Sample Survey by the University Collaborative Iraq Mortality Study," *PLOS Medicine* 10, no. 10 (2013): e1001533, http://journals.plos.org/plosmedicine/article?id=10.1371/journal.pmed.1001533.

23   American Civil Liberties Union, "Al-Aulaqi V. Panetta-Constitutional Challenge to Killing of Three U.S. Citizens," June 4, 2014, www.aclu.org/cases/al-aulagi-v-panetta-constitutional-challenge-killing-three-us-citizens.

24   Jeremy Scahill, "The Assassination Complex," *The Intercept*, October 15, 2015, https://theintercept.com/drone-papers/the-assassination-complex.

25   Micah Zenko, *Reforming U.S. Drone Strike Policies* (New York: Council on Foreign Relations, January 2013), www.cfr.org/report/reforming-us-drone-strike-policies.

26   정치인들에게 전쟁을 승인하는 일은 대개 타인을 비인간화하는 경험이다. 선출직 공무원들 중에는 군 복무 경험이 있는 이들이 거의 없고, 전투에 참여해 본 이들은 더더욱 없다. 하지만 늘 그랬던 것은 아니다. 1945년부터 1979년까지 미국 대통령은 어떤 형태로든 군 복무 경험이 있었다. 1980년에 레이건 대통령이 당선된 이후, 전투 경험이 있었던 대통령은 조지 H. W. 부시뿐이었다. 이러한 변화는 세계대전 참전을 위해 징집된 세대들이 대부분 세상을 떠났기 때문이기도 하지만, 징병제에서 모병제로 전환된 미국 군대의 커다란 변화를 반영하는 것이기도 하다.

직접적인 군대 경험이 부족한 것은 선출직 공무원들의 가족도 마찬가지다. 2003년 이라크 전쟁을 앞둔 시점에 군인을 자녀로 둔 상원 의원은 한 명뿐이었다. 국회의원의 자녀들은 대개 군 복무를 하지 않으며, 중상류층 및 상류층 가정의 자녀들도 다르지 않다. 결과적으로는 군과 가장 관련이 없는 사람들이 외교 정책에 가장 큰 영향을 미치고 있다고 볼 수 있다.

정치인의 관점에서 보면 군인들의 죽음은 대개 자신이 모르는 사람들의 죽음이어서 자기가 쉽게 공감할 수 있는 사람들의 생명보다 덜 중요하게 여겨진다. 대통령이 전쟁에 나갈 군인들의 이름과 얼굴을 모두 알고 있다고 상상해 보라. 개전 여부를 결정할 때 의회와 대통령이 모든 군인들과 그 가족들에게 그들의 전사 가능성에 대해 개인적으로 사과해야 한다면? 그래도 전쟁을 하기로 결정할까?

27   Eric Schmitt and Charlie Savage, "Bowe Bergdahl, American Soldier, Freed by Taliban in Prisoner Trade," *New York Times*, May 31, 2014, www. nytimes.com/2014/06/01/us/bowe-bergdahl-american-soldier-is-freed-by-taliban.html.

28   Michael Ames, "What the Army Doesn't Want You to know about Bowe Bergdahl," *Newsweek*, January 27, 2016, www.newsweek.com/2016/02/05/serial-bowe-bergdahl-mystery-pow-419962.html.

29   Ben Quinn, "Gilad Shalit Freed in Exchange for Palestinian Prisoners," *Guardian*, October 18, 2011, www.theguardian.com/world/2011/oct/18/gilad-shalit-palestine-prisoners-freed; Ethan Bronner, "Israel and Hamas Agree to Swap Prisoners for Soldier," *New York Times*, October 10, 2017, www.nytimes.com/2011/10/12/world/middleeast/possible-deal-near-to-free-captive-israeli-soldier.html.

30   Centers for Disease Control and Prevention, "2014 Ebola Outbreak in West Africa Epidemic Curves," last reviewed April 3, 2019, www.cdc.gov/vhf/ebola/outbreaks/2014-west-africa/cumulative-cases-graphs.html.

31   World Health Organization, "Ebola Situation Reports," http://apps.who.int/ebola/ebola-situation-reports(접속 날짜 2019년 10월 10일).

32   구글 검색 트렌드에 따르면 미국인들 사이에서 에볼라 검색이 급증하기 시작한 것은 2014년 7월 마지막 주다.

33   국제 관광에 관한 자료에 따르면 에볼라 사태로 가장 큰 타격을 입은 국가(시에라리온, 라이베리아, 기니)들의 연간 관광객 수는 20만 명이 채 되지 않았다. World Bank, "International Tourism, Number of Arrivals, http://data.worldbank.org/indicator/ST.INT.ARVL(접속 날짜 2019년 10월 10일).

34   *RTÉ News*, "Paris Attacks Death Toll Rises to 130," November 20, 2015, www.rte.ie/news/2015/1120/747897-paris.

35   U.S. Department of Commerce, International Trade Administration, "Profile of U.S. Resident Travelers Visiting Overseas Destinations: 2014 Outbound," http://travel.trade.gov/outreachpages/download_data_table/2014_Outbound_Profile.pdf(접속 날짜 2019년 10월 10일).

36   Liz O'Connor, Gus Lubin, and Dina Spector, "The Largest Ancestry Groups in the United States," *Business Insider*, August 13, 2013, www.

businessinsider.com/largest-ethnic-groups-in-america-2013-8.

37 미얀마에 대한 공감과 반응이 미미한 데에는 현 미얀마 정부가 국제사회를 대하는 방식과도 일부 관련이 있다고 볼 수 있다.

38 Maria Konnikova, "The Limits of Friendship," *New Yorker*, October 7, 2014, www.newyorker.com/science/maria-konnikova/social-media-affect-math-dunbar-number-friendships.

39 캐글의 '타이타닉 머신러닝 대회'의 최상위 해법들은 이러한 변수를 생존자 예측 모형에 가장 중요한 변수로 인식했다. 다음 자료를 참고할 것. Kaggle, "Titanic: Machine Learning from Disaster," www.kaggle.com/c/titanic(접속 날짜 2019년 10월 10일).

40 Titanic Facts, "Titanic Survivors," www.titanicfacts.net/titanic-survivors. html(접속 날짜 2019년 10월 10일).

41 Amos Tversky and Daniel Kahneman, "The Framing of Decisions and the Psychology of Choice," *Science*, n.s., 211, no. 4481 (January 1981): 453-58, http://psych.hanover.edu/classes/cognition/papers/tversky81.pdf.

42 Kahneman and Tversky, "Prospect Theory."

43 Paul Slovic, Melissa Finucane, Ellen Peters, and Donald G. MacGregor, "The Affect Heuristic," in *Heuristics and Biases: The Psychology of Intuitive Judgement*, ed. Thomas Gilovich, Dale W. Griffin, and Daniel Kahneman, 397-420 (Cambridge: Cambridge University Press, 2002), 408.

44 William H. Desvousges, F. Reed Johnson, Richard W. Dunford, Sara P. Hudson, K. Nicole Wilson, and Kevin J. Boyle, "Measuring Natural Resource Damages with Contingent Valuation: Tests of Validity and Reliability," in *Contingent Valuation: A Critical Assessment*, ed. Jerry A. Hausman (Amsterdam: North-Holland, 1993), 91-114, www. emeraldinsight.com/doi/pdfplus/10.1108/S0573-8555(1993)0000220006.

45 W. Kip Viscusi, *Pricing Lives* (Princeton: Princeton University Press, 2018), 56.

46 Kendra Cherry, "How the Availability Heuristic Affects Decision Making," Verywell Mind, last updated September 5, 2019, http://psychology.about. com/od/aindex/g/availability-heuristic.htm.

47 Steven Pinker, *The Better Angels of Our Nature: Why Violence Has Declined*

(New York: Penguin Books, 2012).

48 Philippa Foot, *The Problem of Abortion and the Doctrine of the Double Effect in Virtues and Vices* (Oxford: Basil Blackwell, 1978).

49 April Bleske-Rechek, Lyndsay A. Nelson, Jonathan P. Baker, Mark W. Remiker, and Sarah J. Brandt, "Evolution and the Trolley Problem: People Save Five over One Unless the One Is Young, Genetically Related, or a Romantic Partner," *Journal of Social, Evolutionary, and Cultural Psychology* 4, no. 3 (September 2010): 115-27 www.bleske-rechek.com/April%20 Website%20Files/BleskeRechek%20et%20al.%202010%20JSEC%20 Trolley%20Problem.pdf.

10장 이제 우리는 무엇을 해야 하는가?

1 Isaiah Berlin Virtual Library, "Quotations from Isaiah Berlin," http:// berlin.wolf.ox.ac.uk/lists/quotations/quotations_from_ib.html (접속 날짜 2019년 10월 10일); Nicholas Kristof, "Mizzou, Yale and Free Speech," *New York Times*, November 11, 2015, www.nytimes.com/2015/11/12/opinion/ mizzou-yale-and-free-speech.html.

2 Frank Ackerman and Lisa Heinzerling, *Priceless: On Knowing the Price of Everything and the Value of Nothing* (New York: New Press, 2005).

3 Mark Zuckerberg, "A Letter to Our Daughter," December 1, 2015, www.facebook.com/notes/mark-zuckerberg/a-letter-to-our- daughter/10153375081581634.

4 Bill and Melinda Gates Foundation, "Who We Are," www.gatesfoundation. org/Who-We-Are(접속 날짜 2019년 1월 8일).

5 Howard Friedman, *Measure of a Nation* (New York: Prometheus Press, 2012).

6 United Nations General Assembly, Universal Declaration of Human Rights, December 10, 1948, www.un.org/en/universal-declaration-human- rights.

7 World Bank, "Forty Years Later: The Extraordinary River Blindness

Partnership Sets Its Sights on New Goals," July 3, 2014, www.worldbank. org/en/news/feature/2014/07/03/forty-years-later-the-extraordinary-river-blindness-partnership-sets-its-sights-on-new-goals.

8   Bjorn Thylefors, "Onchocerciasis: Impact of Interventions," *Community Eye Health* 14, no. 38 (2001): 17-19, www.ncbi.nlm.nih.gov/pmc/articles/PMC1705922.

참고 도서

이 책은 매우 다양한 분야의 주제를 다루고 있다. 추가적인 참고 도서가 필요한 독자들에게 다음의 저서들을 추천한다.

비용편익분석

Ackerman, Frank. *Poisoned for Pennies: The Economics of Toxics and Precaution.* Washington, DC: Island Press, 2008.

Ackerman, Frank, and Lisa Heinzerling. *Priceless: On Knowing the Price of Everything and the Value Of Nothing.* New York: New Press, 2005.

Boardman, Anthony, David Greenberg, Aidan Vining, and David Weimer. *Cost-Benefit Analysis Concepts and Practice.* London: Pearson Publishing, 2011.

Sunstein, Cass R. *The Cost-Benefit Revolution.* Cambridge, MA: MIT Press, 2018.

—. *Valuing Life: Humanizing the Regulatory State.* Chicago: University of Chicago Press, 2014.

희생자 보상금

Feinberg, Kenneth R. *What Is Life Worth? The Inside Story of the 9.11 Fund and Its Effort to Compensate the Victims of September 11th.* New York: PublicAffairs, 2006.
—. *Who Gets What?* New York: Public Affairs, 2012.

인지 과학 및 행동 경제학

Bloom, Paul. *Against Empathy.* New York: Ecco, 2016.
Kahneman, Daniel. *Thinking, Fast and Slow.* New York: Farrar, Straus and Giroux, 2011.

가족 계획

Connelly, Matthew. *Fatal Misconceptions.* Cambridge, MA: Belknap Press, 2008.

철학

Sandel, Michael. *Justice: What's the Right Thing to Do?* New York: Farrar, Straus and Giroux, 2008.
—. *What Money Can't Buy: The Moral Limits of Markets.* New York: Farrar, Straus and Giroux, 2013.

기타

Pinker, Steven. *Better Angels or Our Nature.* New York: Penguin Random House Books, 2012

감사의 말

이 책은 처음 구상이 이루어진 시점부터 최종 결과물이 나오기까지 먼 길을 돌아 완성된 작품이다. 개념화 작업을 시작으로 연구 조사, 초안 작성, 끝날 것 같지 않던 수정 작업을 거쳐 완성에 이르는 동안 수많은 고락이 있었다. 이 책을 쓰는 동안 나는 과학, 역사, 윤리, 글쓰기에 대해 굉장히 많은 것을 배웠을 뿐만 아니라 일과 삶에 관한 중요한 깨달음을 얻을 수 있었다.

이 책이 만들어지는 과정에서 내게 피드백을 주고 방향을 제시해 준 이들, 지지를 보내 주고 용기를 북돋워 준 모든 사람에게 깊은 감사의 인사를 전한다.

먼저 초안을 작성하는 동안 함께 고생해 준 사람들에게 고마운 마음을 전하고 싶다. 나의 가족 앨런 프리드먼(아버지), 제럴드 프리드먼(형), 앤 프리드먼(어머니)은 고맙게도 초고 중의 초고부터 모두 꼼꼼히 읽어 가며 내게 건설적인 피드백을 해 주었다.

리서치와 집필을 도와 준 필 바스티안에게도 감사를 전한다. 그는 최고의 브레인스토밍 파트너였다.

유익한 피드백을 제공해 준 제프리 첸, 나빌 쿠레시, 폴 벨드먼, 크리스 에실리먼, 스탠 번스타인, 스콧 월시, 제프 볼린스키, 세라 윌슨 후, 홀리 버클리 플레처, 피터 스타인메츠, 마이클 프리드먼, 니콜라스 오브라이언, 랠프 해커트, 훌리오 루이즈, 캐럴 비아우, 가브리엘라 아르멘

타, 제러미 프리드먼, 로라 아고스타, 케빈 플레처, 크리스토스 콘스탄티니디스, 제이슨 블룸, 다닐로 모라, A. 헤더 코인, 분 핀, 새미어 샘팻, 조시 크룰리위츠, 스카이 실버스타인-비탈을 비롯하여 특별한 도움을 준 뉴욕 시경 경찰관에게도 감사를 전한다.

에이전트 제임스 러빈과 편집자 나오미 슈나이더는 얼기설기한 초고가 번듯한 책으로 완성될 때까지 어마어마한 도움을 주었다. 제너비브 서스턴은 특히 글을 다듬고 추상적인 개념들이 명확하게 설명되도록 하는 데 가장 많은 도움을 준 사람이다.

뜨거운 격려를 보내 준 앤드리아 허스트, 앨리스 마르텔, 앤절라 바제타, 브리지트 플래너리-맥코이, 매슈 코넬리, 사샤 아브람스키, 찰스 케니, 앤드루 바서비치 그리고 특별한 가르침과 지지를 아끼지 않은 스티븐 핑커와 재레드 다이아몬드에게도 깊은 감사를 전한다.

이 책을 작업하는 동안 멋진 친구이자 안내자, 멘토가 되어 준 아서 골드웨그에게도 고마움을 전한다.

많은 시간을 기꺼이 할애하여 이 책을 평론해 준 에바 와이스먼, 폴 서먼, 킴 스위니를 비롯한 평론가들에게도 감사의 인사를 전한다.

이 책을 쓰는 동안 묵묵히 격려해 주고 의논 상대가 되어 준, 나보다 훨씬 나은 나의 반쪽 수이 첸에게도 진심으로 고맙다.

마지막으로, 프라카시 나바라트남에게 감사의 말을 전하고 싶다. 오랜 시간 동안 훌륭한 친구이자 공동 연구자였고 비즈니스 파트너였으며 브레인스토밍 파트너였던 그와 함께 나눈 토론과 우정, 파트너십이 없었다면 이 책은 절대 세상에 나오지 못했을 것이다.

옮긴이 **연아람**

한국외국어대학교 영어교육학과 졸업 후, 서강대와 영국 LSE에서 각각
국제관계와 인권학을 공부하고 이주 정책 및 청소년 교육 관련 공공기관에서
근무했다. 한국외국어대학교 통번역대학원에서 번역학 석사 학위를 받았으며
영미권 도서를 우리말로 옮기는 작업에 매진하고 있다.

생명 가격표

각자 다른 생명의 값과 불평등의 문제에 대하여

1판 1쇄 펴냄 2021년 7월 30일
1판 4쇄 펴냄 2021년 11월 10일

지은이   하워드 스티븐 프리드먼
옮긴이   연아람
발행인   박근섭·박상준
펴낸곳   (주)민음사

출판등록   1966. 5. 19. 제16-490호
주소   서울시 강남구 도산대로 1길 62(신사동)
            강남출판문화센터 5층 (우편번호 06027)
대표전화   02-515-2000 | 팩시밀리 02-515-2007
홈페이지   www.minumsa.com

ISBN 978-89-374-1931-7 03300

* 잘못된 책은 구입처에서 교환해 드립니다.